"十四五"时期国家重点出版物出版专项规划项目

| 推动东北振兴取得新突破系列丛书 |

—————————— 总主编　林木西

打造东北地区面向东北亚对外开放新前沿研究

Research on Building Opening-up Frontier of Northeast China to Northeast Asia

张紫薇　著

中国财经出版传媒集团

经济科学出版社
Economic Science Press

·北京·

图书在版编目（CIP）数据

打造东北地区面向东北亚对外开放新前沿研究/张
紫薇著 . -- 北京：经济科学出版社，2023.10
（推动东北振兴取得新突破系列丛书）
ISBN 978 - 7 - 5218 - 5000 - 0

Ⅰ.①打…　Ⅱ.①张…　Ⅲ.①对外开放 - 研究 - 东北
地区　Ⅳ.①F127.3

中国国家版本馆 CIP 数据核字（2023）第 152142 号

责任编辑：刘　瑾
责任校对：蒋子明
责任印制：范　艳

打造东北地区面向东北亚对外开放新前沿研究
张紫薇　著
经济科学出版社出版、发行　新华书店经销
社址：北京市海淀区阜成路甲 28 号　邮编：100142
总编部电话：010 - 88191217　发行部电话：010 - 88191522
网址：www. esp. com. cn
电子邮箱：esp@ esp. com. cn
天猫网店：经济科学出版社旗舰店
网址：http://jjkxcbs. tmall. com
北京季蜂印刷有限公司印装
710 × 1000　16 开　18.5 印张　267000 字
2023 年 10 月第 1 版　2023 年 10 月第 1 次印刷
ISBN 978 - 7 - 5218 - 5000 - 0　定价：75.00 元
（图书出现印装问题，本社负责调换.电话：010 - 88191545）
（版权所有　侵权必究　打击盗版　举报热线：010 - 88191661
QQ：2242791300　营销中心电话：010 - 88191537
电子邮箱：dbts@ esp. com. cn）

总 序

    2022 年 8 月 16 日至 17 日，在东北振兴的关键时期，习近平总书记再次到辽宁视察，对新时代东北振兴寄予厚望："我们对新时代东北全面振兴充满信心、也充满期待。"党的十八大以来，习近平总书记多次到东北考察调研、主持召开专题座谈会，为东北全面振兴、全方位振兴擘画了宏伟蓝图，为开展东北振兴研究指明了前进方向。2017 年、2022 年，辽宁大学应用经济学学科连续入选首轮和第二轮国家"双一流"建设学科，在学科内涵建设中我们主打"区域牌"和"地方牌"，按照"世界一流"的标准，努力为推动东北地区实现全面振兴全方位振兴提供理论支撑、"辽大方案"和标杆示范，这一总体建设思路曾得到来校调研的中共中央政治局委员孙春兰和教育部时任主要领导的充分肯定。

    辽宁大学在东北地区等老工业基地改造与振兴研究方面历史悠久、成果丰硕。从"七五"至"十四五"连续承担国家社会科学基金重大（重点）项目和教育部哲学社会研究重大课题攻关项目，其中，1992 年主持的国家社会科学基金重点项目"中国老工业基地改造与振兴研究"结项成果《老工业基地的新生——中国老工业基地改造与振兴研究》获全国普通高校第二届人文科学科研成果一等奖（1998 年）；2004 年主持的教育部哲学社会科学研究重大课题攻关项目"东北老工业基地改造与振兴研究"结题验收被评为优秀，结项成果《东北老工业基地改造与振兴》荣获第三届中华优秀出版物图书奖提名奖（2010 年）。与此同时，辽宁大学在"九五"211 工程、"十五"211 工程、"211 工程"三期、国家重点学科、国家"双一流"建设学科建设过程中，围绕东北振兴取得了一系列重要研究成果。

2011 年以来，在东北振兴研究方面我主编了三套系列丛书。第一套是《东北老工业基地全面振兴系列丛书》（共 10 部，2011 年出版），入选"十二五"国家重点图书出版物出版规划项目及年度精品项目，作为国家"211 工程"三期重点学科建设项目标志性成果。第二套是《东北老工业基地新一轮全面振兴系列丛书》（共 3 部，2018 年出版）入选国家出版基金项目，作为首轮国家"双一流"建设学科标志性成果。现在呈现在读者面前的是第三套《推动东北振兴取得新突破系列丛书》，入选"十四五"时期国家重点图书出版专项规划项目，也是全国唯一以东北振兴为主题的入选项目，拟作为第二轮国家"双一流"建设学科标志性成果。第一套丛书系统研究了 2003 年党中央做出实施东北地区等老工业基地振兴战略重大决策以来的阶段性成果，第二套丛书重点研究了 2016 年东北老工业基地新一轮全面振兴的重大问题，第三套丛书进一步研究了"十四五"时期在区域协调发展战略下推动东北振兴取得新突破的理论和现实问题。

十九届五中全会审议通过的《中共中央关于制定国民经济和社会发展第十四个五年规划和二〇三五年远景目标的建议》提出"推动东北振兴取得新突破"，《中华人民共和国国民经济和社会发展第十四个五年规划和 2035 年远景目标纲要》和《东北全面振兴"十四五"实施方案》对此进行了详细阐释。为此，本套丛书设计了"5 + X"的分析框架，其中的"5"指：一是《新发展阶段东北科技创新区域协同发展战略与对策研究》，主要分析坚持创新驱动发展，以技术创新为依托，以东北科技创新、区域协同发展促进东北区域协调发展，打造东北综合性科技创新中心；二是《新发展阶段东北国企改革与创新研究》，以国企改革创新为突破口，深化国有企业混合所有制改革，补上东北振兴体制机制改革的"短板"，激发东北各类市场主体活力；三是《新发展阶段推进东北区域一体化发展研究》，推动东北地区空间、市场、产业、基础设施、生态环境等一体化，塑造东北区域协调发展新模式，健全区域协调发展新机制；四是《打造东北地区面向东北亚对外开放新前沿研究》，主要研究"双循环"背景下，将东北地区打造成为面向东北亚制度型开放的新前沿、产业链合作新前沿、"一带一路"北向开放的新前沿；五是《推进东北地方政府治理体系和治理能力现代化研究》，以东北地方政府为研究对象，分析政府治理现代化的约束机制、运行机制、评价机制，优化营商环境，推动有效市场和有为政府更好结合。"X"则指根据东北振兴发展实际进行的专题研究，如《东北地区制造业竞争力提升路径研究》等。

近年来，由我率领的科研团队为深入学习贯彻习近平总书记关于东北振兴发展的重要讲话和指示精神，建立了"项目＋智库＋论坛＋丛书＋期刊＋咨询＋协同""七位一体"的理论和应用研究模式。"项目"建设是指主持了多项国家社会科学基金重大项目和教育部哲学社会科学研究重大课题攻关项目，主持的国家发改委东北振兴司招标课题总数曾列全国高校首位；"智库"建设是指不断扩大中国智库索引来源智库——"辽宁大学东北振兴研究中心"在国内外的学术影响；"论坛"建设是指连续成功举办了 10 届"全面振兴辽宁老工业基地高峰论坛"和东北振兴系列高端论坛；"丛书"建设是指主持出版"十二五"国家重点图书出版物出版规划项目及年度精品项目、"十三五"国家出版基金项目和"十四五"时期国家重点图书出版专项规划项目；"期刊"建设是指独立创办《东北振兴与东北亚区域合作》（已连续出版 8 辑集刊）；"咨询"建设是指在《人民日报》（及其内部参考）《光明日报》《经济日报》等国内外主流媒体、省级以上智库持续发表东北振兴理论文章、咨询建议和研究报告，并曾多次得到省部级及以上领导肯定性批示；"协同"是指与国家和地方党政机关、世界一流大学、东北地区高校和科研院所开展有关协同创新研究。

在本套丛书即将付梓之际，谨向长期以来关心支持参与辽宁大学东北振兴研究的各界人士表示崇高敬意，并向中国财经出版传媒集团原副总经理吕萍和经济科学出版社领导及编辑表示衷心感谢！

林木西

2022 年 9 月 5 日于辽宁大学蕙星楼

目 录

第一章

打造东北地区面向东北亚对外开放新前沿的总战略

面对风高浪急的国际环境，中国始终坚持对外开放的基本国策，以更加主动的姿态拥抱世界经济，在与世界各国开放相融中寻求发展机遇，汇集发展力量。党的十九届五中全会提出加快构建"双循环"新发展格局，就是要充分发挥超大规模市场优势，实施高水平对外开放，实现内外循环互促共荣。党的十九届六中全会审议通过的《中共中央关于党的百年奋斗重大成就和历史经验的决议》深刻指出，必须顺应经济全球化，实行更加积极主动的开放战略，才能赢得优势、赢得主动、赢得未来。

新时代东北地区（黑龙江、吉林和辽宁以及内蒙古东五盟市）全面全方位振兴要位于"双循环"新发展格局下，立足自身发展优势，积极主动融入世界经济，服务国家发展大战略。2019 年 8 月 26 日，中央财经委员会第五次会议召开，强调"东北地区要主动调整经济结构，推进产业多元化发展，加快国有企业改革，打造对外开放新前沿"①。从地理区位看，我国东北地区既沿边又临海，同俄罗斯、蒙古国、朝鲜接壤，同日本、韩国隔海相望，位于东北亚的中心地带，是"一带一路"北向沿线的重要支撑，是我国面向东北亚对外开放的前沿阵地。从各国发展战略需求看，近年来，俄罗斯"新东方政策"、蒙古国"草原之

---

① http：//www. xinhuanet. com/politics/2019 – 08/26/c_1124923884. htm.

1

路"构想、韩国"新北方政策"和"半岛新经济构想"、日本"八大领域经济合作"战略规划等不断推进,加快与东北亚各国的经贸合作成为推动周边各国经济持续发展的共同选择,为东北地区加大与东北亚国家经贸合作提供了难得的战略机遇,也将位于东北亚中心地带的东北地区推到了我国对外开放的新前沿。

打造东北地区面向东北亚对外开放新前沿是新时代党和国家赋予东北地区的战略任务,既服务国家发展大战略,又通过扩大开放为东北全面振兴"补短板、锻优势"。

第一节　打造东北地区面向东北亚对外开放新前沿的政策脉络

一、打造东北地区面向东北亚对外开放新前沿的国家战略

自 2003 年东北振兴战略实施以来,围绕东北地区开放发展的国家战略相继出台,为东北地区开放发展举旗定向。2009 年出台的《国务院关于进一步实施东北地区等老工业基地振兴战略的若干意见》提出,要加快推进辽宁沿海经济带和长吉图地区开发开放,支持中俄地区合作规划纲要项目实施,积极探索海关特殊监管区管理制度创新,加快推动大连东北亚国际航运中心建设等。2012 年《东北振兴"十二五"规划》提出东北地区要积极参与东北亚区域合作,将东北地区建设成为中国面向东北亚开放的重要枢纽。2014 年《国务院关于近期支持东北振兴若干重大政策举措的意见》提出东北地区要全方位扩大开放合作,尤其是扩大面向东北亚区域的开放合作,加强东北振兴与俄远东开发的衔接,启动中俄远东开发合作机制,发挥地缘和人文优势,推进对俄、蒙、日、韩合作。

随着我国"一带一路"倡议的提出,2016 年中共中央、国务院发

布的《中共中央　国务院关于全面振兴东北地区等老工业基地的若干意见》指出，东北地区要主动融入、积极参与"一带一路"建设，努力将东北地区打造为我国向北开放的重要窗口和东北亚地区合作的中心枢纽，并从战略对接、平台建设、边境城市与边境贸易发展、"走出去"等方面提出具体目标。2016 年 11 月，国家发展和改革委员会发布了《东北振兴"十三五"规划》，对将东北地区打造成为我国向北开放的重要窗口和东北亚地区合作的中心枢纽进行了具体部署。

2018 年 9 月，习近平主席在第四届东方经济论坛的致辞中提出"构建东北亚经济圈"的倡议。2019 年 8 月 26 日，中央财经委员会第五次会议提出东北地区要打造对外开放新前沿。随着东北亚地区在我国经贸活动中地位的不断提升以及"一带一路"建设的日益拓展，加快与东北亚各国的经贸合作成为推动周边各国经济持续发展的共同选择，同时也将位于东北亚中心地带的东北地区推到我国对外开放的新前沿。2021 年国家发展和改革委员会印发了《东北全面振兴"十四五"实施方案》，强调东北地区要打造高水平开放平台，提升东北亚国际合作水平，建设开放合作发展新高地。

二、打造东北地区对外开放新前沿的省级政策举措

自 2019 年中央财经委员会第五次会议明确提出了打造东北地区对外开放新前沿的战略任务，东北各省区相继出台了一系列发展规划、政策举措，抢抓"一带一路"、RCEP 等国家开放发展机遇，积极推动东北地区与东北亚各国实现全方位、宽领域、深层次的高水平对外开放。

（一）辽宁省面向东北亚对外开放的政策举措

2019 年，辽宁省政府发布了首个关于东北亚区域合作的专项意见——《关于加快推进东北亚经贸合作打造对外开放新前沿的意见》，并提出要创建东北亚经贸合作先行区，以自由贸易区建设为引擎，探索

建设大连东北亚国际航运中心和大连自由贸易港，积极申建中日韩自贸区地方经贸合作示范区，以推进辽宁与东北亚地区开展务实合作。2021 年《辽宁沿海经济带高质量发展规划》发布并强调推动辽宁沿海经济带高质量发展，是促进辽宁振兴发展、推动东北振兴取得新突破、高水平参与东北亚区域合作的关键举措。推动辽宁沿海经济带高质量发展有利于带动东北地区转身向海，更好地参与东北亚区域经济合作，打造我国面向东北亚全面开放新前沿。2022 年《辽宁省"十四五"对外开放规划》发布并提出到 2025 年，要实现全省开放型经济水平显著提升，开放型经济新体制机制基本形成，在建设对外开放大枢纽、构建对外开放大平台、畅通对外开放大通道等方面取得重要进展，成为对外开放新前沿。辽宁省面向东北亚对外开放的相关政策如表 1-1 所示。

表 1-1　　　　　　　辽宁省面向东北亚对外开放的相关政策

文件名称	发布时间	发布部门	政策内容
关于推进中国（辽宁）自由贸易试验区与重点产业园区协同发展的指导意见	2018 年 3 月 5 日	辽宁省人民政府办公厅	推进自贸试验区与重点产业园区加快融入"一带一路"建设，全面融入中蒙俄经济走廊建设，巩固对日、对韩合作；推进自贸试验区和重点产业园区与"一带一路"沿线国家及日、韩等国家的国际产能和装备制造合作；推动日、韩、俄等国家先进制造业、战略性新兴产业、现代服务业等产业在自贸试验区和重点产业园区内集聚发展。充分利用自贸试验区开放平台优势和创新经验溢出效应，进一步优化营商环境，全面提升对内对外开放水平；贸易转型升级；金融领域开放创新
关于加快构建开放新格局以全面开放引领全面振兴的意见	2018 年 5 月 2 日	中共辽宁省委、辽宁省人民政府	以推进辽宁沿海经济带全面开放为重点，深化东北亚地区经济合作。以高水平开放激发沈抚新区创新活力，高质量建设中日韩产业园，建成东北亚对外经济合作示范区。加快建设大连东北亚国际航运中心。创建"一带一路"综合试验区和"中国—中东欧 16+1"国际经贸合作示范区；畅通对外开放大通道

续表

文件名称	发布时间	发布部门	政策内容
辽宁"一带一路"综合试验区建设总体方案	2018年9月10日	中共辽宁省委、辽宁省人民政府	深度融入中蒙俄经济走廊,参与"中日韩+X"模式,对接朝鲜,率先推动我国与俄罗斯、日本、韩国、朝鲜、蒙古国共建"东北亚经济走廊",携手打造东北亚命运共同体;积极参与中日韩自由贸易区建设,创建"大连自由贸易港"。主动融入"六廊"国际合作;强化设施联通,构筑"陆海空网冰"互联互通五要素枢纽;推进经贸畅通,打造体制活功能全聚集强双向投资新高地;促进资金融通,提高金融服务实体经济的能力水平;筑牢人文领域交融互信纽带桥梁;密切智库合作,倡导智慧绿色丝路可持续发展
辽宁"16+1"经贸合作示范区总体方案	2019年4月30日	辽宁省人民政府办公厅	以辽宁"16+1"经贸合作示范区建设带动辽宁与中东欧开展全面合作;树立四大合作典范;夯实六项支撑条件;实施十大示范工程;建设28个标志性示范项目
关于加快推进对外贸易创新发展促进外贸稳增长的实施意见	2021年8月31日	辽宁省人民政府办公厅	以推动东北亚深度合作为重点,加大对日韩开放合作力度,参与中蒙俄经济走廊建设;认真办好辽宁出口商品(日本大阪)展览会和辽宁出口商品(蒙古国)展览会等自办展会;加强与俄罗斯、日本、韩国等国的国际科技合作。优化国际市场布局,优化经营主体,优化商品结构,优化贸易方式,培育外贸新动能,提升贸易便利化水平
进一步深化中国(辽宁)自由贸易试验区改革开放方案	2022年3月11日	辽宁省人民政府	对标国际规则,提升东北亚区域国际合作水平;探索建立大连东北亚海事综合服务平台;超前布局数字化新兴产业,推动东北亚国际数字经济交流合作;打造面向东北亚的综合交通枢纽。促进"一带一路"跨境消费升级;提升"一带一路"产业链价值链合作水平;探索推动"一带一路"第三方市场合作;推动与京津冀、山东、黑龙江成立环渤海自贸试验区联盟
关于加快发展外贸新业态新模式的实施意见	2022年3月14日	辽宁省人民政府办公厅	立足辽宁在东北亚地区的区位优势,积极打造向北开放的窗口,充分发挥莫斯科别雷拉斯特物流中心境外枢纽港作用。依托辽宁陆大通道,支持企业利用中欧班列扩大与"一带一路"沿线国家进出口规模;加快东北海陆贸易新通道建设,大力发展丝路电商,推动辽宁扩大与RCEP成员国贸易合作规模
关于推进外贸保稳提质的实施意见	2022年8月24日	辽宁省人民政府办公厅	支持公共海外仓建设,鼓励企业面向东北亚地区建设海外仓。支持开通辽宁至欧洲、亚洲和美洲等重点国家货运包机专线,推动中老铁路(沈阳—万象)国际货运列车对接中欧班列,加大海上航线和环渤海内支线拓展;高质量实施RCEP协定,扩大我省与RCEP国家贸易规模

资料来源:根据政府网站归纳整理。

（二） 吉林省面向东北亚对外开放的政策举措

吉林省在"十三五"规划中提出通过深入实施长吉图开发开放战略，推进腹地、前沿、窗口联动，扩大东北亚区域开放合作，将吉林打造成为中蒙俄经济走廊陆海联运和面向东北亚开放的核心区。吉林省"十四五"规划提出将着重从平台建设、通道建设和贸易、投资联动发展以及开放环境建设等方面着手，实现更大范围、更宽领域、更深层次的全面全方位开放的目标。

在开放通道建设上，2019 年 8 月，吉林发布了《沿中蒙俄开发开放经济带发展规划（2018—2025 年）》，提出要以共同建设中蒙俄大通道、中俄"滨海2号"国际运输走廊为突破，全面加强与俄蒙政策沟通，扎实推进基础设施互联互通，全力打造对外开放新平台。在高水平开放平台建设上，2021 年吉林省人民政府出台了《吉林省促进综合保税区高水平开放高质量发展实施方案》，明确提出加快把综合保税区建设成为面向东北亚的贸易便利化先行区、外向型产业集聚区、国际化创新合作示范区的目标，为打造我国向北开放重要窗口和东北亚地区合作中心枢纽提供更有力支撑。2022 年发布的《吉林省全面对接〈区域全面经济伙伴关系协定〉（RCEP）行动计划》中强调要全面对接 RCEP，充分把握贸易投资自由化便利化的发展机遇，重点加强对日、韩的贸易和招商引资工作。吉林省面向东北亚对外开放的相关政策如表 1 – 2 所示。

表 1 – 2　　　　吉林省面向东北亚对外开放的相关政策

文件名称	发布时间	发布部门	政策内容
吉林省促进农业对外合作实施方案	2018 年 11 月 13 日	吉林省人民政府办公厅	在现有农业对外合作的基础上，进一步深化与俄罗斯、蒙古国的合作；巩固和进一步扩大俄、日、韩、蒙等国家的农业对外合作成果；加强与日本、韩国、俄罗斯等国家农业科技交流合作

续表

文件名称	发布时间	发布部门	政策内容
关于推进"双带"规划实施的若干政策	2019年4月29日	吉林省人民政府	推进建设中韩、中日韩合作园区；推进建设中俄珲春－哈桑跨境经济合作区
关于促进服务贸易创新发展的实施意见	2019年5月21日	吉林省人民政府办公厅	以建设东北亚区域性金融服务中心为目标，支持境外金融机构在我省设立分支机构，促进金融业高水平对外开放；建设东北亚区域检验检测中心，扩大国际检验检测业务规模
沿中蒙俄开发开放经济带发展规划（2018—2025年）	2019年7月29日	吉林省发展和改革委员会	以建设"一带一路"向北开放重要窗口和构建对外开放新高地为目标，以共同建设中蒙俄大通道、中俄"滨海2号"国际运输走廊为突破，全面加强与俄蒙政策沟通，扎实推进基础设施互联互通，全力打造对外开放新平台，推动扩大与俄蒙贸易规模，提升对俄蒙投资合作水平，全力抓好招商引资工作，加强与俄蒙人文交流合作
吉林省促进综合保税区高水平开放高质量发展实施方案	2021年12月21日	吉林省人民政府	加快把综合保税区建设成为面向东北亚的贸易便利化先行区、外向型产业集聚区、国际化创新合作示范区，为打造我国向北开放重要窗口和东北亚地区合作中心枢纽提供更有力支撑
吉林省全面对接〈区域全面经济伙伴关系协定〉（RCEP）行动计划	2022年1月20日	吉林省人民政府办公厅	为全面对接RCEP，充分把握发展机遇，要做好货物贸易促进行动、贸易业态提升行动、引资提质增能行动、经贸平台优化行动、贸易通关便利化行动、服务贸易升级行动、对外投资拓展行动、服务保障落实行动。提高水海产品深加工能力，扩大对日本、韩国水海产品出口规模；重点面向日本、韩国，有效利用内贸货物跨境运输、海铁联运等通道，扩大对外贸易规模；积极宣介开发区优惠政策，有针对性开展对日本、韩国招商

资料来源：根据政府网站归纳整理。

（三）黑龙江省面向东北亚对外开放的相关政策举措

黑龙江省以建设对俄开放第一大省为重点，围绕开发开放试验区、自由贸易试验区、跨境经济合作试验区改革创新，出台了一系列开放政策（见表1-3）。2018年黑龙江省人民政府办公厅印发《关于进一步支持绥芬河－东宁重点开发开放试验区建设若干措施》，提出支持试验区开展跨境金融合作与改革创新，加快打造对俄金融结算中心；支持试验区深化与俄罗斯远东地区地方政府间合作；对试验区跨境陆海联运给予重点支持，加强与俄罗斯远东和日韩港口群合作。2019 年黑龙江省人民政府办公厅印发了《支持跨境经济合作试验区建设若干政策》，提出把跨境经济合作试验区建设成为中俄全面战略协作的先行区和面向东北亚的区域性跨境产业合作基地的指示。黑龙江省面向东北亚对外开放的相关政策如表 1－3 所示。

表 1－3 　　　　　黑龙江省面向东北亚对外开放的相关政策

文件名称	发布时间	发布部门	政策内容
关于进一步支持绥芬河－东宁重点开发开放试验区建设若干措施	2018 年 1 月 17 日	黑龙江省人民政府办公厅	支持试验区开展跨境金融合作与改革创新，加快形成对俄金融结算中心；支持试验区深化与俄罗斯远东地区地方政府间合作；对试验区跨境陆海联运给予重点支持，加强与俄罗斯远东和日韩港口群合作
黑龙江省支持对外贸易发展十条措施	2018 年 7 月 17 日	黑龙江省人民政府	重点培育面向欧亚物流枢纽区及国际贸易大通道，完善外贸集疏运服务体系，支持在俄罗斯及韩国建设国际营销网络和设立代表处，加强经贸往来、交流合作
中国（哈尔滨）跨境电子商务综合试验区实施方案	2018 年 12 月 28 日	黑龙江省人民政府	利用哈尔滨市位于东北亚区域中心的地缘优势，发挥全国对俄合作中心城市作用，依托哈尔滨市国际贸易大通道，将哈尔滨市打造成以俄罗斯市场为主、辐射东北亚及北美地区的跨境电商进出口物流集散中心
支持跨境经济合作试验区建设若干政策	2019 年 12 月 26 日	黑龙江省人民政府办公厅	把跨境经济合作试验区建设成为中俄全面战略协作的先行区和面向东北亚的区域性跨境产业合作基地
中国（黑河）跨境电子商务综合试验区实施方案	2020 年 7 月 13 日	黑龙江省人民政府	以沿边发展、对俄合作、跨境联动为重点，聚集发展要素，优化空间布局，匹配市场资源，形成"两个辐射圈、一条直通线、三角支撑区"新型跨境电商发展格局，以建设成为具有黑河特色的沿边中俄跨境电商产业创新发展集聚区为目标

文件名称	发布时间	发布部门	政策内容
中国（绥芬河）跨境电子商务综合试验区实施方案	2020年7月13日	黑龙江省人民政府	通过搭建线上综合服务平台、线下综合支撑平台，构建信息共享体系、金融服务体系、智能物流体系、电商信用体系、统计监测体系、风险防控体系，将绥芬河市打造成为对俄及东北亚跨境电子商务运营中心、物流中心、金融中心和创新中心
关于推进贸易高质量发展的实施意见	2021年9月6日	中共黑龙江省委、黑龙江省人民政府	发挥哈尔滨对俄及日、韩等东北亚国家全面合作的承载高地和联通国内、辐射欧亚的国家物流枢纽优势
关于建设高水平出口消费品加工区的指导意见	2022年2月28日	黑龙江省人民政府办公厅	依托现有的开放平台，在我省中心城市、口岸城市，培育、建成哈尔滨、大庆、黑河、绥化、绥芬河、东宁等一批布局合理、产业优势突出、基础设施配套齐全的面向俄罗斯、欧盟和北美高水平出口消费品加工区，发展壮大外向型产业

资料来源：根据政府网站归纳整理。

（四）内蒙古自治区面向东北亚对外开放的相关政策举措

2020年内蒙古自治区人民政府发布了《内蒙古自治区推进贸易高质量发展行动计划（2020—2022年）》，提出要完善自治区同俄蒙经贸合作机制，重点开拓中蒙俄经济走廊，延伸国家市场；加强与日韩的交流合作，打造面向东北亚开放的新窗口；提升中国—蒙古国博览会国际化水平，完善服务体系和整体功能。2021年内蒙古自治区人民政府办公厅出台了《内蒙古自治区"十四五"口岸发展规划》，提出推动满洲里综合枢纽口岸与俄罗斯衔接，推动二连浩特综合枢纽口岸与蒙古国、俄罗斯衔接，扩大口岸的国内外影响力；构建自治区综合枢纽口岸与俄蒙及沿线国家重点口岸、物流枢纽城市合作新局面。2022年内蒙古自治区人民政府办公厅印发了《内蒙古自治区"十四五"口岸发展规划》《内蒙古自治区抢抓〈区域全面经济伙伴关系协定〉（RCEP）机遇深化与日韩合作工作方案》，强调要发挥内蒙古在国家开放全局中的战略区位优势、经济转型升级中的资源能源优势、自贸协定框架下的市场开放优势和关税减让安排下的贸易成本优势，促进货物贸易扩大规模，提升贸易便利化水平，推进服务贸易发展，深化双向投资合作，积极构建现代产业体系，打造高水平开放平台，深化与日韩合作。内蒙古自治区面向东北亚对外开放的相关政策如表1-4所示。

表1-4　　　　内蒙古自治区面向东北亚对外开放的相关政策

文件名称	发布时间	发布部门	政策内容
关于优化口岸营商环境促进跨境贸易便利化的实施意见	2019年2月11日	内蒙古自治区人民政府	深化中蒙海关联合监管工作，积极拓展中俄海关监管结果互认商品范围，推动数据互换工作开展；持续推进与俄罗斯、蒙古国共同监管设施的建设和共用
中国（赤峰）跨境电子商务综合试验区建设实施方案	2020年4月17日	内蒙古自治区人民政府	盘活赤峰及周边地区进出口市场，打造面向俄蒙、东北亚，覆盖大东北区域的跨境电商分拨集散中心
关于促进内外贸一体化发展若干措施的通知	2022年4月3日	内蒙古自治区人民政府办公厅	拓展陆海联运通道，连通沿海港口，构建外联俄蒙、内接腹地的双向开放格局；充分利用中国—蒙古国博览会、内蒙古绿色农畜产品国际博览会等展会平台，增进国内外贸易交流
内蒙古自治区抢抓〈区域全面经济伙伴关系协定〉（RCEP）机遇深化与日韩合作工作方案	2022年4月24日	内蒙古自治区人民政府办公厅	发挥内蒙古在国家开放全局中的战略区位优势、经济转型升级中的资源能源优势、自贸协定框架下的市场开放优势和关税减让安排下的贸易成本优势，促进货物贸易扩大规模，提升贸易便利化水平，推进服务贸易发展，深化双向投资合作，积极构建现代产业体系，打造高水平开放平台，深化与日韩合作
内蒙古自治区落实〈中新（重庆）战略性互联互通示范项目"国际陆海贸易新通道"合作规划〉实施方案	2022年7月29日	内蒙古自治区商务厅	强化二连浩特口岸农副产品快速通关"绿色通道"作用，培育形成东南亚国家的果蔬、粮油、鲜活海产品进入俄蒙市场的重要物流通道

文件名称	发布时间	发布部门	政策内容
中国（鄂尔多斯）跨境电子商务综合试验区建设实施方案	2022 年 9 月 22 日	内蒙古自治区人民政府	发挥自治区向北开放区位优势，支持利用跨境电商带动中蒙俄商贸流通、国际物流、国际金融、展览展示等产业融合发展，助力中蒙俄经济走廊建设

资料来源：根据政府网站归纳整理。

第二节　打造东北地区面向东北亚对外开放新前沿的战略意义

"打造对外开放新前沿"是东北地区实现全面振兴新突破的必然选择，是加快形成全面开放新格局的重要一环，也是我国致力于推动构建开放型经济、共建人类命运共同体的坚定行动。从国家战略和全局高度看，推动东北地区面向东北亚深度开放，是服务国家构建全方位、多层次、宽领域对外开放新格局的重要组成部分，是加快实现我国区域协调发展的重要举措，为维护国家"五大安全"战略使命提供国际支撑；从东北振兴内部发展需求看，推动东北地区与东北亚各国深度开放，有利于促进资金、人员、技术、产品等要素充分流动，扩大国内外市场，以高水平开放和国际化竞争倒逼东北地区体制机制改革和结构调整，加快"补短板、锻优势"，以此提升东北地区的投资吸引力、产业竞争力和民生保障能力。

一、服务新时代国家发展大局

（一）促进全面开放新格局形成

推动形成全面开放新格局是我国适应经济全球化新趋势，准确判断国际形势新变化，深刻把握国内改革发展新要求作出的重大战略部署。

自 2013 年"一带一路"倡议提出以来，我国加强了陆路与中亚、东盟的开放合作，推进了海路经东南沿海港口与世界各地的经贸往来，而"一带一路"北向区域开放仍被视为我国开放发展的"短板"。我国向北开放的重点是加强与东北亚区域国家的开放合作，这是构建我国全面开放新格局的重要组成。

东北地区地处东北亚中心，同日、韩隔海相望，同俄罗斯、蒙古国、朝鲜接壤，是东北亚各国通往中国关内的交通要道，连接欧亚大陆桥的重要门户，承接东北亚贸易往来和产业转移的主要区域，是中国向北开放的窗口。东北地区立足区域发展实际，发挥地缘、禀赋优势，打造面向东北亚对外开放新前沿，对促进国内国际双循环畅通，对推动中国区域开放空间从沿海、沿江向内陆、沿边延伸，形成陆海内外联动、东西双向互济的开放新格局具有重要作用。

（二） 推动中国区域经济协调发展

中国改革开放的实践表明，统筹国内和国际两个市场，实行积极的对外开放政策，为中国经济腾飞提供了强有力的支撑。中国对外开放采取渐进式开放路径，率先在东南沿海地区设立经济特区和沿海开放城市，而东北地区作为改革开放前计划经济根基最深厚的地区，经过 40 余年的改革开放，已经成为了中国开放前沿建设上的"后发区域"。对外开放的非均衡性造成了东北地区改革不到位、开放不充分，这是造成近年来东北经济发展衰退的关键原因之一。在这一背景下，明确东北地区打造对外开放新前沿的战略定位，推动传统意义上对外开放的"后发区域"走向国家对外开放前列，更好地挖掘东北地区的市场潜力、激发市场竞争力和高标准市场的改革推动力，为东北全面振兴注入前所未有的强大动能，加快实现以东、中、西、东北四大板块为基础的开放发展均衡和区域协调发展。

（三） 为维护国家"五大安全"提供重要的国际支撑

党的十八大以来，习近平总书记多次到东北地区考察，在主持召开深入推进东北振兴座谈会时，提出东北地区维护国家"五大安全"的战略定位，这为推进新时代东北全面振兴提供了根本遵循，也为打造东北地区面向东北亚对外开放新前沿提供了重要机遇。

1. 打造对外开放新前沿与维护国防安全

将东北地区打造成为中国对外开放新前沿，进一步提高东北地区对外开放水平，有助于通过经济发展增强东北地区的国际竞争力和影响力，在东北亚区域地缘政治中占据主动优势，有助于巩固和发展中国与俄罗斯、朝鲜、韩国、日本等国家的交流合作，建立良好的对外交往、合作关系，形成资源互补、利益共享的一体化开放格局，以开放发展的共同利益推动构建和平稳定、开放包容的东北亚区域发展环境，保障我国北方的国防安全。

2. 打造对外开放新前沿与维护粮食安全

东北地区有着独特的黑土地资源，黑龙江省连续多年粮食产量稳居全国第一，2020年吉林省、辽宁省的粮食产量分别位居全国第5、第12。东北三省要加快从粮食产量大省向农业大省转变，实现农业科技化与高质量发展，充分发挥农业科技资源，加强国内外联合科研攻关，自主培育高质量种子，以扩大规模的国际市场培育有国际竞争力的农业品牌，提升我国农业现代化水平。目前，我国"北粮南运"工程受到运力不足、流通方式落后等因素制约，通过对外开放，打造东北地区海陆大通道，加强公路、铁路、水路建设，大力发展多式联运等运输方式，加强粮食物流系统化建设，全面推广散粮运输，确保国家粮食安全。此外，通过扩大东北地区面向东北亚对外开放，能够强化二连浩特口岸等农副产品快速通关"绿色通道"作用，发展形成东南亚国家的果蔬、粮油、鲜活海产品进入俄蒙市场的重要物流通道和重要枢纽。

3. 打造对外开放新前沿与维护生态安全

生态环境问题是无国界的共同问题，需要开展广泛的国际合作，联合东北亚周边国家共同治理，才能够筑牢我国的生态安全屏障。以沙尘天气为例，中国沙尘的境外沙尘源地主要在蒙古国、哈萨克斯坦和俄罗斯，以蒙古国南部戈壁荒漠地区为起始源的沙尘暴对内蒙古自治区的影响最为突出，对华北、东北、华东地区的影响也相当大，是影响中国沙尘天气最主要的沙尘源地之一。2012 年以来，中蒙两国开始就荒漠化防治技术模式开展一系列交流学习活动，探讨治沙模式，交流治沙经验，应对荒漠化、土地退化与干旱等人类面临的共同挑战。

4. 打造对外开放新前沿与维护产业安全

东北地区的钢铁、飞机制造、造船业、装备制造业等行业对国家产业安全保障十分重要。虽然东北经济发展仍面临诸多困境，但在产业技术上仍具有显著优势，这也是进一步发展的基础。打造东北地区对外开放新前沿，要充分发挥东北腹地良好的产业基础、明显的科教优势、成熟的技术人才和较为完整的工业基础条件，主动"走出去"和"引进来"，开展跨境加工和国际贸易，充分利用国内和国外两个市场的要素和资源，加快在国际市场上形成科技自立自强的竞争优势。

5. 打造对外开放新前沿与维护能源安全

能源稳定供应是国家经济发展的根基，能源战略是国家政治外交的重点。在东北亚地区，俄罗斯是能源生产大国，而中日韩等都是能源进口、消费大国，所以能源短缺愈来愈成为困扰东北亚各国的共同问题。目前，东北亚各国就能源合作已经取得了显著进展，俄罗斯原油管道、天然气管道陆续进入施工阶段，但总体来看，东北亚区域能源合作发展水平仍较低，尤其是多边能源合作机制滞后，能源出口国与进口国的合作受到零和博弈观念的严重影响。打造东北地区面向东北亚对外开放新前沿，有助于加快推动东北亚区域能源合作机制，加快推进东北亚能源市场建设，提高东北亚各国在国际能源市场的议价能力，保障东北亚各国的能源稳定，为中国能源安全保障提供重要的国际支撑。

二、推动扩大开放与区域振兴的战略协同

中国经济进入"新常态"后，东北老工业基地一直以来存在的"体制病""结构病""发展方式病"在特定时空下集中爆发，东北经济增长失速，中国"南北经济"差距进一步扩大。究其根源，东北地区

与东部沿海地区相比，存在开放程度低、贸易水平低、外资利用不充分等问题。新一轮东北全面全方位振兴，需要在进一步扩大开放中寻求振兴发展新突破，加快推动对外开放与东北振兴战略协同，加快东北地区高水平对外开放，将东北地区打造成为中国面向东北亚对外开放的新前沿，通过开放倒逼改革，提升东北地区的投资吸引能力、产业竞争能力和民生保障能力，实现东北地区振兴发展。

（一）提升东北地区的投资吸引能力

东北振兴需要进一步推进体制机制改革，转变政府职能，构建国际化营商环境，提升投资吸引力。通过加快市场化的开放进程，发挥自由贸易试验区在扩大开放中的先行先试作用，积极探索数字经济等前沿领域的开发，加大压力测试力度，持续优化营商环境，主动对标高水平、高标准国际经贸规则，稳步扩大规则、规制、管理、标准等制度型开放，深化相关领域改革，营造市场化、法治化、国际化一流营商环境，以高水平开放吸引高质量投资，让更加开放的东北地区不断以自身新发展为世界提供新机遇，持续成为企业眼里的投资热土。

（二）提升东北地区的产业竞争能力

东北地区具有良好的产业发展基础，需要在开放发展中实现现有产业结构在全球价值链重构中的转型升级，促进区域发展提质增效。将东北地区打造成为面向东北亚对外开放新前沿，通过更大范围的交流合作，扩展国际产业合作方式，推动以技术进步带动产业升级，通过以扩大开放优化所有制结构，培育产业内生动力，推动新旧动能转换，提升产业竞争力和产业能级。

（三）提升东北地区的民生保障能力

以人为本、关注民生、改善民生、促进社会和谐是东北振兴发展的应有之义。将东北地区打造成为对外开放新前沿，通过提升对外开放水平和层次，不断增强东北地区自身发展水平和财政实力，巩固改善民生的经济基础，为广大人民群众提供更充分、更高质量的公共产品和服务。同时，充分把握将东北地区打造为中国对外开放新前沿这一国家战略优势，积极创造基础设施建设、就业、社保等政策红利，进一步增强东北地区人民的幸福感和获得感。

第三节　打造东北地区面向东北亚对外
开放新前沿的战略内涵

打造东北地区面向东北亚对外开放新前沿，需要从"新使命、新地域、新格局、新领域、新举措、新动力"六个方面解读"新前沿"，即以新使命为指引，谋划东北对外开放新前沿建设的基本方略，聚焦东北地区对外开放的重点城市和重点区域，形成新的开放地域，构建开放新格局，研判国际贸易新领域和新趋势，探索开放新举措，积蓄服务国家发展大局和东北全面振兴的新动力。

第一，新使命。面对国际局势变化大环境和全国开放大棋局，面对统筹发展与国家安全赋予东北振兴的重要使命，新时代东北地区的对外开放不能仅仅将目标锚定在扩大对外经贸发展上，更要以维护国家"五大安全"的战略定位和服务国家，构建全方位、多层次、宽领域对外开放新格局为使命，谋篇布局东北地区面向东北亚对外开放新前沿建设。

第二，新地域。改革开放以来，我国形成了在时间上继起，在空间上并存的一系列开放新前沿。20世纪80年代形成了以经济特区为窗口的开放新前沿，90年代形成了以上海和长三角为代表的开放新前沿，21世纪初形成了以京津冀和天津滨海新区为代表的开放前沿。2019年中央经济工作会议为东北地区谋篇布局，打造一个新的对外开放前沿，这次新前沿建设是在我国开放发展的新地域上，为改善我国长期以来"南强北弱"的开放格局提供了重要机遇。

第三，新格局。打造东北地区面向东北亚对外开放新前沿并非局部沿边沿海地区的开发开放，而是东北地区全域多层次的开放，要聚焦东北地区四个副省级城市建设东北亚国际化中心城市，统筹推进东北城市群协同开放，做好沿海经济带和沿边开发开放大文章，打造我国向北开放的重要窗口和东北亚地区合作中心枢纽，打造成为丝绸之路互联互通的重要节点、RECP 经贸合作的前沿平台。

第四，新领域。当今世界，国际贸易新业态、新领域飞速发展。东北地区打造对外开放新前沿不仅要在进一步扩大传统领域开放上下功夫，也要充分关注数字贸易和以低碳环保为要求的绿色贸易的兴起，同时还要加强规则和制度型开放，尤其是在知识产权保护、金融安全以及争端解决机制建设等领域的开放。

第五，新举措。新时代，我国对外开放进入新的历史阶段，对开放措施有了新的实践要求。东北地区既要积极借鉴东部沿海地区开放的实践经验，也要充分挖掘国家赋予东北地区的开放型经济新体制建设和开放政策潜力，不断创新扩大开放的政策措施，促进投资和贸易便利化。

第六，新动力。过去的东北振兴更多的是以内生性改革为主导的区域振兴，现在更多的是要利用国际力量等外部力量倒逼东北地区深化改革，尤其是在行政体制改革上，要大力推进简政放权，以政府权力的"减法"换取对外开放的"加法"。全力将对外开放新前沿建设积蓄为推进东北产业结构调整、市场主体培育、实现区域经济协调发展的新动能。

第四节　打造东北地区面向东北亚对外开放新前沿的战略目标

打造东北地区面向东北亚对外开放新前沿是东北地区长期的战略目标，同时也是具有阶段性和多层次性的目标体系。从发展阶段来看，其目标将由目前深化双边、小多边合作，向短期的共建"自贸区"，向长期的经济共同体循序迈进。从发展层次来看，既包括宏观层面的"中日韩""中蒙俄"两条主线开放，又落实到中观层面的"东南西北"四个开放高地建设以及微观层面上沿边沿海开放口岸的建设。

一、"中日韩""中蒙俄"两条主线

目前，基于地缘优势，东北地区已经形成了以辽宁为主，面向日、韩，以黑龙江、内蒙古为主，面向蒙、俄的两条开放主线。随着《区域全面经济伙伴关系协定》（Regional Comprehensive Economic Partnership, RCEP）的成功签署以及中日韩自贸区谈判的持续推进，东北地区同日、韩两国有望进一步加强合作，推进更深度的经贸合作。中蒙俄经济走廊作为"一带一路"建设的重要组成部分，对推动东北地区同蒙、俄两国深入合作发挥着重要作用。

打造东北地区面向东北亚对外开放新前沿在宏观上要从"中日韩"和"中蒙俄"两个次区域合作的角度出发，短期紧紧把握中日韩自贸区、中蒙俄经济走廊建设两大抓手，长期通过东北地区内循环的进一步畅通，全面促进"中日韩"与"中蒙俄"两条主线融合发展，实现东北地区更大范围、更宽领域、更深层次的对外开放，建设东北地区更高水平的开放型经济。

（一）"中日韩"次区域开放

作为东北亚地区主要的经济体，中、日、韩积极推动自贸区建设，经过 16 轮谈判后，三国在货物贸易、服务贸易、投资等议题上取得了实质性进展，但仍存在制约三国经贸合作的不利因素。2022 年包括中、日、韩三国在内的 RECP 协定签署，为中、日、韩三国进一步探索建立自由贸易区带来了重大机遇。东北地区应该充分发挥地缘优势和良好的合作基础，以加强日韩深度开放合作为重点，在有条件的地区率先申建中日韩自贸区地方经贸合作示范区，积极探索中、日、韩三国制度开放经验，为中日韩自贸区的早日建成及中、日、韩经贸合作的进一步深化，提供可借鉴的思路和方法。

（二）"中蒙俄"次区域开放

中、蒙、俄三国作为东北亚地区的另一个次级合作区域，其发展也备受世界关注。2008 年金融危机后，俄罗斯的对外贸易往来大幅减少，中俄之间经贸规模大幅提升，进入了合作发展的新阶段，蒙古国处于中俄之间的特殊地带，中蒙俄三国经贸合作具有重要的战略意义。在全球经济增速放缓、世界经济不确定性增加的背景下，中、蒙、俄表现出了高度的战略一致性，围绕中国的"一带一路"倡议、俄罗斯跨欧亚大通道建设、蒙古国"发展之路"倡议相互对接这条主线，推动三国经贸合作逐步深入，并取得了阶段性成果。但目前，中、蒙、俄三国在口岸基础设施建设上仍然不完善，贸易结构单一，在法律和技术标准上仍有很大差异，这些都是制约中、蒙、俄经贸关系升级的关键。东北地区应扛起中蒙俄经济走廊建设的大旗，找寻中蒙俄经贸关系升级的突破口，探寻中蒙俄开放发展的可行之路。

（三）"中日韩""中蒙俄"融合开放

上述以中日韩自贸区建设、中蒙俄经济走廊建设为核心的"中日韩"和"中蒙俄"两个次区域开放发展的分析，是短期内深化东北亚经贸合作的重要抓手。长期来看，需依托辽宁、吉林、黑龙江、内蒙古四省区逐步畅通的国内循环，充分利用东北亚五国不同的禀赋优势，全面推进"中日韩""中蒙俄"融合开放。具体来看，可以按照从点到线、从线到面的原则，从三方的某一个领域合作拓展到多方的某一领域合作，再到多方的多个领域合作，例如，在中、蒙、俄三方能源战略性合作方面，可以从三方的合作为起始到逐渐纳入新的合作伙伴，最终形成东北亚区域内的能源合作，进而开展区域内的多领域、多元化合作。在此基础上，进一步探索"关税同盟"和东北亚一体化发展，提高东北亚区域整体经济活力和应对世界经济不确定性的抵抗力，助力东北地区成为东北亚地区最具活力和竞争力的重要经济区域。

二、"东、南、西、北"开放高地建设

从中观层面来看，打造东北地区面向东北亚对外开放新前沿应与东北地区"东、南、西、北"四个开放高地建设结合起来，立足区位优势、资源优势和产业基础，通过与日、韩、俄、朝、蒙五国深层次对外开放合作及与京津冀等地区对内交流协作，努力建设面向东北亚的自由贸易港、国际产业合作区、我国向北扩大对外开放的先导区。

（一）向南开放

将大连打造为东北地区对外开放的"南向"高地。大连一直以来都是东北地区对外开放的标杆，区位优势显著，内陆经哈大铁路和沈海高速连接东北腹地，是东北地区面向世界、转身向海的门户。接下来，要进一步深化同日、韩的经贸合作，聚焦生产性服务业和高端服务业，探索新的开放领域和开放政策，借鉴国际成熟自由贸易港发展经验，积极探索建设大连自由贸易港，打造"东北版上海"，带动辽宁沿海经济带打造面向日、韩的对外开放新前沿。

（二）向北开放

将哈尔滨打造为东北地区对外开放的"北向"高地。哈尔滨位于东北亚中心区域，是国际性综合交通枢纽城市之一，俄、日、韩等国家都处在哈尔滨"2小时航空交通圈"内，哈尔滨的这些区位优势可谓得天独厚。未来，哈尔滨的优势在开放、出路在开放，要发挥共建"一带一路"高质量发展、中国—中东欧国家合作重要节点城市作用，以友城合作为牵动，让哈尔滨展现出更大的国际影响力和吸引力，围绕建设对俄合作中心城市，完善综合枢纽，以高水平开放促进深层次合作，打造东北地区向北开放之都。

（三）向东开放

以丹东和珲春深化开放为契机，建设东北地区对外开放的"东向"

高地。充分发挥丹东在东北亚地区的区位优势、贸易优势、产业优势、人才优势和开放优势，加快推进以朝、韩经贸往来为重点的东北亚经贸合作，建设东北地区对外开放门户和东北亚经贸合作枢纽。一是以中朝边民互市贸易区为载体，积极争取互市商品加工政策，建立面向东北亚五国的互市商品深加工产业园，适时启动中朝地方合作规划前期研究，协同推动"丹东特区"申报建设；二是积极申报中韩国际经济合作示范区，丰富丹东参与东北亚区域合作内涵；三是发展多式联运，加快融入东北亚国际航运中心建设，加快沿海经济带建设，打造沿海区域新的增长极。

珲春地处吉林省东南部图们江下游，陆路连接朝、俄两国，水路位于中、朝、俄、韩、日五国相通之处，珲春由此成为连接东北亚各国的重要贸易走廊。珲春作为长吉图开发开放战略的开放"窗口"和"桥头堡"，要进一步利用珲春国际合作示范区、边境经济合作区、综合保税区、中俄互市贸易区、跨境电商综合试验区等现有平台，提升开放平台能级，全力争创第三批国家物流枢纽试点城市，加快口岸、公路、铁路、机场、航线建设，全面提升互联互通水平，形成联通东北亚立体交通网络，打造我国面向东北亚地区合作中心枢纽，加快与长春市、吉林市内外联动，与延吉、龙井、图们等地协同打造开放前沿。

（四）向西开放（合作）

沿辽宁西部以及蒙东五盟市建设东北开放的"西向"高地。加强与京津冀地区通道、产业、平台、市场等方面合作，推进产业链、供应链、资本链、创新链深度融合，建设环京津冀先进制造业基地和高品质服务业集聚区。深入推进东北振兴与长江经济带、粤港澳大湾区建设等国家重大战略的对接与合作，加快推动国内大循环畅通。依托从京津冀地区到呼和浩特、二连浩特再到蒙古国和俄罗斯的中蒙俄经济走廊（华北通道），深化同蒙古国、俄罗斯合作。

三、沿海沿边重点口岸"串珠成链"

东北地区是东北亚国家通往中国关内的交通要道，是中国连接欧亚大陆桥的重要门户，承接着东北亚贸易往来和经济转移，是中国向北开放的窗口，也是丝绸之路经济带和21世纪海上丝绸之路的重要交汇点。打造东北地区对外开放新前沿，从微观层面看，要以重点港口、边境口岸建设为突破，"串珠成链"打造对外开放新前沿。

辽宁省南临黄海、渤海，东与朝鲜一江之隔，与日本、韩国隔海相望，是中国最早对外开放的沿海省份之一。辽宁有六个临海城市，经过多年的建设发展，辽宁沿海六市港口已发展为服务东北三省一区的大型港口群，是东北地区主要能源、原材料、粮食和集装箱运输中转的核心枢纽，是东北老工业基地全面振兴全方位振兴和辽宁沿海经济带高质量发展的重要支撑。目前，辽宁已形成以大连港、营口港为主要港口，丹东港、锦州港、盘锦港、葫芦岛港为地区性重要港口的多层次发展格局，未来应进一步推进港口群协同发展，加快东北亚国际航运中心建设，争创大连自由贸易港，努力打造集"港、产、城、融、创"于一体的东北亚对外开放桥头堡。依托辽宁自由贸易试验区、"一带一路"综合试验区建设，引领构建东北亚海洋经济合作新格局，拉动中蒙俄经济走廊与东北亚经济走廊对接发展，形成面向东北亚经济开放合作的战略高地。

截至2015年9月13日，中华人民共和国商务部公布的《东北地区一类口岸（国家级）名单》，东北地区共有一类沿边口岸38个。打造东北地区面向东北亚对外开放新前沿，要发挥"边"的优势，做好"边"的文章，努力扩大沿边高水平开放开发，推进口岸经济建设不断增强。加强沿边口岸联动式发展，形成面向东北亚开放口岸发展群，如以满洲里口岸、二连浩特口岸为窗口向蒙古国开放，以黑河、同江、抚远、绥芬河、珲春为窗口的对俄开放，以珲春、图们、龙井、和龙、长白、临江、集安、宽甸、丹东为窗口的对朝开放。

第二章

打造东北地区面向东北亚对外
开放新前沿的研究综述

第一节　打造东北地区对外开放
新前沿的相关理论综述

一、对外贸易与区域发展的经典理论

对外贸易作为拉动经济增长的"三驾马车"之一，在区域发展中一直扮演着重要角色。自亚当·斯密（Adam Smith）提出绝对优势理论以来，后续学者对国际贸易与经济增长的关系进行了大量的研究，形成了一系列的理论体系，代表性的理论有以绝对优势与比较优势理论、对外贸易乘数理论和经济增长发动机理论为代表的"贸易促进论"和以"中心—外围"理论为代表的"贸易抑制论"，以及寻求合作共赢的关税同盟理论。

（一）绝对优势与比较优势理论

亚当·斯密于 1776 年在《国富论》中首次提出了绝对优势理论，创立了国际贸易理论。他从"劳动分工促进经济发展"这一基本思想

出发，将研究范围扩大到多个国家，并提出了绝对优势理论，即各国之间的国际贸易是由于绝对成本的不同而产生的，各国应当按照本国的绝对优势生产产品，并通过相互交换产品来促进国家之间的分工，进而促进国家的经济发展。

为了解释即使一国在各种产品的生产上都处于成本劣势，但也能够参与国际贸易分工的现实，大卫·李嘉图于 1817 年出版了《政治经济学及税赋原理》，在绝对优势理论的基础上，提出了比较优势理论。该理论认为一个国家应该集中自身的优势力量去生产那些相对优势较大或比较劣势较小的产品，再通过贸易交换，出口本国具有比较优势的产品，进口那些在生产上具有比较劣势的产品。这样，在劳动力和资本水平不变的情况下，国家可以利用增加生产总量来提高劳动生产率，进而提升整体社会福利水平。

（二）对外贸易乘数理论

凯恩斯在 1936 年提出了投资乘数理论，即投资的增长会促使国民收入翻倍增长，这种倍数就是乘数。以此为基础，马克卢普、哈罗德等凯恩斯学派最早的追随者将投资乘数原理引入外贸，并由此提出了外贸乘数的概念。他们指出，一个国家的出口能使国民收入倍增，而一个国家的进口会使国民收入倍减，只有在出口超过进口的时候，也就是贸易盈余的时候，经济才会得到发展。

若用 ΔNX 表示净出口的增加，ΔY 表示国民收入的增加，K 表示乘数，则对外贸易乘数理论可以表示为：$\Delta Y = K \times \Delta NX$，对外贸易乘数 K 可以表示为：$K = \Delta Y / \Delta NX$。根据该理论，凯恩斯主义者主张要通过国家这只"看得见的手"来干预经济，实施贸易保护政策，以求实现国家的贸易顺差，促进国民经济水平提升。

（三）经济增长发动机理论

与凯恩斯主义秉持的"只有贸易顺差才能促进经济增长"的观点不同，1937 年美国经济学家罗伯逊指出，无论是贸易顺差抑或是贸易逆差都能够促进经济增长，并提出了对外贸易是"经济增长发动机"的观点。此后，在1961年同样来自美国的经济学家纳克斯等进一步补充和发展了这一理论，并由此产生了R—N学派，该学派继承了新古典学派的贸易理论，认为许多国家经济的快速增长都得益于19世纪国际贸易的迅速发展，一方面，各国都按照比较优势原则进行专业化分工，更有效地配置了国内资源，从而能够提高国内产量；另一方面，各国通过对外贸易，把经济增长从参与国际贸易的部门传递到其他部门，从而带动国民经济水平的全面提升。20世纪60年代以来，西方许多经济学家又对R—N学派的观点做了进一步的补充与完善。

（四）"中心—外围"理论

与上述观点不同，普雷维什认为一个国家的对外贸易水平会抑制这个国家的经济增长，尤其是对于发展中国家而言，这一抑制现象更为明显。普雷维什注意到，在传统的国际劳动分工的大环境下，世界经济被分为两个方面，一个是工业化发达国家构成的"中心"，另一个是发展中国家构成的"外围"，"中心"主要生产制成品，"外围"主要向"中心"提供原材料和粮食。根据古典和新古典经济学的观点，发达国家的科技进步会使他们的工业产品的相对价格下降，进而提高"外围"发展中国家的贸易状况，但普雷维什对此进行了反驳。他在1876—1938年对英国的贸易状况进行了统计，结果表明"中心"国家和"外围"国家在国际上的地位和技术上的差距造成了国际分工的不均衡，致使初级商品的价格下跌远远大于制成品价格的下跌，发展中国家不得不增加其初级产品的出口，使得初级产品的贸易状况与制成品相比更加恶化，进一步加大了"中心"国家和"外围"国家贸易分工的不均衡，并使二者的经济差距进一步扩大。此后，普雷维什又在"中心—外围"理论的基础上，进一步提出了外贸"依附理论"，该理论认为如果发展中国家过度依赖国际分工和对外贸易，反而会阻碍其国内的经济增长。

（五）关税同盟理论

1950年，维纳（J. Viner）系统地提出了关税同盟理论，其主要假设有三点：一是各缔约国成员彼此废除其各自的关税；二是对除缔约成员国之外的其他国家或区域实行统一的进口关税制；三是就实际关税所得，各国通过协商，共同分担和配给。这种关税同盟结构不仅包含了自由贸易的思想，而且还具有贸易保护主义的协调统一的框架，对世界的经济效益产生了贸易创造效应、贸易转移效应和贸易福利效应。当两个国家成立关税同盟之后，由于缔约成员国之间互相减免进口环节税以及其他贸易壁垒，使得缔约成员国的进口贸易量增多，同时也导致非缔约国被排除出贸易，由此"创造"出新的贸易，即产生了贸易创造效应。在两国成立关税同盟前，其中一国会在全球范围内选择向成本更低的国家或地区进口商品，而当关税同盟成立后，该国则会转向成本更低的缔约成员国内部进口商品，由此向缔约成员国"转移"了原有属于非缔约成员国的进口贸易，即产生了贸易转移效应。上文所述的贸易创造效应和贸易转移效应都是从供给侧角度来讨论的，而贸易福利效应则是从消费需求的角度来讨论的，成立关税同盟之后，无论是在贸易创造效应还是贸易转移效应的情境下，缔约进口国的商品价格都会较之前有所下降，使得相应需求增加，由此扩大了贸易规模，并提升了贸易国家或地区之间的总体福利，即实现了贸易福利效应。

二、中国特色社会主义对外开放思想

中国共产党自成立以来，始终准确掌握世界经济全球化的一般规律和中国与世界关系的发展动态，逐步形成了"维护主权独立与坚持平等互利原则""利用两个市场、两种资源""建设开放型世界经济""构建人类命运共同体"等重要的对外开放思想和理论，推动中国经济从封闭、半封闭再转向打开国门搞建设，从建设开放型中国经济转向建设开放型世界经济的格局转变。中国共产党从中国的实际出发，在实践中创新和发展了马克思主义对外开放理论，形成了独具中国特色的社会主义对外开放理论。

（一）　改革开放前中国共产党对外开放思想

中国共产党从追求民族独立的革命战争开始，逐步确立了维护国家主权独立和平等互利的对外交往基本原则，这同时也是新中国成立初期指导社会主义经济建设的一项基本方针，是新中国前 30 年对外经济贸易工作的根本原则。

随着西方资本主义危机扩散和世界社会主义运动兴起，中国共产党在成立之初就认识到中国与世界关系已紧密相连。革命根据地建设时期，毛泽东同志便开始尝试利用"外资"发展工农业和商品流通，提出"在尊重中国主权与遵守政府法令的基础上，允许外国人来经商、开矿及建立工厂，发展交通或与中国人合作经营工矿"。1949 年新中国成立，《中国人民政治协商会议共同纲领》宣布"中华人民共和国必须取消帝国主义国家在中国的一切特权"，[①] 并宣告"内外交流"作为中国经济建设的根本方针之一。中国共产党在坚持主权独立的基础上，开始探索发展对外经济的道路。

在中华人民共和国成立后，中国的对外经济合作不断深化。1950年签署的《中苏友好同盟互助条约》规定，"双方保证以友好合作的精神，并遵照平等、互利、互相尊重国家主权和领土完整及不干涉对方内政的原则，发展和巩固中苏两国之间的经济与文化关系，彼此给予一切可能的经济援助，并进行必要的经济合作。"既发展了维护主权独立的思想，又提出了平等互利的基本原则。中国于 1953 年首次提出了和平共处五项原则，即"互相尊重主权和领土完整、互不侵犯、互不干涉内政、平等互利、和平共处"。到 20 世纪 70 年代，和平共处五项原则已

---

① 中国人民政治协商会议共同纲领［EB/OL］.［1949 – 09 – 29］. 新华网，http://www. cppcc. gov. cn/2011/12/16/ARTI5133309181327976. shtml.

被国际社会普遍接受，这是中国共产党在国际政治经济秩序建设中作出的重大贡献。

（二）改革开放新时期中国共产党对外开放思想

党的十一届三中全会后，全党工作的重点转向经济建设。以邓小平同志为核心的党中央领导集体从我国国情和经济发展态势出发，提出了对外开放的基本国策，创新性地提出了建设经济特区的构想，建立了以开放促改革、促发展的开放型经济建设框架。在此基础上，明确地表述了如何正确处理对外开放中的各种关系，实现从"引进来"到"引进来"与"走出去"相结合的发展策略，同时在开放条件下，提出了以扩大内需确保开放经济安全的思想。在此期间，中国的综合国力和国际地位大幅度提升，为社会主义现代化建设打造了坚实的经济基础。

1. 提出对外开放基本国策

党的十一届三中全会提出，采取一系列新的重大的经济措施，对经济管理体制和经营管理方法进行认真的改革，以自力更生的方式，积极地与世界各国进行平等互利的经济合作，引进先进技术和设备。党的十二届三中全会把对外开放确定为"长期的基本国策"。改革开放初期，我们遇到许多思想上的桎梏和阻力，同时由于我国刚刚打开国门，在理论认识上要着重解决是否对外开放的问题。邓小平同志作为党和国家主要领导人，就对外开放的必然性以及开放原则、方法等问题进行了论述。邓小平同志明确阐述，"当今世界是开放的世界""中国的发展离不开世界"①。邓小平同志早在改革开放初期便指出，"对内经济搞活，对外经济开放，这不是短期政策而是长期政策，最少50年到70年不会变。"② 中国共产党在推动和扩大开放方面，坚持把改革开放的制度障碍排除在外，增强对外开放的稳定性和透明性，并在国内外市场上发出

---

① 中国的发展离不开世界 ［EB/OL］.［2014 - 08 - 19］. 人民政协网，https：//www. rmzxb. com. cn/sy/ttxg/2014/08/19/365306_1. shtml.

② 邓小平文选第三卷 ［EB/OL］.［2019 - 07 - 31］. 求是网，http：//www. qstheory. cn/books/2019 - 07/31/c_1119485398_26. htm.

了积极的信号。20 世纪 80 年代末 90 年代初，世界政治经济格局急剧变化，对外开放曾受到很大的阻碍。邓小平同志于 1992 年的南方谈话中，提出"三个有利于"，为我国对外开放发展和扩大利用外资提供了理论支持。党的十四大提出，要进一步深化对外开放，更多更好地对国外的资金、资源、技术和管理经验进行整合和利用，形成多层次、多渠道的全方位开放格局。党的十四届三中全会提出，要加快开放步伐，积极主动参与国际竞争与国际经济合作，充分发挥我国经济的比较优势，发展开放型经济，使国内与国际的经济实现相互补充。

2. 提出以经济特区为窗口探索渐进式开放道路

经济特区是全球自由港区的一种重要形式，它以优惠的政策为外资提供了一个有利的投资环境，从而引进先进的技术和管理经验。但是，像中国这样把沿海城市和内地选出来，由国家提供政策和财政支持，作为改革开放的试验区，这种做法在世界上是独一无二的。邓小平同志指出："特区是个窗口，是技术的窗口，管理的窗口，知识的窗口，也是对外政策的窗口。"[1] 创立经济特区也是马克思主义对外开放理论与中国实际情况相结合的最新成果。除此之外，邓小平同志思考的另一个重大问题，就是中国经济应如何在维护国家安全和稳定的基础上，从封闭转向开放实现经济的高速发展。由此，邓小平提出逐渐推进实施区域开放的策略，按各地区的开放程度因地制宜地实施开放优惠政策，逐步形成了由南到北、由沿海到内陆稳步有序推进的对外开放格局。

3. 从"引进来"到"引进来"与"走出去"并重的开放模式

改革开放初期，我国劳动力要素十分丰富，但资金和技术等要素人均存量不足世界平均水平的 5%。根据要素禀赋理论，引入稀缺的生产要素，保障要素供给的结构均衡，可以有效地促进生产效率的提升。因此，改革开放初期国家积极实施了"引进来"战略，推进引资、引技、引智工作全面展开。20 世纪 90 年代中期，"双缺口"问题得到了初步

---

① 以窗口精神，致敬深圳经济特区建立 40 周年［EB/OL］.［2020 – 08 – 24］. 人民网，finance. people. com. cn/n1/2020/0824/c1004 – 31834852. html.

的解决，但此时，产能过剩问题日益突出。党的十四大提出，要大力发展外资和加强国际合作。1997 年全国外资工作会议首次提出了"引进来"与"走出去"相结合的开放模式。2000 年，全国人民代表大会第九届三次会议将"走出去"战略提升到国家战略高度，拉开了我国对外投资快速发展的序幕。进入 21 世纪，中国成功加入世界贸易组织（WTO），标志着我国对外开放进入新的发展阶段，在此期间，中国经济发展规模相继超越了几个发达国家，同时，中国面临着对外贸易依存度过高、贸易摩擦升级等新的挑战。在基本搞清楚了要不要开放、怎么开放的总体思路以后，这个阶段要解决的重点问题就转向怎样提高对外开放的层次和效率，党的十六大报告提出，要"坚持'引进来'和'走出去'相结合，全面提高对外开放水平"。

4. 确立以开放促改革的开放型经济建设框架

改革开放初期，党中央不断探索以对外开放促对内改革、促发展的新道路，在开放实践中构建开放型经济体制。党的十二届三中全会通过的《中共中央关于经济体制改革的决定》指出，要与全球技术革命相适应，就要求经济体制必须具备吸收当代最新科技成就、推动科技进步和创造新的生产力的强大能力，而经济体制的改革，也是要吸收和借鉴当今世界先进经营管理方法。邓小平同志多次强调"以开放促改革、促发展"的思想。

概括来看，在此阶段，中国形成了三种以开放促进改革的典型模式。第一种是以开放窗口促进改革模式。1979 年开始建立经济特区，并率先在经济特区等开放窗口进行外贸、外资管理制度与体制机制方面的改革探索，经济特区在探索市场化的经济体制改革中积累了许多宝贵的经验，这些宝贵经验被扩展到全国各地，为促进经济增长释放了制度改革的强大动能。第二种是通过 WTO 倒逼国内改革模式。加入 WTO 后，中国的改革开放从以试点经验总结推广模式转向以多边经贸规则为基准的整体推进模式。按照 WTO 规则和加入 WTO 的承诺，中国在工业、农业、服务业等领域加大了对外开放力度，不断促进贸易自由化和贸易投资便利化发展，加快建立公平贸易法律制度，针对性地清理、废止或修订法律、法规和部门规章，不断健全贸易促进、贸易救济以及知识产权保护法律法规体系。第三种是以外资推动所有制改革模式。在所有制结构调整和改革过程中引进和发展外资经济，推进了所有制改革，加快了市场竞争机制的形成。党的十四大提出，外资经济、个体经济和私营经济，都是公有制经济的重要补充，是我国社会主义市场经济的重要组成部分。党的十五大确立以公有制为主体、多种所有制经济共同发展为我国社会主义初级阶段的基本经济制度。同时，外资企业在推动国企改革，转变国有企业经营机制，提高我国企业国际竞争力等方面也发挥了重要的作用。

5. 开放条件下经济安全问题初探

20 世纪 90 年代中后期，党中央开始思考对外开放条件下的经济安全问题，扩大内需、建立主要依靠国内市场的开放经济是我国应对开放条件下经济安全问题的解决方案。受 1997 年亚洲金融危机影响，世界贸易规模急剧缩小，出口对中国经济增长的贡献率也大幅下降。面对国内外形势的不断变化，中国共产党深刻地认识到，经济发展要立足于国内外两个市场，尤其是内需，才能有效应对国际经济风险，这一思想也是党对国内外经济联动认识的进一步深化。为了应对 2008 年全球金融危机，中国推出了十条政策以扩大内需、促进经济增长，在全球范围内率先实现了经济稳定和增长。中国坚持以扩大内需和国内市场建设，不仅加强了开放经济的安全基础，同时也进一步扩大了对外开放的深度和广度。

（三） 新时代中国共产党对外开放思想

党的十八大以来，世界格局迎来百年未有之大变局，中国经济占全球经济的比重达到 30%，中国已经进入了积极引导经济全球化、推动中国与世界经济协调发展的新时期。以习近平同志为核心的党中央领导集体，不断继承和发展马克思主义和中国特色社会主义对外开放理论，提出了以制度型开放构建更高水平开放型经济新体制、推进更高水平自由贸易试验区、自由贸易港建设等高水平开放型国家建设的发展思路。同时，提出的以"一带一路"倡议引领开放型世界经济建设、推动多边自由贸易区网络建设、推动人类命运共同体理念被世界普遍认可。

1. 以制度型开放构建更高水平开放型经济新体制

党的十八大以来，中国经济步入了"新常态"，经济发展面临着发展方式的转变、结构调整、动力提升等问题。"制度型开放"是一个划时代的概念，从国内改革需求看，促进要素开放向制度型开放转变，是符合当前我国开放发展现实和提升开放发展水平的重要举措；从国际形势来看，目前世界经济所面临的困难和中国在世界舞台上的重要作用，都需要中国以更加主动积极的行动推进制度型开放，构建高水平开放经济新体制。

在推进制度型开放方面，自由贸易试验区是"排头兵"，是"试验田"。2013 年，国务院批复成立中国（上海）自由贸易试验区，上海自由贸易试验区的建立，标志着中国在贸易自由化、投资便利化、金融国际化和行政精简化等重要领域的探索不断深入。作为承担国家重大改革开放任务的特殊区域，各自贸区对标国际经济贸易准则，立足于本地区的资源禀赋优势和区位优势，着眼于体制机制的创新升级和营商环境的优化，大胆探索、积极创新、先行先试，取得了一系列重要制度创新成果，并推广至全国，自贸区正在逐步构建符合国际惯例、更公平自由开放的市场经济环境。

党的十九大报告提出，要给予自由贸易试验区更多的改革自主权，要加快自由贸易港建设的探索。习近平同志于 2018 年在庆祝海南建省办经济特区 30 周年大会上的重要讲话中指出，要逐步深入探索海南自由贸易港建设、逐步推进中国特色自由贸易港建设，分步骤、分阶段建立自由贸易港政策和制度体系，此后习近平同志也多次强调要不断推进海南自由贸易港建设，打造开放新高地。海南自由贸易港将在系统性和集成性制度创新方面取得全方位突破，打破体制机制桎梏与壁垒，对接新的国际经济贸易准则，构建开放型经济新体制，为国家新一轮高水平全面深化改革开放提供良好的模板。在当前国际贸易保护主义盛行和逆全球化浪潮汹涌的形势下，海南自由贸易港的建立，既展示了中国的大国担当和道路自信，也是中国走向更高层次开放的重大飞跃。

2. 以"一带一路"倡议引领开放型世界经济建设

我国要推进开放型世界经济建设，就必须坚持平等、开放、共商、共享的理念，坚持共商共建共享原则，促使经济治理体系向着适应世界经济新格局、经济全球化历史趋势发展。"一带一路"倡议是贯彻我国参与全球治理基本理念，推进构建开放型世界经济的有为之举。"一带一路"建设通过产能合作，将全球过剩产能和发展中国家工业化需求相结合，拓宽了新型南南合作的模式，扩大了世界经济增长新市场。随着我国与"一带一路"国家的产业合作不断深入，在发展中国家之间建立了新的全球价值链，促进了发展中国家的快速发展。"一带一路"建设坚持以共商共建共享为原则，不断推进区域投资贸易规则与合作机制的协调，提高了发展中国家和新兴市场国家在世界舞台上的代表性和话语权，促进各国在国际经济合作中实现权力、机会、规则平等，促进全球经济秩序走向更高水平的公平正义。

如果说"一带"与"一路"是引领亚洲经济腾飞的双翼，那么互联互通就是连接双翼的血脉。"一带一路"倡议提出了以"五通"（政策沟通、设施联通、贸易畅通、资金融通、民心相通）为核心的合作方式，创立了多元化、全方位的合作模式，构建了"六廊六路，多国多港"的互联互通框架，实现了与国际和地区组织的战略和规划对接。亚太与欧洲两大经济圈贯通离不开互联互通作用，互联互通重构了目前以东亚、西欧、北美为中心的世界经济版图以及"一带一路"沿线国家的经济地理。

3. 推动多边自由贸易区网络建设

中国不仅是全球经济一体化和多边自由贸易体系的受益者，也是世界经济一体化发展的重要力量。习近平同志在第九届 G20 峰会上表示："我们将一如既往地做世界贸易的旗手，坚持多边贸易体系。"① 习近平同志在随后的多个重大会议上，多次强调了我国支持全球自由贸易制度

---

① 习主席历次 G20 论述，为完善全球经济治理提供重要指引［EB/OL］.［2021 - 10 - 30］. 求是网，http：//www. qstheory. cn/qshyjx/2021 - 10/30/c_1128012375. htm.

的立场。党的十八大提出了加速发展自由贸易区政策。2014 年，习近平同志在党的十八届中央政治局第十九次集体学习讲话中，指出要"逐步构筑立足周边、辐射'一带一路'、面向全球的自由贸易区网络"。① 建设高水平自由贸易区网络，是在更大范围和更深层次上的规则统一和创新。通过建立"一带一路"沿线国家双边、多边、区域、次区域自贸协议，可以不断探索适合发展中国家利益的贸易规则，避免发达国家基于自身利益所创建的高标准贸易投资壁垒，进而提高发展中国家在参与全球贸易投资规则的制度性话语权。

4. 推动人类命运共同体理念成为世界共识

推动构建人类命运共同体，是引领新时代对外开放的核心价值理念。习近平主席于 2013 年 3 月在莫斯科提到："这个世界，各国相互联系、相互依存程度已是前所未有。我们生活在同一个地球、同一空间，我们之间的联系越来越紧密。"② 联合国安理会于 2017 年 3 月通过了第 2344 号决议，第一次将构建人类命运共同体理念写入其中，表明了人类命运共同体理念已经成为世界的普遍共识。

"各国只有开放包容、互联互通，才能相互助力、互利共赢。我们要坚持开放合作，助力世界经济平稳复苏，推动建设开放型世界经济，不搞歧视性、排他性规则和体系，维护以世界贸易组织为基石的多边贸易体制，维护全球产业链供应链稳定畅通，促进贸易和投资自由化便利化，推动经济全球化朝着更加开放、包容、普惠、平衡、共赢的方向发展。"③，习近平主席指出："要主动作为、适度管理，让经济全球化的正面效应更多释放出来，实现经济全球化进程再平衡。"④ 推进人类命

---

① 加快构建开放型经济新体制［EB/OL］.［2014 - 12 - 07］.中国青年报，http：//zqb. cyol. com/html/2014 - 12/07/nw. D110000zgqnb_20141207_2 - 01. htm.

② 习近平谈构建人类命运共同体［EB/OL］.［2022 - 02 - 17］.党建网，politics. people. com. cn/n1/2022/0217/c1001 - 32354228. html.

③ 把握经济全球化发展大势［EB/OL］.［2021 - 11 - 06］.新华社，www. gov. cn/xinwen/2021 - 11/06/content_5649292. htm.

④ 共担时代责任，共促全球发展［EB/OL］.［2020 - 12 - 15］.新华社，www. qstheory. cn/dukan/qs/2020 - 12/15/c_1126857192. htm.

运共同体建设，需要以共商共建共享的全球治理观为基础，谋求最大公约数，共同推进全球治理体系改革。共商共建共享原则是世界政治经济管理中的一项民主原则。习近平主席在 2018 年中非合作论坛北京首脑会议上发表的演讲中说，"面对时代命题，中国将积极参与全球治理，秉持共商共建共享全球治理观。"① 在中国的推动和国际社会的共同努力下，一条相互尊重、公平正义、合作共赢的新道路正在形成，以实现人类命运共同体构建。

第二节　打造东北地区对外开放
新前沿的相关文献综述

一、关于打造东北地区对外开放新前沿建设重要意义的相关研究

目前，关于打造东北地区对外开放新前沿重要意义的研究，可总结为两个方面：一方面是关于对外开放新前沿对于有效配置周边国家和地区市场资源的研究；另一方面是关于打造东北地区对外开放新前沿对东北经济结构调整和倒逼东北地区体制机制改革的研究。

宋维佳（2008）指出，随着外商投资规模和数量的逐步增加以及外资模式的多样化，东北老工业基地的振兴，必须走一条新的、全面的开放道路。建设东北新的开放前沿，对东北全面振兴具有深远的影响，东北亚地区市场资源的有效配置，对东北地区的开放具有重大意义（李凯，2020）。徐卓顺（2015）对东北产业投资与产业关联度进行研究，结果发现东北地区产业投资结构不协调，同时产业内部投资结构也不协调。建设

---

① 习近平在 2018 年中非合作论坛北京峰会开幕式上的主旨讲话［EB/OL］.［2018 - 09 - 03］. 新华网，http：//www. xinhuanet. com/world/2018 - 09/03/c_1123373881. htm.

东北对外开放新前沿能够为东北地区的经济发展提供新的动力。同发达国家相比较，我国的服务业发展水平仍有很大发展空间，东北地区服务业增加值占国内生产总值与全国的平均水平基本持平，生产性服务业尚未形成规模效应，不能满足区域产业的转型升级需要，高端的生活服务业，如医疗、旅游、文化、体育行业等发展较慢。东北地区的服务业正处于发力的关键时期，有机会在深化改革开放中取得新的突破（李凯，2020）。

林木西和时家贤（2004）结合东北老工业基地二十多年的改革实践，指出了制度创新是振兴东北老工业基地的关键。高晶（2004）指出制度供给的不平衡导致了东北老工业基地"先发"优势的丧失，制度安排的低效率导致了其在创新上的后天不足，因此，要想实现东北振兴，必须进行体制创新与改革。包红君（2010）指出，在振兴老工业基地过程中政府角色的正确定位是关键，影响老工业基地发展的重要因素之一就是东北地方政府职能转变。刘力臻和王庆龙（2015）认为，东北地区的封闭式内向经济发展模式将会削弱市场机制，使其难以实现转型，对东北地区的可持续发展产生不利影响，同时提出今后东北经济社会转型的关键，即加快基础设施、推进市场化改革、加强对外经贸合作。宋冬林（2015）指出，制约东北地区创新创业的主要原因在于体制问题。所以，要以激发市场的活力为切入点，发展民营经济、深化国企改革、建立国家自主创新示范区、打造东北地区对外开放新前沿，倒逼东北地区体制机制改革。扩大开放不仅是经济发展的必然要求，更是中国主动适应国际贸易规则变化、参与国际经济发展竞争、促进东北地区产业结构转变，促进国企改革、促进民营经济发展和优化营商环境的重要途径（李凯，2020）。

二、关于东北地区打造对外开放新前沿的机遇与挑战相关研究

（一）东北地区打造对外开放新前沿的机遇

目前，学者们对东北打造对外开放新前沿机遇方面的研究主要集中

于三个方面，包括在东北亚区域经济一体化中谋求打造东北地区对外开放新前沿、在"一带一路"倡议与向北开放的强化中谋求打造东北地区对外开放新前沿、政策叠加助力打造东北地区面向东北亚对外开放新前沿。

1. 在东北亚区域经济一体化中谋求打造东北地区对外开放新前沿

当前国际局势处于大变局时期，给我国经济的平稳、健康发展增加了不确定因素。全球范围内的疫情对全球经济发展造成了沉重打击，对经济全球化趋势产生了巨大的影响，同时"保护主义"对经济全球化造成了巨大的冲击。在当前复杂的国际形势下，东北亚地区的区域合作持续得到了强化，东北亚局势发生了积极的转变，区域合作也在不断向前发展（李凯，2020）。2019 年第 12 届中日韩经贸部长会议，就地区经济一体化问题达成了一致意见，这对于推动东北亚区域经济一体化具有重要意义。东北亚区域经济一体化将是东北地区打造对外开放新前沿的重要契机（刘海军和闫莉，2019）。

东北亚区域经济一体化将为打造东北地区对外开放新前沿，提供两个方面的机遇。一方面，全面加快中日韩自贸区协议的谈判。中日韩第十六轮谈判，在同意 RCEP 的基础上，进一步提高贸易投资自由化便利化水平，打造 FTA。但日韩之间贸易摩擦不断加深，对中日韩自贸区的谈判产生了一定的负面影响，而在这个时候，东北地区加强东北亚经贸开放将在缓解贸易摩擦和促进中日韩自贸区顺利发展方面起到积极的作用，另外，韩国的"新北方政策"和日本的"八大区域经济合作"计划等，客观上要求东北地区积极发挥开放作用（谭怡和史东柏，2019）。就当前来说，东北地区在基础设施建设、装备制造等方面都具备一定的优势，资金也相对充裕，但缺乏关键技术，中日韩自贸区的不断推进，将推动东北地区在东北亚区域经济合作中形成良性、互补机制，从而使东北地区能够充分吸收日韩的技术优势，不断引进、学习和消化先进技术，丰富区域贸易和产能合作形式，推动东北地区成为对外开放的新前沿。另一方面，美国的贸易保护主义不断推进，美国对各国实行差别化的贸易攻势，频繁对多种商品征重税，使中、日、韩三国都受到了"伤害",东北亚的总体形势持续好转,因此东北亚的经济结构也在不断地调整,已形成一个开放、透明、国际化的商品、服务、劳动力、房地产、金融市场,这对于东北打造对外开放新前沿来说是重要的机遇(赵晋平,2020)。

2. 在"一带一路"倡议与向北开放的强化中谋求打造东北地区对外开放新前沿

东北是东北亚经济圈和"一带一路"的陆海交界处,具有海陆联结欧洲、海陆通达亚太的有利条件。东北是"一带一路"倡议实施过程中的一个重要窗口,是推动东北亚区域协调发展的一支重要力量,也是推动区域经济创新发展的一支新力量。自从习近平主席于2013正式宣布"一带一路"倡议后,中央高度重视东北地区深度融入"一带一路"倡议,地方层面的相关政策、方案、规划、意见相继出台,"一带一路"倡议的路径越来越清晰,成果越来越丰硕,步伐越来越稳健(张晨瑶,2020)。"一带一路"也逐步从观念到行动、从远景到现实,为新时期的经济外交工作指明了方向,并在实践中取得了一定的成效。"一带一路"倡议使中国的北方开放战略得到了进一步加强,为东北打造对外开放新前沿,特别是深入到东北亚的开放奠定了基础(赵球等,2022)。

"一带一路"的建设成就斐然,令人瞩目。习近平总书记于2018年8月在"一带一路"五周年纪念座谈会上强调,要把"一带一路"建设推向高质量发展。近几年,"一带一路"的加强与发展使东北亚局势发生了积极的变化,其中朝鲜半岛的局势得到缓解,中俄在这一过程中起到了很大的推动作用。中俄在2017年发表联合声明,突出强调了可能发生军事冲突的危险;在"双暂停""双轨并行"、俄罗斯对朝鲜半岛问题采取分阶段处理思想的现状下和中日韩合作意愿的基础上,在2020年签署RCEP后,中、日、韩三国的关系更加紧密(傅郭鑫和孙佳,2020),将我国的"一带一路"与韩国的"新南方政策"相结合,成为推动两国关系稳步发展的突破口(金东灿,2021),中国、俄罗斯、蒙古国陆缆连通,中俄天然气管线东段工程正式启动;中俄就双边贸易和投资本币结算问题达成协议；俄罗斯"欧亚联盟"将与我国的"一带一路"倡议相结合；"一带一路"与蒙古国"草原之路"在发展方向和建设领域上相统一。上述研究证实了东北亚开放的巨大潜力，这将为我国东北地区建设对外开放新的前沿阵地创造重要契机。

3. 政策叠加助力打造东北地区面向东北亚对外开放新前沿

东北振兴战略的持续加强，奠定了打造东北地区对外开放新前沿的基础。从 2003 年开始，国家和地方政府每年都会出台一系列支持东北振兴的政策，"黄金十年"之后，东北地区经济在 2013 年后出现了"断崖式"下跌，政府也不断加大政策支持力度（杨东亮和王皓然，2021）。2016 年 4 月，中共中央、国务院发布了《中共中央国务院关于全面振兴东北地区等老工业基地的若干意见》，为东北地区的新一轮经济腾飞提供了有力的支持。随后，东北振兴又推出了一系列政策组合拳，东北地区产业结构进入了一个快速调整时期，东北经济也从低谷中走了出来并开始稳定复苏，新的经济增长动力正在迅速形成（胡伟，2020）。随着东北经济的逐渐复苏，东北地区打造对外开放新前沿的基础也不断夯实。

沿边开放的城市和港口城镇又迎来了新的政策机会，巩固了边境地区的对外开放基础。沿边开放城市是我国继沿海开放城市后的又一特殊经济类型，其特点是开放程度比普通的内陆城市要高，同时开放程度也是其发展的主要途径（李秀敏和孟昭荣，2006）。近几年，我国的边境城市开放政策得到进一步的发展。2013 年，国务院发布了《关于加快沿边地区开发开放的若干意见》；2014 年，国务院发布了《关于近期支持东北振兴若干重大政策举措的意见》，提出要研究建立重点开发开放试验区，支持国际合作示范区建设，以及在有条件的地方建立综合保税区和跨境经济合作区；《国家新型城镇化规划（2014—2020 年）》提出，要加强陆路边境口岸城镇的建设，建立国际商贸物流枢纽和加工基地，将 16 个口岸城市作为东北亚的重要港口城市。

对口合作为东北建设对外开放新前沿阵地提供了新的动力。近年来，东北地区在政府的指导下，更好地发挥市场决定作用，以市场化方式促进资本、人才、技术等要素高效流动，从而吸引更多的项目和投资进入东北。各地区加强统筹协调、主动创新，对口协作工作取得了积极进展，形成了一条跨区域协作发展的先导模式（王沫，2019）。对口合作显著拉动了东北地区的经济增长，为东北地区加快打造对外开放新前沿注入发展新动能（马芳，2020）。

综上所述，大部分相关学者认为打造东北地区对外开放新前沿的新机遇包括东北亚各国区域经济一体化的战略趋同、"一带一路"倡议与向北开放的共同强化、东北振兴等多项政策叠加助力。

（二）东北地区打造对外开放新前沿的挑战

目前，学者们关于东北打造对外开放新前沿的挑战方面的研究主要集中于四个方面，包括地缘优势加速凸显，但也面临多方掣肘；"一带一路"建设融入深，但开放前沿的经济基础有待夯实；东北亚区域合作推进稳，但成为开放合作高地仍有待时日；体制机制短板加速补齐，但务实合作机制仍待探索。

1. 地缘优势加速凸显，但也面临多方掣肘

东北是东北亚腹地，毗邻俄罗斯、朝鲜、蒙古国、日本、韩国，其地理接壤的特点为东北地区建立国际大通道提供了天然的基础，是东北亚经济发展的一个重要门户和中心。东北三省与内蒙古地区"边海互动"基础较好，对东北亚地区开放具有重大战略意义。辽宁省是我国海陆两重"门户"，是东北与关内的交通要道，是欧亚大陆桥梁的必经之路。黑龙江省拥有中俄两国合作的重要工程，是亚洲和太平洋地区陆路至俄罗斯及欧洲的主要交通要道。吉林省位于辽宁省的北边、内蒙古的西边、黑龙江省的南边、俄罗斯的东边、图们江和鸭绿江的南边，边界全长 1438.7 千米，中俄边境 232.7 千米，中朝边境 1206 公里。内蒙古与八省相邻，与蒙古国和俄罗斯相邻，边境线 4200 多公里，是我国北方对外开放的一个重要区域（赵妍，2019）。但是，由于受到诸多因素的制约，东北地区的地缘障碍也十分突出。东北亚地区是世界各国力量交汇的中心，东北亚地区的区域合作存在着复杂变化和各种干扰因素，

国家之间的战略意图、利益差异以及缺乏战略信任是东北亚合作进程的一个重要因素（韩蕾，2019），这些都直接影响了东北地区的开放速度。同时，由于生态环境问题，中俄、中朝和中蒙三国的许多双边合作项目都被暂时搁浅。

2. "一带一路"建设融入深，但开放前沿的经济基础有待夯实

近年来，东北在深度融入"一带一路"倡议的背景下，经济增长加快了步伐，成为东北亚区域合作的重要开放窗口。"一带一路"倡议提出后，东北地区对此做出了反应，在通道建设、经贸合作、人文交流等方面都有了显著的进展。黑龙江省在亚欧、太平洋和波罗的海沿岸国家等地建立了一个跨界运输系统，加快了对俄合作的进程；2019 年 3 月，中俄同江—下列宁斯阔耶铁路桥全线贯通。吉林省以港口为依托，积极开辟日本海新航线，与俄、蒙等国家开展西部合作，并积极扩大"一带一路"向东北亚地区辐射；"一带一路"的快速发展，加速了珲春从中国内陆城市到日、韩、俄三个开放枢纽的发展。

辽宁省积极参与"一带一路"，扩大与俄罗斯、日本、韩国等国家的合作，充分利用东北亚地区的枢纽地位，努力构筑东北亚新的合作高地。内蒙古地区与"一带一路"国家的外贸关系不断升温，与"一带一路"沿线各国的贸易交流进一步深化。哈欧班列为黑龙江与国际接轨提供了一扇新的窗口，加强了俄罗斯远东、欧洲与中国东北的经济合作。2015 年 8 月 5 日，哈尔滨铁海联运通过绥芬河和俄罗斯符拉迪沃斯托克东部港口到韩国釜山，完成了铁海联运国际大通道的全线贯通（谭迎春，2016）。沈铁中欧班列开通了东北至欧洲合作的新航线，覆盖范围进一步扩大，包括多个城市的开放格局已经形成（唐佳丽，2019），班列的货运范围实现了"重去重回"（新华社，2018）。

"一带一路"倡议实施以来，我国东北地区积极对接"一带一路"倡议，规划布局了多条重要的国际通道和高水平合作平台。但是对于打造对外开放前沿，东北地区的开放水平仍需进一步提高：一是 2013 年以来东北外贸一直处于下滑状态，并且贸易逆差不断扩大；二是东北三省与"一带一路"沿线国家的贸易额在国内市场份额中所占比例仍然

很低，只占全国与"一带一路"国家贸易额的4.3%。

3. 东北亚区域合作推进稳，但成为开放合作高地仍有待时日

21世纪以来，东北亚的贸易和投资不断发展，区域间的合作也在逐步深化，中、俄、朝三国的跨国交通、通信等基础设施建设联系越来越密切，东北亚的国际运输网和国际联运线路已初具雏形，地缘关系的边境贸易、跨国间的货物流动、人文交流日益频繁（于潇，2018）。目前，东北地区与东北亚贸易合作是实现东北新一轮对外开放和经济复苏的重要保障。

尽管东北亚区域合作取得了进步，但东北地区还没能成为面向东北亚的开放高地，主要原因有以下三点：一是东北对外开放水平较低，外贸依存度不足全国平均水平的二分之一，且东北地区在国内生产总值中所占的比例和进出口总额都较低；二是由于地缘关系，中美之间的经济贸易优势并不显著，对周边国家的辐射作用也较弱，近年来，东北地区的边境贸易总体有所下降，中朝贸易也受到了很大的冲击；三是沿边发展滞后，边境城市和内陆城市间联系不强，距发展成为内外协作枢纽仍存差距，贸易新形式的集聚不明显，边境口岸通关和过境运输的便利程度有待提高。沿边开放城市没有形成"兴边富民"的沿边先行示范区，即没有形成先进生产要素集聚的现代产业基地。

4. 体制机制短板加速补齐，但务实合作机制仍待探索

东北地区在新一轮东北振兴战略下，加速推进体制机制创新；随着区域合作的深入，城市之间的关系从"竞合为主"向"合作优先"转变。2017年开始的南北对口合作，为东北地区加快弥补体制机制的不足创造了新的契机。2018年9月，习近平总书记在东北视察并主持召开座谈会时强调，体制机制问题是制约东北全面振兴的四大短板之一。从那时起，东北地区进入了体制和机制的迅速调整阶段。

但是，从东北地区参与东北亚区域合作的现实情况来看，目前的实际合作机制还有待进一步探索。一是东北亚国家之间缺乏务实的双边协商机制。当前，东北亚地区的区域合作主要是由地方政府、企业和民间组织来推动，东北亚国家之间虽然也有几个合作协定，但是没有形成真正的政府间协商机制，也没有形成相关的合作机制，双方的合作机制还有待进一步的突破。二是我国东北行政区的经济发展问题仍然十分突出。东北地区工业基础相近，区位相连，经济发展应该像一盘棋局一样，但是由于各省份不同的利益需要，造成了东北地区统一市场建设滞后，同时也对整个东北亚区域一体化进程产生重要影响。

三、关于东北地区打造对外开放新前沿路径的相关研究

目前，学者们关于东北地区打造对外开放新前沿的路径研究有着不同的看法，基于上述的经典理论以及众多学者的研究，本书从海陆大通道建设、开放平台建设、人文交流互鉴、开放型经济新体制建设等方面梳理总结打造东北地区对外开放新前沿路径的相关文献。

（一）东北地区海陆大通道建设

目前，学者们关于东北地区海陆大通道建设的研究主要集中在东北地区海陆大通道建设的意义、措施等方面。

朱坚真等（2010）总结了"大通道"的内涵及其理论，并提出了建设南海国际大通道的意义。汪星明等（2012）认为东北海陆大通道畅通是区域合作、互通互联的前提条件。曹洪滔和赵天添（2022）认为加快东北海陆大通道建设有利于增进东北"三省一区"之间的贸易合作，增强东北地区的对外开放力度，推动东北地区进一步融入"一带一路"建设，加速东北经济一体化进程并推动东北振兴取得新突破。杨传祥（2022）认为东北海陆大通道建设有利于更好地服务于区域经济发展和国家战略。郭建科等（2022）认为东北海陆大通道建设有利于提升地理空间的系统韧性，实现海陆资源优化配置和经济布局的空间整合。赵治山（2023）和李靖宇等（2007）认为东北海陆大通道建设是加快东北老工业基地全面振兴的重要措施。

曹洪滔和赵天添（2022）认为深入推进东北海陆大通道建设，要

统筹规划、精准切入、持续发力，充分把握新时代赋予东北海陆大通道建设的新机遇和新要求，持续优化东北海陆大通道建设的实施方略。要深入推动"软""硬"联通共同发展，不断增强枢纽港口和交通网络的支撑作用，打造体系完整、设施先进、交通便捷、物流高效、贸易繁荣的海陆大通道。杨传祥（2022）认为深入推进东北海陆大通道建设，要牢筑疫情防线，保障物流通畅、提升港口能级，建设物流枢纽、加快创新转型，开辟海陆新通道、深化协同合作，优化口岸环境、强化数字赋能，推进通道"软"联通。郭建科等（2022）认为东北海陆大通道建设要注重发挥海陆双向优势，海陆联动实现东北与国际国内互联互通，紧密对接"一带一路"倡议，打造中日韩自贸区和东北亚自由贸易先行区，扩展东北与国内其他区域的联系，强化海向和陆向双向通道、强化沿海与内陆互动，以海洋增量空间为切入点，实现陆域现实空间拓展。冯万斌（2022）基于东北地区在交通运输网络的优势指出，交通运输应围绕东北海陆大通道北上、西进主轴和东西两翼支撑通道建设，进一步强化网络和枢纽支撑，重点在增强港口综合服务能力、提升运输组织效率等方面发力。

（二）东北地区开放平台建设

开放平台是扩大对外开放的重要载体，不仅是我国持续扩大对外开放的前沿阵地，也是适合进行体制机制创新的重要试验田。目前对开放平台的定义及种类没有统一标准，根据《国民经济和社会发展第十四个五年规划和2035年远景目标纲要》中开放平台建设的内容，开放平台主要包括自由贸易试验区、自由贸易试验港，综合保税区、国家级新区和开发区，重点开发开放试验区、边境经济合作区、跨境经济合作区、内陆开放型经济试验区等。

1. 关于开放平台建设在对外开放中重要意义的研究

推动新一轮高水平对外开放是我国经济发展的必然选择，也是实现我国经济转型，打造国内国际双循环，全面深化改革的必然路径。新一轮的高水平开放有三个主要特点：一是开放的领域要持续扩大，通过加快自贸试验区等开放平台的建设，形成制度型开放高地，实现更高层次的对外开放；二是进行开放新布局，增强对外贸易的竞争力，培育新优势，打造对外开放新格局；三是增强开放制度创新，实现高水平对外开放。

陈萍（2020）强调自由贸易试验区在对外开放发展中的重要性，自贸试验区的建设过程中始终围绕制度创新，以提升营商环境、提高贸易便利化程度、加快区域经济一体化、扩大对外开放程度为主要目标。自贸试验区是开放发展制度的优秀试点，同时能推动高水平区域经济发展、扩大高水平开放的贸易规模、助力高水平开放深度发展，要充分发挥自由贸易试验区在构建高水平开放发展格局中具有的重要引领作用。冯杨和张海波（2022）基于全国 225 个地级市 2006～2018 年的面板数据，检验设立自由贸易试验区对区域开放发展的影响，数据统计结果表明，设立自由贸易试验区对区域开放发展具有显著的促进作用，且综合保税区对区域开放发展同样具有促进作用，设立综合保税区的城市较其他城市具有更强的外资吸引能力。设立自由贸易试验区是促进区域开放发展的有效途径，通过推动自贸试验区、经济技术开放区、国家级新区、综合保税区的协同发展，充分发挥各平台的功能，实现多区优势叠加，促进自由贸易试验区的高效扩容。

杨朝成（2014）在研究德宏地区经济发展中阐述了开发开放试验区建设在地区经济协调发展中的重要性。瑞丽重点开发开放试验区是中国向西南开放最前沿的支点，连接南亚、东南亚的国际物流通道，是德宏地区经济的重要增长点。瑞丽重点开发开放试验区坚持以培育产业为导向，以调整产业结构实现经济发展方式转型为主线，不断优化产业结构，提升产业间的协同发展能力，进而增强了德宏地区产业的可持续性、增加产业的聚集效应和规模效益。提升开放平台能级是实现高水平对外开放的重要手段，瑞丽重点开发开放试验区的建设对于德宏地区资源要素配置和德宏地区政策试点都发挥了重要作用；周志鹏和孙潇涵（2021）结合山东省潍坊市开放平台现状，评估潍坊开放平台能级，提出开放平台是促进潍坊开放发展的主阵地，潍坊开放平台能级的高低对地区项目引进质量具有重要影响。

2. 东北地区开放平台建设的相关研究

王姣和苏文星（2021）根据辽宁自贸试验区沈阳片区发展现状，总结了片区内制度创新、政府职能转变等方面的成果。沈阳片区自设立以来，坚持在建设中探索，在建设中试验，不断实现创新突破，高效地完成国家创新任务，在地区发展中发挥了重要带头作用。截至 2018 年年底，辽宁自贸试验区沈阳片区完成创新任务 97 项，创新案例 39 项，并有 26 项在省内复制推广，在制度创新方面取得了阶段性成果。在政府职能转变方面，深化商事登记制度改革，牵头推动并完成自贸区及四个国家级开发区"证照分离"改革试点。为优化营商环境、吸引资金，沈阳片区的投资政策，按照国际通行规则，对外资流入实行分类管理，优化流程，提高效率。为提升贸易便利化，完成综保区桃仙园区建设并通过国家验收，开通国际贸易"单一窗口"。此外，沈阳片区与厦门、西安、郑州等城市相比，仍存在制度创新成果不突出、产业聚集效应不明显等问题。孙浩进和杨佳钰（2022）研究了黑龙江自贸试验区和俄远东超前合作发展区的合作发展，根据黑龙江自贸试验区的发展状况及比较优势提出多方面建议。黑龙江自贸试验区的建设与东北老工业基地振兴以及中蒙俄经济走廊建设联系紧密，多重政策的叠加使得黑龙江自贸区具有要素凝聚力强、资金吸引能力强等优势。自贸试验区设立以来不断完善对外贸易政策，试验区内聚集了一批以深哈产业园为代表的投资项目，产业聚集度大幅提升，促进了规模经济的发展，优化了营商环境。作为对俄开放的重要窗口，黑龙江自由贸易试验区发挥了重要的支撑作用，在农产品贸易、能源、劳务输出、跨境基础设施建设等方面与俄远东超前发展区的合作日益密切。

师超等（2017）从通道建设、基础设施建设、吸引外资、对外贸易等多方面分析了长春兴隆综合保税区的发展。长春兴隆综合保税区区位优势明显，交通运输条件便利、区内功能丰富、资金吸引能力强。截至 2015 年，已有 30 多个国家的 102 家跨国公司在综保区设立投资项目。兴隆综合保税区贸易发展迅速，2015 年综保区贸易总额增长 10

倍，在吉林省总贸易额呈下降趋势的背景下表现出强势增长潜力，成为吉林省对外贸易发展的新引擎。兴隆综合保税区经过短时间的建设成为吉林省对外开放的重要平台和连接国际市场的主要窗口，但由于建设时间有限，政策创新能力、基础设施建设情况对比国内其他综合保税区还不够完善，仍需进一步加强建设。

费豪杰（2017）总结了满洲里重点开发开放试验区成立5年来的阶段性建设成果。满洲里试验区不断进行体制机制创新，开展通关改革，设立了东北地区第一家多式联运监管中心，在工商服务和金融服务方面不断创新，持续推进"先照后证"改革。试验区内基础设施建设不断完善，跨境铁路运输提速增效，多段公路交付使用，航线飞行时间和飞行成本不断下降，互联互通更加便利。试验区批复初期满洲里地区生产总值年均增速便达到8.6%，极大地推动了地区经济发展。

3. 提升开放平台能级建议的相关研究

张鑫和杨兰品（2021）分析了沿海、内陆、沿边不同类型自贸试验区的比较优势，探索了自贸试验区协同开放的合作模式，以推进建设更高水平开放型经济体制和区域协同发展，研究表明，沿海自贸试验区的海洋运输条件优势突出，先进制造业和现代服务业发展快速，合作地区辐射范围较广；内陆型自贸试验区在发展加工制造业以及承接东部地区产业转移方面具有优势，通常以打造内陆地区开放高地为目的，开放对象主要向西发展；沿边自贸试验区边境口岸众多，跨境大通道建设较为密集，在发展跨境旅游业、边境贸易等沿边经济方面优势突出，是促进边境开放合作的重要平台。在突出各自贸试验区比较优势的同时，还应积极探索协同发展模式。沿海、内陆、沿边自贸试验区实现优势互补，扩大多式联运合作；促进外向型产业协同发展，要素优势互补，产业合理分工合作；缩小对外开放的环境差距，推动不同类型自贸试验区对外开放协同发展；加强制度性开放成果交流学习，强化差异化竞争与合作的法治保障，促进制度性开放协同发展。

曲凤杰（2020）分析了沿边地区开放平台发展现状及问题，提出沿边地区开放平台高质量建设路径。沿边地区重点开发开放试验区普遍存在经济发展水平低，体制机制创新不足等问题；沿边地区综合保税区进出口值较低，功能单元不丰富；边境经济合作区产业发展滞后，产业结构不合理问题严重。为促进沿边地区的开放发展，应将构建开放平台作为重要抓手，赋予开放平台更多自主权，大力推进体制机制创新，升级开放平台的功能，建设标准户流转库房、国际会展中心等运营平台，扩大综合保税区服务范围，优化营商环境，提升保税区多元化服务能力；有序推进各开放平台的联动，推动沿边地区高水平对外开放，激发沿边地区的贸易活力，在构建高水平开放格局中发挥沿边地区的比较优势。

刘英奎等（2020）针对沿边地区开放发展中各地区对外贸易差距大、双向投资下滑、旅游人数下降等问题，就沿边地区的开放平台和开放通道建设提出对策建议。为扩大沿边地区的开放发展以及实现更高层次的开放格局，应推进跨境经济合作区和边境经济合作区建设，完善跨境劳务、运输合作机制；打造高素质沿边开放人才队伍，加强人才培训、加快培养实用型技术人才；通过加强口岸管理、促进开放平台金融服务创新、完善口岸平台功能、推动基础设施互联互通，促进沿边地区产业聚集，优化沿边地区营商环境。

（三）东北地区开放型经济新体制建设

2013年11月，党的十八届三中全会通过的《中共中央关于全面深化改革若干重大问题的决定》确立了开放型经济新体制的基本政策框架。2015年5月，国务院颁布的《关于构建开放型经济新体制的若干意见》提出了开放型经济新体制建设的指导方针和政策体系。我国学者在开放经济新体制方面做了很多研究和阐释。张二震和戴翔（2014）认为，开放型经济新体制与党的十八大所提出的"健全开放经济体制"相比，是一个"新"的概念，唐海燕（2014）将"新"的内涵归纳为三个方面：一是建立与新的国际形势相匹配的制度体系和制度安排；二是要建立适应新的内外部环境的新制度；三是要借助上海自贸区的建设，创新对外经济体制、机制和制度。盛斌和黎峰（2017）总结了开放型经济新体制的十个要点，即外资体制改革、效益型出口增长和注重进口、鼓励对外投资、以规制标准化融合为核心的开放政策、内陆沿边地区全面开放、对接国内产业与区域发展需求、新型制度优势竞争、制度创新示范的"高地"、高质量驱动、增强全球经济治理的制度性话语权。

开放型经济新体制的核心是制度型开放，当前关于制度型开放的内涵和特点的研究，主要从制度型开放的内涵、突出的特点和有针对性的措施来阐释。例如，崔卫杰（2020）对制度型开放的内涵进行了深刻的剖析，指出了制度型开放具有的边境内、系统性、定制化、获得感弱等突出特征，并给出了相应的发展对策。很多学者就制度型开放与对外开放的具体实践措施相互影响的问题进行了深入的研究，并就自贸区、"一带一路"等对外开放措施如何促进制度型开放，以及制度型开放如何促进更大的对外开放进行探讨。例如，国务院发展研究中心市场经济研究所课题组从理论上分析了"自贸区建设"与"制度型开放"的关系。还有一些学者则从新的经济全球化和贸易形式出发，探讨了制度型开放的时代必然性，并提出了相应的路径选择，其中，戴翔（2019）认为在新的经济全球化形势下，中国对外开放的进一步深化，制度型开放是必然的。

第三章

打造东北地区面向东北亚对外开放新前沿的理论框架

本书探讨的核心问题是打造东北地区面向东北亚对外开放新前沿的机遇和挑战、优势和劣势、现实基础以及如何进一步打造东北地区面向东北亚对外开放新前沿的路径问题，实际上是研究国家内的区域如何实现进一步扩大对外开放发展的问题。对此，本书在理论框架部分，借鉴尼尔·布伦纳的"新国家空间"理论框架，并将其"国际—国家—地方"尺度对区域空间结构形成的系统分析框架拓展至国际、国家尺度下区域如何扩大对外开放的研究。

本书提出区域对外开放发展是由经济、政治两个方面因素综合作用决定的人类经济社会建构活动，受地方尺度、国家间尺度、国际尺度三个因素的影响。相对于区域自身，国家间尺度与国际尺度的影响因素是外在的机遇或者挑战，是区域开放发展面临的外部环境，而区域开放发展自身所面对的影响因素，构成了区域开放发展的优势或者劣势，其中的可变影响因素是进一步推动地方开放发展的潜在路径。在"国际—国家—地方"框架下，各维度的影响因素逐级嵌入、相互影响和反馈，是一个不断调整的动态建构过程（如图 3 - 1 所示）。

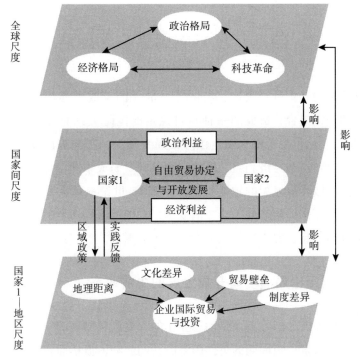

图 3-1 "国际—国家—地方"三维尺度因素下区域开放发展理论框架

从"国际—国家—地方"自上而下的角度看,全球尺度深刻影响着两个国家间开放发展的政治利益和经济利益,国家间政治利益和经济利益的权衡决定国家发展战略和区域发展政策,这些制度安排则会引发社会资源的动态分配,比如跨国基础设施是否连通,人员、贸易和投资能否跨境流动等资源配置问题将对区域开放发展产生影响(Wachs et al., 1978)。从"地方—国家—国际"自下而上的角度看,区域开放发展是构成国家经济整体的组成部分,其开放发展水平是国家政策实施效果的直接体现。区域开放发展本身具有能动性,地方政府可以通过先行先试总结经验、争取项目支持等方式来获取更有利于区域开放发展的国内政策及国际环境(Morris et al., 2004)。同时,区域开放发展是国家嵌入世界经贸网络的重要节点,通过提升国家在世界经贸网络中的地位,对世界经贸体系和国际治理关系的演变产生影响。

第一节　国际尺度影响因素与国际环境分析

国际格局是指世界政治、经济等力量（国家或国家集团）经过不断消长和分化组合，形成的一种相对稳定的国际关系总体框架（汪华明，2007）。从世界范围来看，国际格局变化深刻影响着国家间的政治利益、安全利益和经济利益，影响着国家间贸易成本和偏好选择，进而成为影响区域开放发展的重要因素。纵观 15 世纪地理大发现以来的世界历史，国际格局始终处于动态演变中，在国际格局演变的不同时期形成了国家间商品、要素流通往来的不同主流形态。

一、国际格局演变与开放发展的主流形态

世界范围内的国际关系是动态变化的，受到长周期的结构因素、中周期的局势因素、短周期的事件因素的共同影响，概括而言，国际格局的形成由多种力量共同决定，包括军事力量、政治力量、经济力量和科技力量等。军事力量往往体现为通过殖民和战争获取被殖民地资源、劳动力和市场，军事力量在二战以前是世界格局形成的主导力量，二战后，国际格局的变迁更多地体现为政治、经济和科技力量的变化（Ingram et al.，1971）。依据国际关系中主要矛盾和国际格局的发展变化，世界历史上的国际格局演变可分为四个阶段（见图 3 - 2），先后出现了四种国际开放发展的主流形态。

图 3 - 2　国际格局变迁

（一）　第一阶段：资本主义殖民统治格局与国际殖民垄断

15 世纪中叶至 17 世纪末，欧洲人陆续开始远洋航行，在远洋探索过程中开辟了许多新航路，东西方之间相对孤立的状态被打破，世界逐渐成为一个多元化的整体。地理大发现促进了原始资本的积累以及各区域的相互交流，世界市场开始出现，极大地促进了世界贸易发展。

新航路的开辟对欧洲产生了巨大影响，西班牙、葡萄牙等国在亚非拉地区大肆掠夺，例如，他们在殖民地用低廉的价格收购的茶叶、丝绸、香料等产品，转而卖到欧洲市场，贸易范围涉及各个领域，大大推动了欧洲经济的发展，国际贸易中心逐渐转移至大西洋沿岸。为了占领国外市场和资源，各资本主义国家通过垄断组织向世界范围输出资本。至 19 世纪中叶，英国成为最大的殖民帝国，其次是法国、德国和美国，他们利用发达的科学技术和丰厚的资金优势剥削和掠夺落后国家。在 19 世纪末期，整个世界进入了资本主义殖民统治格局，国际殖民垄断成为了国际主流的贸易形态。

（二）　第二阶段：凡尔赛—华盛顿体系与资本主义主导的战后利益分割

随着美国、德国等国因工业化而崛起，他们开始主张按照自己的力量重新划分世界格局，引发了第一次世界大战。1919 ~ 1922 年陆续签署《凡尔赛和约》和《九国公约》，标志着凡尔赛—华盛顿体系的确立。凡尔赛体系重新确立了帝国主义在欧洲、西亚和非洲统治的新秩序，华盛顿体系缓解了美日间的矛盾，巩固了远东及太平洋地区的霸权。凡尔赛—华盛顿体系使帝国主义大国在争夺世界霸权的过程中做出暂时妥协，资本主义的政治格局得到了稳定。但是，这并没有从根本上消除帝国主义国家间的冲突，战败国与战胜国间的关系更加恶化，战胜国内部由于战利品分配不均加剧了战胜国间的纷争和对世界势力范围划分的不满。1939 年，德国进攻波兰，英法向德宣战，第二次世界大战由此正式爆发，二战的爆发意味着凡尔赛—华盛顿体系彻底瓦解。

（三）第三阶段：美苏两极格局与"追随旗帜"的贸易

从第二次世界大战后到 20 世纪 90 年代苏联解体，总体上呈现美苏两极格局。英国首相丘吉尔于 1946 年发表"铁幕"演讲，美苏之间的冷战由此拉开帷幕。1949 年、1955 年相继成立北大西洋公约组织和华沙条约组织，两个组织代表了不同的军事团体，并由此形成一种冷战格局。在冷战格局下，不同集团间存在经济上的禁运和制裁、政治上的隔离、对其他国家内政的粗暴干预，甚至是挑起战争、发动核战争、敲诈勒索和军事武力恐吓等。波林斯（1989）以冷战时期的两极格局国际体系和国际关系现实主义理论为基础，提出了一个根本性的问题，即贸易是否跟随旗帜，他的研究表明国际政治关系决定了两国间的贸易关系，企业的进出口贸易将遵循国家的政治联系，使其在联盟中的贸易活动增多，而与联盟外的成员之间的贸易减少。凯什克等（2004）使用 MID 数据再次检验了"国际贸易是否追随旗帜"这个重大问题，指出国际冲突会妨碍各国之间的贸易。

（四）第四个阶段："一超多强"格局与区域经贸集团化

20 世纪 70 年代初期至 90 年代，全球格局由两极开始逐步向多极化发展。20 世纪 90 年代美苏对峙的两极格局被打破，世界走向多极化。多极化的产生使原本"紧张的稳定"的国际关系逐渐被"动荡的缓和"所代替。随着俄罗斯国家力量逐步壮大、西欧和日本经济实力不断提高、中国等发展中国家崛起，国家的经济力量和政治力量成为决定世界新格局形成的关键，全球格局呈现出"一超多强"的局面（宋志勇，2019），其中，"一超"是指超级大国美国，"多强"是指俄罗斯、欧盟、日本、中国等世界强国。国际格局以强国主导为基础，多极化格局在促进世界和平发展的同时，也存在着各种危机与挑战，世界上仍然存在着霸权主义、强权政治、区域冲突等问题。

世界格局多极化的发展导致国际经济贸易格局发生了变化，各国构建以地缘经济为特征的区域经济联盟，合作规模不断扩大，欧洲作为国际贸易重心的地位逐渐被削弱，以亚太为重心的格局正悄然形成。国际贸易格局的变化标志着国际贸易的不断发展和创新，意味着国际贸易发展进入了一个新的时代。

二、区域贸易集团化对开放发展的影响

新的国际经济贸易格局的形成对全球贸易发展会有怎样的影响呢？一方面，区域经贸联盟具有强烈的保护主义倾向，由于各国经济发展不平衡，各国试图设立高壁垒阻止进口，同时又努力扩大出口，这种矛盾促使区域内国家联合起来，因此，区域贸易集团化又被称为"作为贸易壁垒的国际联合"；另一方面，区域贸易集团化会促进世界经济的快速发展。在区域经济集团内部，由于阻碍生产要素流动的各种因素减少，资源会得到更加合理、高效的利用，同时区域内部会不断地进行兼并，加快产业结构调整，极大地提高生产效率，降低生产成本，推动世界经济的快速发展，因此，区域贸易集团化又被称为"世界经济一体化进程中的必经阶段"。事实上，"作为贸易壁垒的国际联合"和"作为世界经济一体化进程中的必经阶段"是一对矛盾共同体，当代国际贸易新格局将对全球贸易产生何种影响，取决于矛盾的斗争情况。

第二节 国家间尺度影响因素
与国内环境分析

根据经典的国际贸易摩擦成因理论，经济利益、政治失衡和全球经济环境决定国家间贸易的发展，其背后反映了各国的国家利益和国家间的相互依赖关系。在国际交流中，保证国家利益是各个国家最基本的要求。相互依赖可以使各国之间产生共同的利益，例如，通过军事联盟而产生的国家军事安全利益、通过贸易联盟而产生的相互贸易等。但同

时，相互依赖的获利能力不同有可能导致国家间的利益冲突，阻碍国家间相互依赖关系。

一、国家利益及其构成

国家利益是各国永恒的追求，是推动国家间相互往来的重要因素，它决定国家居主导地位的价值与政策取向。在对外开放交往中首先把国家利益设置为目标，其次将目标具体化为行动。在关于国家利益的研究学者中，阎学通教授是开展较早的，在他的研究中将国家利益划分为四个方面，分别为：政治利益、安全利益、经济利益和文化利益（阎学通，1996）。王逸舟则把国家利益分为三个层次：第一，完成国家建设，推进民主法治，提高生活质量，保证各民族和睦相处；第二，确保领土完整不受侵犯；第三，推动建立国际政治经济新秩序。尽管对于国家利益的具体内涵及优先顺序的认识存在分歧，但纵观相关领域的研究内容，关键的国家利益必然有关财富、权力、安全。具体来看，各国的国家利益具有共同性和独特性，有些国家利益是各国最关心的，比如国家的主权、领土完整。与此同时，各国在某些利益上的要求也存在着差异。例如，在两国之间的贸易中，一个国家最大的利益诉求可能是对外贸易的收益，而另外一个国家则是关注国民能否充分就业，这种同一依赖关系中双方的利益侧重不同往往也会导致矛盾。国家利益通常体现在各国发展战略的制定和实施上，影响国家间经贸往来，甚至决定两国间能否达成自由贸易协定等更高层次的开放合作。

二、相互依赖下的国家利益矛盾

对外开放发展本质上是国家间相互依赖关系在经贸活动上的体现。国家间能否保持相互依赖关键在于利益和成本的权衡。如果双方的利益大于相互依赖引发的成本，这种相互依赖性便能持续下去。当一个国家付出的代价大于它所能得到的利益时，这种相互依赖关系将会受到打压甚至破裂。概括而言,相互依赖可以分成三种:均等依赖、绝对依赖和非对称依赖。

在当代国际关系中,平等的相互依赖和绝对的依赖很少,大部分都是非对称性的。在平等和绝对的相互依存中,由于贸易摩擦所付出的成本远大于其所带来的贸易收益,因此产生贸易摩擦的概率极低。相反,在全球各国普遍处于不对称性的相互依赖性下,贸易摩擦所造成的损失微乎其微,各国为了获得自身的优势,都在通过贸易摩擦来谋求自身的优势。因此,相互依赖的不对称性会导致贸易摩擦的频繁发生。

在国际贸易方面,相互依赖矛盾引发的冲突表现形式多种多样。在商品贸易领域的冲突,包括由于倾销、补贴等造成的不公平价格竞争。在国际资本流动中也存在着一些冲突,比如限制资本自由流动引发的冲突,民族资本和国际资本利益矛盾导致的冲突。在国际分工中同样存在着一些冲突,比如各国在全球价值链的地位有差别,而分工地位的差别会直接影响到获利程度,进而累积国家间利益矛盾。

三、国家间利益矛盾对开放发展的影响

国家间经济利益、政治利益的权衡,决定了国家对外开放战略、区域开放政策,进而通过贸易成本机制、偏好选择机制影响国家内部的区域对外开放发展。

(一)国家间利益矛盾与贸易成本机制

在当前政经互动的背景下,国家间发生军事冲突的可能性降低,贸易政策已成为处理国际关系的重要工具(Acemoglu and Yared,2010)。当双边关系恶化时,政府会利用贸易制裁、出口禁运、进口配额和外汇条例等手段惩罚冲突国家。已有研究从贸易成本的各构成要素出发,论证了上述贸易政策、措施等对贸易各环节成本的影响,包括运输线路延长等引发的运输成本增加(Martin et al.,2008)、政策法规透明度引发的企业搜寻成本、合同执行成本、法律成本和摩擦成本增加(Du et al.,

2017）等。从企业风险和理性预期的角度看，国家间利益矛盾的缓和，有助于营造良好的双边经贸环境，降低企业国际化发展的不确定性和风险，降低国际贸易成本。

（二）国家间利益矛盾与偏好选择机制

国家间利益矛盾不仅会通过贸易成本机制影响国际贸易，国家间关系的变动也会导致经济行为主体贸易偏好调整。国家间矛盾缓和有助于国家间的信任程度提高，促进两国间的人文交流，如领导人访问（间雪凌和林建浩，2019）、留学生交流（王珏等，2019）、友好城市建设等可以降低文化距离，增进彼此的信任程度，使贸易企业和消费者面临的不确定性降低和贸易偏好改善（Guiso et al.，2009），减少消费者抵制对经贸活动的影响（胡伟民等，2010；陈以爱等，2019）。

第三节 地方尺度影响因素
与区域开放路径分析

贸易引力模型指出地理距离（Martin et al.，2008）、文化距离（王珏等，2019；张慧敏和刘洪钟，2020）、关税壁垒（Kastner，2017）、制度环境（万伦来等，2014；冯正强等，2021）等是影响地区开放发展的重要因素。在贸易引力模型下，上述因素对区域贸易微观主体参与国际贸易的收益与成本将产生关键影响，对区域开放发展起着决定性作用。推动这些影响因素改善，降低经贸成本，成为了提升区域开放水平的可行路径。

一、地理距离与海陆通道建设

（一）跨境交通可达性

哈里斯于 1954 年最早提出了交通可达性的概念。1959 年，汉森进一步将交通可达性的概念阐释为交通网络节点之间相互作用的潜在机会，是表征"时空压缩"效应的量化指标，决定着一个区域的交通网络连通性和相对区位优势（曹小曙，2019）。基于此，本研究将跨境交通可达性定义为跨国间某节点与其他目的地节点之间发生空间联系的难易程度。从理论上看，跨境交通可达性是不同国家或者不同国家节点之间跨越边境联系程度的重要表征，故其亦可表述为借助于一定的交通基础设施包括跨境交通和国内交通（Stepniak et al.，2016），某节点（母国）与其他目的地节点（非母国）之间发生空间联系的难易程度。只有在跨境段（例如交通路网、桥梁、隧道以及边境口岸搭建等）建成后，才会真正意义上实现两国各节点间的互联互通，同时国内交通的优化和布局则会进一步增强两国各城市节点之间的联系强度。

（二）跨境交通可达性对国际贸易的影响

跨境交通可达性主要通过跨境交通实现。目前，跨境交通主要包括水运、航空、公路、铁路以及多式联运方式。

1. 水运交通与贸易发展

自地理大发现以来，世界贸易进入了"海运时刻"（Shi and Li，2017）。随着第二代港口的兴起以及集装箱的出现，海上运输成为了世界上最主要的贸易运输方式。穆尼姆和施拉姆（2018）系统全面地建立了港口基础设施质量、物流绩效、海运贸易与国家经济的理论架构，发现港口基础设施建设有利于提高物流绩效，进而还会推动海运贸易，从而实现了更高的经济增长。港口是世界海上运输网络中的一个重要环节，港口基础设施建设及改进对于出口流量增长和进口流量增长的影响至关重要（Blonigen and Wilson，2008；Marquez – Ramos，2016；Bottasso et al.，2018）。

2. 航空运输与贸易发展

在"准时制"的背景下，国际空运因其速度快等优势，在推动世界范围内的商品贸易流通中发挥着越来越重要的作用。航空运输对国际贸易流量的影响主要可以分为三个方面：航空运输自由化、航空旅客运输、航空基建。

从航空运输自由化角度看，随着全球化、自由市场的发展，世界范围内的航空运输管理体制也随之发生了变化，"开放天空协定"等航空运输自由化思想正在逐步发展。阿尔德里吉和加杰罗（2017）对空运与国际贸易的相关性进行了分析，结果显示，直航可以缩短贸易伙伴间的"时空距离"，是一条重要的出口通道。大量学者的研究都证明了航空自由化对于减少航空运输费用、提高航空进出口份额具有显著影响（Micco and Serebrisky，2006；Grosso and Shepherd，2011；Gong et al.，2017）。但同时也有研究表明不同地区贸易、不同产品类型的贸易效果存在明显的异质性。

从航空旅客运输角度看，航空旅客运输在国际贸易流动中的作用主要从贸易谈判中面对面联系的重要性来说明（Fink et al.，2002）。大量的研究表明，面对面交流可以增加交流机会，解决地区之间货物协调和信息不对称问题，进而影响到国际贸易流动（Vijver et al.，2014；Kulendran and Wilson，2000）。帕切科和费曼德斯（2017）对巴西的国际航空客运量、贸易开放和汇率的关系进行了实证分析，结果显示，国际贸易指数的变动与国际航空旅客流量之间存在着较大的相关性，从整体上看，航空旅客运输对国际贸易流量的促进作用与航线有关。

航空基础设施的改善同样对国际贸易产生积极影响。巴顿等（2015）的研究表明，跨国界的航空基础设施直接影响了撒哈拉南部非洲地区的贸易增长，区域间航空运输条件的改善是加强全球经济联系的重要因素（Brugnoli et al.，2018；Ji et al.，2014）。

3. 公路交通与贸易发展

作为最基本、最广泛的运输方式，公路交通在国民经济的生产、分配、交换和消费全过程中扮演着至关重要的纽带作用，它在促进一个国家对外经贸联系中发挥重要作用。公路基础设施质量和能力的提升（Akpan，2014）、公路网络密集程度（Edmonds and Fujimura，2006；Shepherd and Wilson，2007；Nsiah et al.，2012）及与港口之间的联系决定了国际贸易往来中公路运输的成本。现有研究表明，无论在发达国家还是发展中国家，公路运输能力提升都对国际贸易量产生了明显的积极作用（Longo and Sekat，2004；Buys et al.，2010；Blyde and Iberti，2014）。

4. 铁路交通与贸易发展

20 世纪 80 年代以来，由于管理体制的变革、路网结构的优化以及技术的进步，全球铁路逐渐走出了运营的窘境，进入了快速发展时期。铁路是一种在中长距离运输领域具有较强比较优势的运输方式。徐航天（2016）论证了中欧班列对中国和中亚、欧洲的出口，尤其是制成品、机械设备、食物和牲畜的出口产生了重要的影响。

5. 多式联运与贸易发展

多式联运将铁路、水运等长距离运输的经济性和可靠性与公路运输的灵活性相结合，通过标准化运输组织协调，实现多种运输方式的无缝衔接，确保运输过程的可靠、经济、高效、低碳，已经成为各国在国际贸易通道建设中的重要交通发展战略选择。多式联运通过提高运输效率、优化运输结构和提高铁路生产效率三个方面，提升综合运输效率；通过减少货损货差、提高运输准时性和降低高速公路事故率三个方面，提升运输可靠性。多式联运作为一种集约高效的运输组织形态，集中体现着综合交通运输体系建设成果和物流业发展整体水平。"一单制"是多式联运的最高形态，以标准装备、标准服务和流程、标准契约规则和标准信息语言为前提，推广多式联运"一单制"便捷运输，有利于提高物流行业运输效率，降低运输成本，完善国际物流和结算规则，促进贸易发展。

二、文化差异与人文交流互鉴

心理学家吉尔特·霍夫斯泰德把"文化"视为一种心理程序，这种心理程序是处在同一环境中的人所共有的，不同国家、不同群体的人民的心理程序是有所区别的，即文化差异。文化差异对国际经济贸易往来而言，是一把双刃剑，其既能促进经济合作，也能阻碍经济发展（如

图3-3所示）。国家、政府、企业在进行贸易时，要充分考虑各国的文化背景，充分了解文化在国际贸易中的重要性，尊重、理解和包容各国的文化，减少文化差异的消极作用。

图3-3　文化差异对国际贸易治理影响机制

（一）文化差异对国际经贸的正面影响

1. 提高国际贸易中的互补性

文化互补理论强调社会文化特征，文化禀赋渗透在人们生活中的方方面面，并与国家的贸易结构和政策紧密相关。在一国特定文化禀赋的影响下，该国企业在特定结构的分工组织上可能比他国拥有竞争优势，因而在参与国际分工的过程中会选择其具有竞争优势的产品进行生产。与要素禀赋相比，文化禀赋具有更大的异质性、不可模仿性和难以转移性，一旦企业将文化禀赋的潜在优势有效地转化为与某种产品相契合的组织结构，就可以在该类产品市场上拥有竞争优势。文化差异使不同国家或地区对彼此之间的文化差异性产生兴趣，从而刺激两国间的交流，进而产生贸易需求，扩大两国的贸易量，形成共享共赢的良好发展。

2. 推进企业的国际化进程

全球化和跨境电子商务的发展使全球范围内的商业活动越来越多样，消费者也可以更好地参与到国际贸易中来。虽然各区域之间的文化差异很大，但是文化能够推动消费，再加上个体或企业对异域文化的追求和体验，加快了企业国际化的进程。以希尔顿为例，其之所以能取得今天的成就，是因为它了解并贯彻了各国的文化差异，并根据各国的风俗和宗教信仰，在酒店装饰和礼仪上进行了相应的改造，才有了今天的希尔顿酒店。在克服障碍的同时，要充分利用"文化差异"，引进具有比较优势的商品，以吸引国外顾客，引领国际化发展。

3. 扩大国家文化产品贸易潜力

文化对人们的消费理念、生活方式具有一定的影响。各国的文化差异也为国际贸易的发展提供了条件，独特的文化资源能提升国家的国际竞争力，成为经济发展的催化剂。所以，充分利用国家文化资源，不仅能实现国家文化的传播，而且还能使其发展成为一种文化产业，推动国家的经济和文化协调发展。近年来，文化产业越来越受到国家、政府、企业的关注，其在国民经济发展中的作用日益凸显。优秀的文化显然是一个国家对外发展的窗口，以文化产品为主导，带动其他行业走上国际舞台，从而形成新的经济增长点。

（二）文化差异对国际经贸的负面影响

1. 增加贸易沟通成本

文化差异会增加沟通成本。由于各国各民族在语言习俗等方面的差异，使各国间的沟通变得更加困难，从而影响到经贸活动，更甚者，各国语言差异会导致理解上的偏差，致使贸易双方合作破裂。

2. 增加市场战略风险

从微观上讲，由于文化差异，不同国家的生产者和消费者的选择会有很大的差别。需求相似理论表明，具有相似文化背景、收入水平和生活习惯的国家，更易于进行贸易。实际上，文化差异较小的国家之间，在消费倾向上具有同样的偏好，自然就会有更多的贸易合作机会，相反，如果两个国家的文化差异悬殊，那么两个国家贸易的阻碍因素也会随之增加。

3. 增加潜在贸易摩擦

文化差异越大，越不易建立起互信关系，导致贸易风险增大。不同的语言、宗教信仰、习惯和禁忌等，都会对发展产生很大的影响。在国际贸易中，秉承着互信互利、互惠互利的原则，才能实现长期的合作。由于不同的文化背景，双方要想获得对方的信任，就必须付出更多的努力和时间。

（三）文化距离与人文交流互鉴

在西方，"人文"是哲学、文学、艺术、历史、语言等领域对人类情感、道德、智力进行探讨的总称。"人文"在近代中国的意义更加广泛，习近平主席指出"深化人文交流互鉴是消除隔阂和误解、促进民心相知相通的重要途径。"① 人文交流的实质是"人与人的交往"，其核心就是"人"。从这个意义上说，人文交往就是以人为主体、以人为主要服务对象的交往活动。通常而言，人文交流包括人、思想和文化三个层次的交流，目的是增进彼此间了解，进而形成区域共享的文化和价值观。人文交流形式多样、内容丰富，涵盖文化、科技、体育、旅游、媒体等领域。人文交流的活动是以和平方式促进不同国家之间的文明、文化之间的了解与繁荣，为进一步加强双边合作打下了良好的舆论基础和社会基础。

党的十九大以来，世界局势瞬息万变，国际局势纷繁复杂，国际格局发生了深刻变化，不同文明之间的交流与对话都面临着严峻的考验。在这样的国际大环境下，加强人文交流具有更加重要的意义。习近平主席出席中国共产党与世界政党高层对话会并发表主旨讲话中指出"我们要共同倡导尊重世界文明多样性，坚持文明平等、互鉴、对话、包容，以文明交流超越文明隔阂、文明互鉴超越文明冲突、文明包容超越文明优越。"② 习近平主席在亚洲文化对话大会和上海合作组织国家元首委员会第二十届会议上强调，"加强人文交流。要深化教育、科技、文化、

---

① 深化人文交流互鉴　共创人类美好未来 [EB/OL]. [2022 – 09 – 26]. 人民网，http：// cpc. people. com. cn/n1/2022/0926/c64387 – 32533810. html.

② 习近平出席中国共产党与世界政党高层对话会并发表主旨讲话 [EB/OL]. [2023 – 03 – 16]. 新华网，http：//www. qstheory. cn/yaowen/2023 – 03/16/c_1129434549. htm.

卫生、媒体、广电等领域合作，继续办好青年交流营、妇女论坛、民间友好论坛、传统医学论坛等品牌活动，支持上海合作组织睦邻友好合作委员会等民间机构发挥应有作用。"①

三、贸易壁垒与高能级开放平台建设

（一）贸易壁垒的产生与主要形式

国际贸易壁垒的形成绝非偶然，其主要原因是：主要发达国家在发展中缺乏发展动力，在国际贸易保护主义的影响下，企图建立国际贸易壁垒，以保护本国工业。传统的国际贸易壁垒一般被划分为关税和非关税两类，关税壁垒是指海关对进口产品征收关税而产生的贸易性障碍，而非关税壁垒指的是除关税以外的一系列限制进口贸易的措施，包括配额、许可证等。

近年来，关税、许可证和配额等传统贸易壁垒受到了国际贸易规制的限制和国际社会的谴责，但同时也催生了技术贸易、绿色贸易、劳工标准等新的贸易壁垒形式，科学技术的进步和发展为加强和巩固新型的国际贸易壁垒提供了技术支持。在未来的发展中，关税、配额和许可证等传统国家间的贸易壁垒将会逐步减弱，而以技术壁垒为代表的新的贸易壁垒将会成为对外贸易发展的一大主要障碍，也是国际贸易保护主义的一种高阶形式。

（二）贸易壁垒与开放平台建设

关税壁垒是最为传统的国际贸易壁垒，在我国"一带一路"建设的推进中，随着产业竞争的加剧，沿线国家多为发展中国家，许多国家都会通过增加关税等限制条件来提高本国产业的竞争优势，因此关税贸

---

① 习近平出席上海合作组织成员国元首理事会第二十二次会议并发表重要讲话［EB/OL］.［2023-03-16］.新华网，http：//www. qstheory. cn/yaowen/2022-09/16/c_1129009633. htm.

易壁垒的压力整体偏高。在"一带一路"建设中,开放平台发挥着不可忽视的作用,开放平台作为我国对外开放的前沿,不断推动我国更深层次地融入国际市场。我国的对外开放不断取得突破性成果,开放平台的产业聚集性强,经济辐射能力大,有助于开放成果的巩固。同时,随着开放平台功能的不断完善,平台营商环境逐渐与国际接轨,我国与国际市场的联系更加紧密,推动签署的自由贸易协定越来越多,实现了关税壁垒的突破,关税壁垒对我国的对外贸易的影响正在逐渐弱化。

技术壁垒是最为常见的贸易壁垒,国际市场上的竞争越来越激烈,只有不断实现技术突破,掌握关键核心技术,才能增加产业竞争力,在国际市场的竞争中占据有利地位,技术壁垒的产生不仅是因为各国对核心技术的保密,还在于各国制定的标准不同。为突破技术壁垒,要不断实现我国产业的技术升级,以高附加值的产品进入国际市场,在竞争中赢得优势。开放平台集聚了一批国内外掌握先进技术的企业,同时与国际市场接轨,始终对标国际最新标准,并制定了一系列优惠产业政策,具有要素聚集性强、公共服务范围广的特点,是推动产业实现技术突破的领先区域。通过技术突破以及对标国际标准,实现产业升级,提升产品在国际市场上的竞争力,是打破技术贸易壁垒的有效途径。

绿色壁垒作为国际市场上新兴的贸易壁垒,随着贸易竞争的加剧,以及绿色产业的发展,绿色壁垒逐渐在国际贸易中产生重要影响。打破绿色贸易壁垒不仅是扩大我国对外贸易发展水平的需要,也是促进我国绿色产业发展的必然要求。通过技术突破推动产业绿色化发展是突破绿色壁垒的有效途径,要不断通过加大开放平台高新技术产业引进,加大技术投入,提高技术标准,实现技术突破和扩散。此外,由于各国信仰、文化、政治体制、经济发展水平存在显著差异,这些因素均影响国际贸易政策的制定。开放平台作为扩大对外开放、促进产业发展的重要服务平台,有助于开放法律体系、服务机制的完善,有助于建立开放预警机制。

不管是关税壁垒还是非关税壁垒,在突破贸易壁垒时,要统筹兼顾,以实现技术突破为主导,探索建立公平合理的国际经济新秩序,完善预警机制，搭建协商解决通道，推动开放平台发展，促进"一带一路"建设，加快市场主体走出去的桥头堡建设。完善开放平台的服务功能，不断提高国际贸易标准，降低企业风险，同时积极搭建协商解决渠道，通过专业的平台协商，消除贸易壁垒的不利影响。开放平台作为政策创新高地，要始终对标国际标准，不断进行体制机制创新，以优惠政策促进产业发展，同时通过高标准提升我国产业在国际市场上的竞争力。另外，开放平台在不断进行创新实践的同时，要巩固发展成果，带动产业链供应链的发展，促进产业链供应链深度融入国际市场，推动区域经济协调发展，增强国际竞争力，提高国际贸易话语权，积极谋求合作，引进外资，引进技术、人才、管理，推进贸易协定的签订，打开双方市场，实现长期合作。要始终秉持建设世界一流开放平台的目标，通过开放平台探索建立公平合理的国际经济新秩序，营造良好的国际经济氛围，打造相互协作，互利共赢的国际贸易新局面，同时积极抵御不平等的国际贸易政策，实施反制措施积极维护良好的国际贸易环境。

四、制度差异与开放型经济新体制建设

（一）制度距离与贸易成本

制度距离是指两个国家在各自制度的规则、规范以及认知方面的差异。制度距离最早于 20 世纪 90 年代提出。在制度理论研究初期，最主要的观点是制度环境对公司的结构和行为起着决定性作用（Scott，1995），公司要想在体制中生存，就必须服从制度环境，服从制度的安排（如图 3-4 所示）。制度差距所造成的外部性成本是企业在进行跨国经营时无法回避的代价，面对不确定的制度环境，出口企业的专用性出口投资将陷入停滞状态。尽管制度距离在不同国家、不同环境条件下的表现各有不同，但由于制度距离对国际贸易模式、成本均存在显著影响，因此，制度距离成为国际贸易中的重要影响因素。

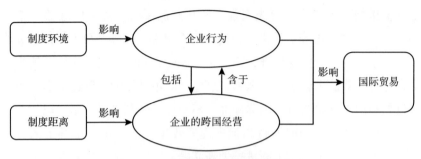

图 3 - 4　制度因素对国际贸易的影响

　　申卡尔（2002）第一次把制度距离的概念引入跨国企业的理论中，将东道国和母国的制度和公司的特点结合在一起，得出以下结论：第一，跨国公司以其路径资源依赖为竞争优势，更容易选择进入与母国的正规制度规范相似的国家，而以东道国国家资源为主要竞争优势的跨国公司往往更容易进入与母国的正规制度规范存在距离的国家；第二，以全球化策略为核心的跨国公司往往会更容易进入正式制度规范与认知距离相近的国家，而以本土化策略为核心的跨国企业则更容易进入正式制度规范与认知距离相差大的国家；第三，在组织层次上多样性较小的跨国公司往往更容易进入制度距离更接近的国家，而多元化程度高的跨国公司则更容易进入制度距离差距更远的国家。

　　从创新角度来看，制度距离造成的信息不确定性会导致跨国公司面临较大的"外来者劣势"。制度距离越大，创新活动的主体对东道国制度的解读和适应越困难，对法律、经济制度等方面缺乏全面了解，因此可能面临知识泄漏的风险。制度距离带来的信息不确定性还将阻碍并购企业对市场规则的正确理解，可能导致并购企业对创新投入和回报做出误判。另外，由于新兴经济体国家尚未建立完善的经济制度，东道国的利益相关者也可能缺少企业的相关信息，也会增加跨国企业的经营成本。制度距离增加的成本会阻碍跨国公司的技术溢出，不利于东道国产业链和供应链的升级。

（二）制度距离与开放型经济新体制

在推进我国高水平开放和高质量发展过程中，消除制度距离是不可缺少的一环。开放经济新体制建设是打破制度距离的主要手段之一，向制度型开放转型也是构建高质量发展格局的必由之路。

党的二十大报告指出要逐步扩大规则、规制、管理标准等制度型开放，这是首次提出制度型开放，制度型开放的核心要义就是建立健全开放型经济体制。开放型经济新体制要求跟随经济全球化新趋势、精准判断国家形势变动，同时深刻把握国内改革发展的内涵，从而采取准确的行动、推动高水平对外开放、加快自由贸易区建设，以更开放的姿态占据经济发展的主动、赢得国际竞争的主动。

创新是引领高质量发展的第一动力，制度创新也是推动制度型开放的重要动力。在制度创新方面，我国已经陆续设立了 21 个自由贸易试验区，制度创新成果在全国推广复制，充分发挥了自贸试验区在贸易投资便利化自由化建设中先行先试的作用，制度型开放进程不断推进。在立足国情和实践经验的同时，参照国际标准，不断完善符合中国高水平开放型经济发展需要的、与国际通行规则相衔接的制度体系，加快形成国际化、法治化、便利化的营商环境。通过与国际市场衔接的营商环境，有效消除制度距离，吸引更多外资涌入，引进先进技术、管理模式，促进国际国内市场的融合，保护市场主体，维护市场环境竞争有序，建立便利化、高效化的政务服务体系及依法治理、公开透明的监管执法体系。要进一步放宽市场准入，建立国际通行规则的补贴制度，加强知识产权保护等，实现国内市场和国际市场的深度融合。

建设高水平的制度型开放经济体制不仅要将"高质量"引进来，同时也要推动高水平"走出去"，高效融合全球优质要素资源，推动服务业、农业持续扩大开放，同时增强金融、医疗、文化等产业的创新。如今全球化市场趋势遭遇逆境，保护主义加剧，产业链和供应链本土化、区域化趋势加强，国际经济发展格局加速演变，中国扩大开放过程中面临的外部环境愈加复杂，挑战更加严峻，建设开放型经济体制的需求更加迫切。加快形成以技术、品牌、标准、质量等为主导的国际竞争新优势，才能克服制度距离，推动产业链和供应链升级，实现国内国际双循环相互促进。

在完善制度体系的同时，要以积极有为的行动参与国际经济贸易领域相关规则的制定，在国际市场中占据更主动的位置，为全球经济治理提供中国经验、提出中国方案，贡献中国智慧。随着数字化时代的到来，数字经济发展迅速，要积极参与数字贸易规则的制定，并完善知识产权保护体系，鼓励并保护技术创新，推动各方普遍接受且具有国际适用性的国际规则与制度体系的建立。建立国际话语权，通过多方谈判实现多边合作与多边贸易规则的达成，维护以规则为基础的，以开放、包容、透明、非歧视等为核心价值和基本原则的国际规则体系，积极促进区域有序发展，这也是为中国更高水平开放型经济体制建设创造有利的外部环境。以更主动的姿态融入国际市场，保持制度体系与国际规则的一致趋势才能有效地消除制度距离。

第四章 ▮

打造东北地区面向东北亚对外
开放新前沿的 SWOT 分析

　　迈入新时代、立足新阶段是中国当下全新的历史方位，在这一阶段中国已经建成了全产业、全门类的生产体系，产业空间集聚的布局已然成型，供给能力实现了空前飞跃。人民生活质量不断提升，需求潜力逐步释放，中国将在新发展理念引领下建设全国统一大市场，以国内大循环为主体构筑国际"双循环"引力场。在"双循环"的战略框架中，东北振兴战略通过嵌入东北亚这一全球区域经济发展极，为区域经济乃至全球经济发展贡献东北力量和东北智慧。但危与机并存，从 2018 年美国对中国发动贸易战以来，"逆全球化"势力不断抬头，地缘政治问题频发。2019 年末新冠肺炎疫情在世界范围蔓延，疫情冲击致使全球紧密联系的产业链断裂，滞涨现象显现，给全球经济带来巨大挑战。

　　于中国而言，"百年未有之大变局"是我们对历史方位的基本判断，如何从百年未有之大变局中寻找机遇，于危机中开变局、从变局中辟新局，为实现中华民族伟大复兴的战略全局寻求支撑，成为了我们这个时代的崭新命题。面对这一问题，本章承接第三章理论分析的范式，从国际尺度和国家间尺度两方面切入，分析打造东北地区面向东北亚对外开放新前沿的机遇与挑战，从地方尺度切入厘清打造东北地区对外开放新前沿的优势与劣势，为进一步打造东北地区面向东北亚对外开放新前沿路径找寻现实依据。

第一节　打造东北地区面向东北亚对外开放新前沿的机遇与挑战

一、打造东北地区面向东北亚对外开放新前沿的机遇

（一）东北地区对外开放的理论机遇

党的二十大报告强调，依托中国超大规模市场优势，以国内大循环吸引全球资源要素，增强国内国际两个市场、两种资源联动效应，提升贸易投资合作质量和水平，这一论断为新时代全面对外开放的新征程指明了方向。并且党的二十大报告中首次提出："稳步扩大规则、规制、管理、标准等制度型开放"，这意味推进全面对外开放的新征程，中国要在产业创新等"硬件"基础上主动对标高标准国际贸易规则，加快形成适用于更广泛国际贸易情形的制度体系和监管模式，实现配套"软件"提升。

东北地区是中国面向东北亚对外开放的重要门户，东北地区面向东北亚对外开放发展理念与"一带一路"倡议对外开放理念同源。作为中国对外开放的国家战略，"一带一路"倡议是促进共同发展、实现共同繁荣的合作共赢之举，是增进理解信任、加强全方位交流的和平友谊之路。区域战略要服从于国家顶层设计，并且通过发挥比较优势来实现自身发展。因此中国东北地区出台了大量的开放政策，提供了充分的制度供给，探索出大量的区域经济开放经验。

1. 中国特色社会主义制度和国家治理体系具有独特制度优势

新中国成立七十多年来，党领导人民创造了经济快速发展和社会长期稳定的世界奇迹，实现了中华民族从站起来、富起来到强起来的伟大飞跃，这一切的本质原因就是党领导人民建立和完善了中国特色社会主

义制度和国家治理体系。历史实践表明，中国建立的中国特色社会主义制度和国家治理体系具有独特的制度优势，具体表现为以下四个方面。首先，全国一盘棋，国家治理体系高效运转，决策体制既民主又科学。中国国家制度和国家治理体系的最大优势，就在于党的领导，党中央在国家治理中处于核心位置，协揽各方，民主集中制原则高效体现。其次，中国擅长调动一切积极因素处理重大事务，集中力量办大事，广泛发动人民群众，从群众中来到群众中去，动员体制优势彰显。再次，21 世纪以来中国已经建立完善了以党建为基本堡垒的统筹四方、由下而上的沟通配合机制，在中国特色社会主义建设实践中起到了不可忽视的作用。最后，发现问题及时处理，立行立改、及时纠偏，彰显监督体制优势。中国已经建成了以党内监督为主导，各项监督协调贯通的监督制度和执纪执法体系，并在实践中不断完善。制度优势是一个国家的最大优势，也是一个国家的核心竞争力，在打造东北地区面向东北亚对外开放前沿的经济实践中，坚定的领导核心和科学高效的制度优势是我们所凭依的力量源泉。

2. 构建"双循环"新发展格局深化全面开放新局面

新发展阶段是在全面建成小康社会的物质基础之上，统筹兼顾"世界百年未有之大变局和中华民族伟大复兴的战略全局"的发展环境，锚定解决中国社会发展矛盾，全面建设社会主义现代化国家的两重发展目标的特定历史阶段。理念是行动的先导，先进的发展理念是解决社会发展矛盾、厚植经济发展优势的重要"指挥棒"。新发展理念回应了中国这一特定历史阶段的发展动力、发展方式、发展路径等一系列重大的理论和实践问题，新发展格局则勾勒了"双循环"的动力来源和运行逻辑，是经济建设具体落实的路线图和方法论。东北振兴战略也要通过回嵌到国家"双循环"的顶层设计中迸发生机，借助于国内大循环增强自身的经济循环能力和供给能力，同时通过国内大循环的引力场助推国际"双循环"。

3. 东北振兴战略在"双循环"新发展格局中居于重要环节

习近平总书记在 2014 年就东北振兴工作提出"三个事关"，即"东北地区的振兴发展，事关中国区域发展总体战略的实现，事关中国新型工业化、信息化、城镇化、农业现代化的协调发展,事关中国周边和东北亚地区的安全稳定"。东北振兴之所以如此关切于全国发展的战略全局,是因为从东北地区经济结构来看,东北地区是新中国工业的摇篮,是中国重要的工业与农业基地,资源、产业、科教、人才、基础设施等强有力地支撑了一批关系国民经济命脉和国家安全的战略性产业,充满了发展空间和发展潜力。例如,东北地区拥有良好的装备制造业基础,是中国冶金矿山、数控机床、重型机械、轨道交通、汽车及零部件、航空及发动机、海洋工程等重大装备产业基地。东北地区区位条件优越,沿边沿海优势明显,产业结构转型升级对全国现代化建设具有重要意义,是全国经济的重要增长极,在国家发展全局中举足轻重。以制造业转型升级为例,东北不仅在制造业上具备比较优势,更面临全球制造业转型升级的重大机遇,以加快制造业转型升级为重点推进东北振兴,是推动"中国制造"走向"中国智造"的重大举措,是建设现代化经济体系的重大举措,意义非凡。

(二) 中国经济体量巨大充满发展空间

从供给方面来看,中国当下已经成为世界第二大经济体,是全球实体经济支撑的重要一极,享有"世界工厂"美誉,珠三角、长三角、京津冀、环渤海、粤港澳大湾区等已经成为中国经济重要的增长极,赋予中国经济发展强大动能。按照联合国的工业分类,中国已经建成了全产业、全门类的生产体系,在全球具有独一无二的优势,这一优势在疫情来袭之时表现得更为突出。从需求方面来看,中国拥有 14 亿人口,经过改革开放 40 余年的洗礼,中国人口结构发生了质的变化,人口素质提升明显,收入结构趋于合理,这些特质汇集成中国巨大的消费潜力,为东北亚区域发展注入生机与活力。强大的供给能力和庞大的市场需求所形成的巨额市场,给后疫情时代东北亚各国疲软的经济带来前所未有的发展机遇。除实体经济蓬勃发展外,中国金融资本规模也已经居于世界前列,央行数据显示,截至 2022 年我国金融业机构总资产高达 419.64 万亿元人民币,对外金融资产高达 92580 亿美元。配合中国外汇资产结构优化改革，金融资本定向精准地与实体产业结合，成为推动东北亚区域融合发展的重要保障。

（三）区域经济合作组织活跃带来发展机遇

多边次区域合作机制是推进东北亚区域经济一体化的重要制度保障。大图们江倡议（GTI）是中、韩、俄、蒙四国主导成立的政府间协商委员会会议，经过 30 余年积淀和演变，该会议组织架构已经日趋完善，形成了 6 个专门委员会和配合私有部门、地方政府、智库、金融机构协作的地方委员会，以及对接项目服务决策的大图们倡议东北亚学术机构网络（智库联盟）。作为唯一的东北亚次区域多边合作机制，如果未来能转型成"东北亚区域一体化合作组织"，那么将对东北打造面向东北亚开放前沿的战略奠定重要的制度基础。此外，2021 年 1 月，由东盟牵头制定的，囊括中、日、韩在内的《区域全面经济伙伴关系协定》（RCEP）生效实施，这是中日韩首次通过协定的方式联系在一起，具有十分重要的意义，该协定以推行广泛的贸易自由化为目标，通过减免关税的方式推动一体化的形成。中韩持续跟进 FTA 签署，在 2015 年货物贸易、商品流通两个领域合作的基础之上，扩展服务贸易、投资自由化等关联更为密切的议题，争取在 RCEP 的框架下进一步加深两国的经贸合作。在与日本合作方面，中国将以申请加入《全面与进步跨太平洋伙伴关系协定》（CPTPP）为发展契机，进一步推动中日关系取得实质性进展。

（四）东北亚国际经济利益汇聚相交

全球化的深入发展使世界各国的相互依赖不断加深，各国开始面临关乎人类共同命运的威胁和挑战，这些威胁和挑战的处理方式和处理结果具备很强的外部性，因而成为世界各国的共同利益所在。

1. 东北亚国际经贸合作持续加深

经济发展的迫切要求驱使东北亚各国深化经济合作，加深相互依赖程度，扩大共同利益基础，这一定程度上弥补了政治和安全领域合作的不足，这一现象在东北亚国际合作表现尤甚。中日韩三国在冷战结束后，各自经济取得了长足的发展，亦在双边和多边合作中展现出了经济上的亲密关系，表现为彼此间双边贸易额持续攀升。2007 年，日本成为继欧盟和美国之后中国第三大贸易伙伴，而中国则早在 2002 年取代美国成为日本的第一大进口来源地、第二大出口市场，同时，中国继续保持韩国第一大贸易伙伴国、出口对象国、进口来源国地位。受益于地区开发和经贸往来，俄罗斯远东地区的经济十年来年均增长率达到 4.94%，与亚太国家的贸易占其贸易总量的 80% 以上。2010 年，远东与非独联体国家的贸易占到远东贸易总额的 99.63%，而在滨海边疆区，中日韩美四国占该区贸易总额的 87%，中国依然是其第一大贸易伙伴。在蒙古国，2011 年其经济增速达到 17.3%，中国是蒙古国第一大投资国，同时蒙古国丰富的矿产资源也吸引了日本、韩国和美国的投资。2010 年中朝双方就共同开发和管理朝鲜罗先经济贸易区和黄金坪、威化岛经济区达成共识，罗先将逐步建设成为朝鲜先进制造业基地、东北亚地区国际物流中心和区域旅游中心。

2. 东北亚各国在北极地区利益诉求趋同

随着全球气候的变暖，北极航道的开发成为世界各国关注的焦点，对与之邻近的东北亚各国来说更是如此。中日韩三国都属于能源进口大国和工业品出口大国，其进出口西欧、北欧的贸易航道又高度依赖马六甲海峡到苏伊士运河，而北极航道的开拓将大幅降低运输成本，同时多元化的航道选择也将降低东北亚各国共同面临的能源供给风险，因此东北亚国家在北极地区有着相同的利益诉求。对于俄罗斯来说，北极航道的重要性足以上升到战略高度：一方面，由于俄罗斯寻求俄欧一体的诉求迟迟得不到确切回应，于是俄罗斯战略重心重回亚太，而北极航道的战略资源就是俄罗斯的谈判筹码；另一方面，北极丰富的能源具有重要战略价值，加上俄罗斯北部是俄核潜艇的军事部署基地，具有极高的战略定位。在对北极开发的过程中，东北亚各国虽然各有侧重，但总体而言同大于异，中国注重北冰洋航道的开发所带来的运输费用的降低，以借助此契机撬动东北地区经济的发展从而打造新的增长极；韩国注重由航道畅通所带来的船舶技术的需求，以此促进本国投资；日本则较为关注北冰洋环境和北极的生态变化。由于俄罗斯不断受到西方国家的制裁，这必然会促使俄罗斯寻求同东北亚各国的新一轮合作。

（五）"逆全球化风潮"助推东北亚区域内经贸发展

随着"单边主义""贸易保护主义"不断抬头，全球产业链朝着内敛化、本地化方向发展，这为东北亚次区域合作进一步发展带来了机遇。"逆全球化"浪潮主要体现为以下三种形式：一是部分欧美发达国家政府对自由市场干预加重，国家政治力量对全球贸易自由化的态度从提倡转变为抑制，跨国商品、资本的流动被逐渐限制；二是贸易保护主义政策回潮，各国采取的贸易保护主义措施在各产业领域不断加码，造成全球贸易总量持续走低；三是对外来移民和难民的排斥日趋强烈，移民问题引发的矛盾日益尖锐，边境墙、边检等严厉措施甚至成为常态。但从积极角度来看，"逆全球化"是对全球化力量失衡的一种暂时性调整，当逆全球化处于高潮时期，区域一体化可以充当"全球化进程"的碎片，从而弥合全球化收益不平衡的鸿沟，实现不同地区利益的重新调整和分配，这正是东北亚的机遇所在。

二、打造东北地区面向东北亚对外开放新前沿的挑战

（一）东北亚地区历史遗留问题多、区域政治敏感性强

1. 区域内领土领海争端尚未解决

尽管东北亚地理空间狭窄，但却汇聚了各国的战略利益博弈，政治关系导致域内各国经济关系异常敏感，尤其是在领土、领海方面。一方面，海洋的开发程度逐渐加深，地区内各国的海洋意识逐渐觉醒，另一方面，民族主义情绪近年来逐步高涨，地方保护主义不断抬头。这两个方面加剧了领土领海争端的摩擦，最终波及了国家间的正常交往和经济合作，阻碍了东北亚一体化发展。在领土争端方面，主要是中日之间的

钓鱼岛争端、日韩之间的竹岛（独岛）之争以及日俄之间的北方四岛等问题。在领海争端方面，中、日、朝、韩之间的领海争议以及由划界所引发的油气、渔业等海洋资源的归属问题等，也时常引发相关国家间的矛盾和冲突。

2. 朝核问题和区域合作之间矛盾

朝鲜半岛无核化是消除地区安全隐患的首要前提，不仅关乎朝鲜半岛的和平与安全，同时也牵连东北亚地区乃至国际社会安全。东北亚相关国家对于朝鲜半岛的无核化问题有着合理的关切，实现半岛无核化有利于东北亚地区的和平稳定，以及区域经济合作进一步发展。

3. 东北亚各国战略互信缺失

由于历史问题等因素的叠加使东北亚国际紧张局势一直得不到缓和，严重影响了国家间正常交往和合作的进一步深化。除此之外，东北亚各国自由贸易战略布局也存在问题。虽然中日韩都在积极推进双边合作，但各国的自由贸易战略布局不一，随各国关系进展而呈现或快或缓的节奏，经济交往严重受制于国际局势波动。尽管日本把目光转向东北亚市场，但是寻求同西方的合作仍是日本经贸的主旋律，同中国自贸区建设的热度"温差"将长期存在。韩国同样重视与西方大国合作，这既是对于东北亚地区政治互信缺失的无奈选择，也是出于对本国产业的保护，更有争取与中、日谈判占据更加有利地位的考虑，虽然时有和中国等新兴经济体的合作，但是受制于西方国家的干预，进展也并不顺利。总之战略互信的缺失严重牵制了东北亚一体化之间的建设进程。

（二）东北亚各国体制区别明显、理解判断存在分歧

尽管东北亚各国在经济关联上和文化渊源上有着千丝万缕的联系，但是随着时间的演化各自呈现出了不同的特点，这些不同之处投射到了经济、政治、文化上，使东北亚地区呈现出多样性特点。各国政治体制不一意味着东北亚在打造区域一体化的进程中，不同国家对经济问题、政治问题的理解判断不同，因此国际合作进展受到极大困扰。

（三）东北亚区域一体化发展环境危机并重、阻力重重

1. 国际环境、贸易保护主义以邻为壑

东北亚地区一体化的建成将会成为世界新的增长极，而这引发了信奉"修昔底德陷阱"的美国的不安和恐慌。随着中国跃居世界第二大经济体以及国际政治地位的提升，中国逐步成为东北亚地区经贸活动的重要参与者和东北亚区域一体化进程的主要推动者，中国面向东北亚的区域一体化进程也正在逐步扎实推进。但"美国一直以矛盾心理对待东亚内部的合作，对东亚国家之间的经济合作保持着表面的欢迎和审慎的关注，其根本战略目的在于以安全控制为由寻求东亚经济发展的主导权，确保其享有东亚经济发展红利的分享权"，因此中美之间在东北亚的议题上存在着结构性的矛盾，短期内难以调和，但是也应该看到中美之间合则两利、分则俱败，仍然留有合作的战略回旋余地。

2. 东北亚贸易缺乏双边磋商机制

金融危机后，以全球价值链延展为主要特征的"全球化"趋势出现了停滞现象，制造业本地化回流和技术保护日趋严重。长远地看，"逆全球化"是一种阶段性现象，是"全球化"进程中的碎片，全球化将延续并曲折发展，但仍然要高度重视当前制造业本土回流造成的负面影响。特别是在中美经贸摩擦和后疫情时代，"逆全球化"的进一步抬头对全球价值链的分工范式、贸易体系构成了严峻挑战，对中国深度参与全球价值链分工带来诸多不确定性，当这种危机显现的时候，东北亚区域进展就暴露出了双边机制匮乏、贸易无规则性的重大缺陷，经济合作中存在的分歧无法及时解决。当前，东北亚的合作主要是东盟牵头的RCEP，东北亚地区最关切、利益关联最深的中日韩三国并未形成自由贸易协定，"小马拉大车"的组织模式不能为东北亚地区开放发展带来持久稳定的局面。

3. 共建北极地区的目标任重道远

北极地区是东北亚的重要通航渠道和资源基地，具有重要的战略地位。中日韩均不是严格意义上的北极国家，但是作为北极的近邻，在北

极地区享有气候、环境等生态安全利益以及航运、渔业和能源等经济利益，如何建立合理、规范的机制使得"近北"国家能够参与北极事务的制定、修改和完善，是中日韩三国的集体诉求。但是北极事务所牵涉的主体较多，各个主体的利益之间存在冲突，导致了国际条约的适用范围、规定的权利和义务常常彼此不一致。严格意义上的北极国家在北极享有领土，彼此间可能只有一线之隔，因此出于本国利益的考量，在北极事务的商议中一般都会强调本国利益，突出本国主张，难以和其他"近北"国家达成一致，导致现有的国际法则难以解决"北极之治"。俄罗斯是传统的北极国家，是北极利益的重要受益者，在北极事务上享有重要的话语权，而中日韩则属于"近北"国家，正在积极主动寻求北极事务的参与渠道，四国之间关于北极的利益竞争较为激烈。此外，对于北极地区的共同开发还受到物流支撑、生态环境、朝核问题等的制约，虽然全球气候变暖使北极航道常态化运行的可行性增加，但是物流支撑的配套设施不够完善，破冰费用、物资供给以及人员救助等环节尚未建设完全，导致实用价值低于战略价值，加之北极生态环境脆弱，自我修复和调节能力较差，这也缩减了北极共同开发的条件范围。

（四）东北亚地区生态敏感性地带多、海洋经济生态脆弱

绿色可持续发展观和生态安全意识早已融于中国的发展理念之中，关乎国民的健康和安全需要。生态系统牵一发而动全身，影响着国家政治安全、军事安全和经济安全，因此生态安全属于系统性、全局性问题，在国家利益序列中享有较高的优先级。东北亚地区生态脆弱性表现在两个方面：其一是大气生态安全；其二是海洋生态安全。对于大气生态安全而言，大气运动可以致使跨境污染的产生，具有很强的外部性，因此大气生态安全需要区域组织统一协调，制定高于国界的统一的制度安排。对于海洋生态安全问题，海洋承担着净化地球污染的作用，对整个全球生态具有至关重要的作用；东北亚海域处于半封闭的状态，海洋活动受限，净化能力有限；人类活动的介入会对东北亚渔业资源、东北亚物种多样性乃至人类生存环境产生一系列消极后果。上述两个方面原

因导致了东北亚地区生态环境和海洋环境较为敏感，给东北亚资源开发利用带来了挑战。

第二节　打造东北地区面向东北亚对外开放新前沿的优势与劣势

一、打造东北地区面向东北亚对外开放新前沿的优势

（一）东北地区对外开放的区位优势

1. 中国东北地区各省份的地理区位优势

东北亚地处欧亚大陆东北部，从自然地理角度出发界定其内涵尚未有统一的结论，美国外交关系协会对于东北亚的狭义定义上仅仅包含日本和朝鲜半岛，广义上则涵盖了中国华北和东北地区、蒙古国全境、俄罗斯远东地区，韩国、朝鲜、日本三国全境。

黑龙江省是中国北方的边境省份，东北面与俄罗斯隔乌苏里江、黑龙江相望，拥有众多的边境口岸，经由黑龙江过鞑靼海峡入日本海可以与整个东北亚进行沟通，是东北亚地区重要的贸易中转枢纽。从自然资源分布来看，黑龙江煤炭、石油、森林资源丰富而且具有极强的出口能力，相较于俄罗斯远东地区拥有易于开发、政策支持等独特优势。吉林省地处东北亚区域的地理几何中心，东部延伸至俄罗斯边境，东南部隔图们江、鸭绿江与朝鲜相望，边境线绵长，在泛东北亚地区具有重要的战略地位。得益于地理中心这一优势，吉林省已成为了东北亚地区的交通要塞，东部珲春市上达俄罗斯波谢特湾仅 4 公里，东至日本海仅 15 公里，东南距朝鲜罗津港 93 公里，省会长春处于东北亚十字交通线的交汇点处，对内联通中原腹地，交通优势尽显。从自然资源分布来看，吉林省农业资源优势明显，"黑土地"丰沃平坦，是中国玉米的主要产

区。此外，吉林省山、草、林、湖等生态资源富饶，物种多样性健全，油页岩、硅藻土、火山渣等矿资源排名全国前列。辽宁省自古以来就是中国内陆地区同东北亚各国沟通交流的中心地带，发挥着不可替代的重要作用。在地理区位上，辽宁省既是中蒙俄经济走廊的重要一环，也是未来将中蒙俄经济走廊延伸至朝鲜半岛的关键枢纽，沿线老中东铁路从大连、沈阳、丹东出境，连接朝鲜半岛京义铁路（韩国首尔开往朝鲜新义州的铁路），中蒙俄韩朝区域一体化的建成，将使得蒙古国、俄罗斯的自然资源和我国沈阳、韩国的工业优势实现对接，极大推进区域经济的发展。辽宁省西部是京津冀一体化区域，南部大连与日本隔海相望，在中日韩自贸区中具有独一无二的地位。内蒙古自治区地域辽阔，蒙西横亘于中国北部，蒙东毗邻蒙古国和俄罗斯，属于中国的边境地区。中蒙俄经济走廊作为陆上国际通道，具有海上和空上所不具备的容量大、效率高、能耗低独特优势，未来将把内蒙古建成中国面向中蒙俄经济走廊的重要桥头堡。

2. 中国东北地区在东北亚圈层中居于中心位置

统观东北亚地区，上接北冰洋、东临太平洋，域内六国彼此牵连，具有无限的区域发展潜力，而中国东北地区正处于东北亚经济圈层中的中心位置。从自然资源的分布来看，东北亚地区是世界上资源最丰裕的地区之一，具备成为世界增长极的发展潜力，但是资源分布极不均匀，主要集聚于俄罗斯远东地区、蒙古国、朝鲜北部以及中国东北地区。俄罗斯远东属于多山地区，地广人稀，火山数量高达20余座，地热资源丰富，是著名的温泉、康养胜地；远东林业资源储量世界第一，水力资源以及物种资源丰富，各类矿藏储量堪称"自然宝库"；煤业资源和石油资源是远东地区的重要出口物资。蒙古国也是矿藏资源丰富的国家，产业结构以农业和矿业为主，煤炭储量、黄金储量居国际前列，但是该国的矿业基本处于初步开采阶段，各项开采技术尚不成熟，较依赖国外的投资。日、韩两国自然资源匮乏但是工业发达，是能源进口大国和工业品出口大国。由上述分析可知，东北亚地区资源充沛但不均匀，产业结构之间具有较强的互补性，而中国东北地区与日、俄、朝、韩一衣带水，又与蒙陆地接壤、民族接连，构筑了中国打造东北地区面向东北亚开放前沿的地理枢纽优势。未来一旦建成"蒙俄经济走廊"和中日韩自贸区，中国东北地区在泛东北亚地区的经济地理中也将居于核心枢纽位置。

3. 中国东北地区对接中央"向北开放"战略的区位优势显著

"向北开放"战略始提于 2011 年国务院发布的《关于进一步促进内蒙古经济社会又好又快发展的若干意见》，文件中明确提出，内蒙古是"我国向北开放的重要桥头堡"。在此之后，"向北开放"逐渐扩展至东北三省乃至京津冀地区，形成区域性战略，是中国"一带一路"倡议重要的北向延拓，其政策内涵可以概括为：战略层面与俄罗斯"欧亚经济联盟"、蒙古国"草原之路"、韩国"新北方政策"、朝鲜"经济建设大进军时代"以及日本发展"环日本海经济圈"等对接；建设层面与俄、蒙共建中蒙俄经济走廊，推动黑龙江黑河、同江、绥芬河与俄罗斯互联互通，加强吉林省图们江地区和边境地区与俄罗斯、朝鲜、韩国、日本的陆海合作以及推进辽宁沿海经济带建设在中日韩自贸区中的引领作用。"向北开放"战略在地理层面上主要体现在中国东北地区与近北极区域和海域的合作，具体表现在地缘和海域两个方面。从地缘优势来看，中国属于近北极国家，这表明中国可以通过北极合作来增进和俄罗斯远东地区的经贸合作机会，也可以以北极观察员国的身份来参与北极治理。从海域优势来看，东北地区所涉海域是中国"向北开放"的关键枢纽。以黑龙江和吉林为主的临日本海区域，以辽宁、天津为主的渤海湾区域和以山东、江苏为主的黄海区域一起组成中国最主要的北方海域，无论是从陆路通道还是陆海通道，"向北开放"过程中同东北亚各国的经贸通道经由东北地区到达均是最佳的选择，而且一旦"冰上丝绸之路"建设取得突破，将大幅度缩减亚欧之间的交易成本，届时东北地区将成为中国最重要的"开放门户"之一。

（二）东北地区对外开放的政策机遇

制度优势所彰显的治理效能是"中国之治"的重要依托。改革开放以来，为了持续释放发展潜能，中国不断全面深化改革，形成了充分、有效的制度供给，为中国特色社会主义经济的发展塑造了坚实的政策环境。东北地区是中国的重要工业基地和农业基地，早在计划经济时期就依托政策支持建立了较为完备的工业体系，成为内循环经济的重要保障，但是在改革开放时期较晚退出计划经济，经济结构难以立刻调整以适应市场经济，经济发展逐渐滞后于南方沿海地区。为了摆脱这一困境，国家对于东北地区振兴进行了政策上的倾斜，其中就包括关于支持东北地区面向东北亚对外开放的政策支持。党的二十大报告提出，"构建优势互补、高质量发展的区域经济布局和国土空间体系""推动共建'一带一路'高质量发展""优化区域开放布局，巩固东部沿海地区开放先导地位，提高中西部和东北地区开放水平"，这些提议表明中国东北地区对外开放的制度优势要逐步转换为政策落实，通过积极呼应"一带一路"倡议，营造全面开放的政策环境。

东北地区政策供给充沛创造了良好的发展环境

立足新发展阶段、贯彻新发展理念、构建新发展格局的"三新"理论是中国对于当前历史方位做出的重要经济研判，是未来中国经济发展的战略罗盘。而以国内大循环为主体、国内国际"双循环"的新发展格局，是于新发展阶段贯彻新发展理念的具体实践路径，这意味着挖掘内需潜力、构筑对外通道将成为中国国民经济的主要旋律。东北亚地区是中国对外开放的重要前沿之一，重建东北亚丝绸之路是对中国"一带一路"倡议的重要回应和补充，同时也呼应着东北亚诸国对于经贸发展的美好期盼，因此，中国对于推动东北地区构筑东北亚区域一体化进行了充分的政策供给（见表4-1）。除了"一带一路"倡议的国家战略，东北各省也纷纷进行了政策上的响应，为推动东北地区成为面向东北亚的开放前沿提供了制度保障。未来吉林省将深入实施长吉图开放先导区战略，支持中韩长春国际示范区、珲春海洋经济发展示范区、吉林自贸区等的发展建设，打造重点面向东北亚的对外开放新前沿；黑龙江省人民政府办公厅印发《黑龙江省支持对外贸易发展的若干措施》，持续推进黑龙江自贸试验区建设，探索区域贸易新形态；辽宁省将持续跟进辽宁沿海经济带高质量发展规划，依托国家级新区、自贸试验区等重点功能平台，推进以先进装备制造业为主的国家级重工业基地建设。

表 4 - 1   国家级政策、战略梳理

时间	国家级政策、战略
2001 年	加入世界贸易组织
2013 年	提出"一带一路"倡议
2013 年	首个自由贸易试验区—上海自贸试验区
2018 年	开始实施跨境电商零售进口试点
2019 年	通过了《中国—东盟东部增长区合作行动计划（2020—2025 年)》
2020 年	签署的区域全面经济伙伴关系协定（RCEP）
2020 年	提出"双循环"新发展格局

（三）东北地区对外开放的经济基础

纵向来看，哈大线为东北经济主轴，穿哈尔滨、长春、沈阳、大连四大中心城市；横向来看，哈大线主轴依次经过哈大齐、长吉图、沈阳经济圈层和辽宁沿海经济带，"一纵四横"的区域空间格局已然成型。哈大齐工业走廊以装备制造业、石化业、农副产品深加工、医药、物流等优势产业，构筑现代化产业带；长吉图开放先导区以中俄朝三点交汇的区位优势为依托，打造东北面向东北亚开放的重要门户；沈阳城市圈层"以圈强圈"，以优化产业结构布局为抓手，建成以装备制造业为主的全国重工业基地；辽宁沿海经济带作为东北唯一的沿海地段，未来将与环渤海、长三角经济圈形成互动，进而成为面向东北亚外循环的关键节点。

1. 东北地区工业结构健全、与东北亚产业结构互补

东北地区是中国重工业发展的"摇篮"，基础设施健全，在装备制造业方面已经形成较为完整的产业体系，在农业、石化、冶金新材料、电子信息等产业方面也具有一定的优势。装备制造业是一个国家实体经

济最基础的保障，东北老工业基地的装备制造业已经形成了较大的产业规模，规模经济优势突出，在三省协调机制的统筹规划下，产业布局趋于合理；加之装备制造业比较优势已然形成，龙头企业的壮大为该产业注入了发展的内生动力。在农业领域，得益于土壤肥沃、雨热同期和平原开阔等天然优势，东北地区成为玉米、大豆、水稻的重要产区，是保障国家粮食安全的重要粮仓，辽宁沿海地区盛产海参、鲍鱼、牡蛎等水产，目前东北地区已经形成了粮食生产、精加工深加工的重要基地。在石化产业方面，经过多年发展，东北地区石化产业已经发展为产业链健全、生产门类完整的支柱产业。在电子信息产业方面，产业规模不断壮大，涌现出光显示、光谱、光通信等一批优秀科研成果，巩固了电子信息产业的发展基础。上述产业优势对于工业体系不全的蒙古国、基建落后的俄罗斯远东地区、以及正欲改革的朝鲜来说，都构成了绝佳的产业契合。中国目前在东北亚的区域发展战略中，采取中蒙俄和中日韩的"并驾齐驱"的发展模式，现阶段来看中蒙俄的发展条件更加有利，因此应当顺势而为，以中蒙俄发展来带动中日韩的发展。蒙古国自然资源充裕，在资源禀赋上如煤炭、石油、有色金属等矿藏资源丰富，但是这一优势一方面需要先进的装备制造业和矿业加工业等技术设备的支持，另一方面需要依托强大的交通运输能力，只有两者兼具才能有效转化，而中国正好具备这一优势。俄罗斯在具有自然资源条件优越的前提下，由于其经济承接了苏联经济体系的特点，重工业有余而轻工业不足，导致该国的优势产业集中在能源、航天、装备制造和核工业等领域，而在纺织业、食品加工业等轻工业领域处于弱势地位，与中国形成了产业互补的关系。基于上述分析，中蒙俄经济走廊的建立将融通三个国家的资源与市场，极大地促进域内经济的发展。在日韩合作方面，中国东北部地区的劳动密集型、资本密集型的工业优势可以作为其高精尖产业的技术密集型发展模式的补充，如果经济壁垒性因素逐渐消减、区域一体化进程加快，那么东北亚垂直的产业分工体系将会得到更高效的运转。

2. 东北地区人力资源结构完整、人力资本供给充沛

人力资源是生产中最核心的资源。而在数字经济飞速发展的今天，

知识这种生产要素是否充裕已经成为了决定每个国家能否引领创新的关键要素。人力资源作为一种移动性生产要素和具有极大外部性的生产要素，既是知识技能携带最有效的物质载体，同时也是精神文明交流的精神纽带，是东北亚区域一体化最活跃的力量所在。中国东北地区人口数量将近 1 亿，而俄罗斯远东地区人口分布较为稀疏，蒙古国人口约 330 万，朝鲜人口约 2500 万，韩国 5000 万左右，日本约 1.26 亿人口，相较于俄罗斯远东地区、蒙古国和朝鲜半岛，东北地区人口资源更为充足，劳动力素质较高，知识技能结构合理，与这些国家的人力资本结构契合、规模互补。

3. 东北地区营商环境持续优化、对投资者的吸引力加强

营商环境是市场中的各主体所面临的外在环境和条件的总和。民间曾有"投资不过山海关"的说法，为东北地区的发展遮上了阴霾。随着东北振兴战略的进一步深化落实，营商环境优化的课题越来越得到重视，通过出台政策清单、清理僵尸企业等手段使得"项目为王"、效率为主的风气逐渐开始普。黑龙江省以"放管服"为改革的主线，着力打造竞争有序的市场环境、高效透明的政务环境、公平正义的法治环境和开放包容的人文环境。《黑龙江省"十四五"优化营商环境规划》提出到 2023 年营商环境迈入全国前列，到 2025 年基本建成与全面振兴全方位振兴相适应的更具竞争力的全国一流营商环境的指示；吉林省在 2020 年的中国营商环境参评中，参评城市多项指标获得满分，长春获评营商环境提升最快的十个城市之一，营商环境便利度提升 20 分以上，政府采购和保护中小投资者权益两项指标进入全国 80 个参评城市前 20 名行列；辽宁省为中小企业拓宽融资渠道，通过改善企业生存的土壤，优化企业在辽的生存空间，极大提升了各城市营商环境竞争能力（见表 4 - 2），为辽宁的经济发展注入活力。数字经济的不断发展，将持续赋能东北地区营商环境的专项优化课题，通过简化政务办理流程和营造更加透明、公开的政务环境来提升东北地区对于投资的吸引力。

表4-2　　　　　2021年中国城市营商环境竞争力（辽宁省）

城市	指数	排名	城市	指数	排名
大连	0.575	23	葫芦岛	0.352	103
沈阳	0.552	25	朝阳	0.035	105
锦州	0.517	37	营口	0.321	125
本溪	0.466	54	丹东	0.261	158
盘锦	0.435	68	抚顺	0.236	173
鞍山	0.375	92	铁岭	0.209	195
辽阳	0.362	97	阜新	0.199	202

资料来源：《中国城市竞争力报告 No. 19：超大、特大城市：健康基准与理想标杆》。

（四）东北地区与东北亚文化相通、理念相融

以东北地区为核心的东北亚丝绸之路始于虞舜、载于商周、兴于汉魏、盛于唐宋，承载了中国东北地区的对外经贸史，虽在中国对外商贸的记载中如蒙灰明珠，未曾被详细阐述于史册，但根植于此的东北亚历史底色为中国融入东北亚区域一体化奠定了深厚的人文基础。东北亚地区除俄罗斯外，中日韩朝均属儒家文化圈，而蒙古国在历史上也曾长期受中国文化影响，儒家文化在历史上辐射整个东北亚，日本、朝鲜等积极吸收儒家文化的精髓，结合自身民族特点形成了与中华文化"同根同源"的民族文化。如今，共同的文化根基、相似的风俗习惯、共有的文化素养、相近的审美和思维方式让中日韩三国更易彼此理解，从而提高了国家间行为的预期。文化上的共同认知对东北亚构建地区认同具有天然优势，以此为基础构建的区域合作更具稳定性。所以，进一步挖掘东北亚国家间人文渊源，加强人文领域的合作，是打造东北地区面向东北亚对外开放新前沿不容忽视的重要环节之一。

（五）东北地区已然具备形成东北亚"海陆大通道"的基本条件

由上述分析可知东北地区位于东北亚圈层的中心位置，这一优越的

区位条件优势为东北地区建成东北亚海陆大通道核心枢纽奠定了重要基础，并且海陆大通道的建成不仅会通过优化产业格局分布来反哺东北区域一体化经济的发展，而且会通过增强对外开放力度来推进东北地区融入全国"一带一路"倡议开放格局，加速东北振兴进程。

1. "软硬协同、相互促进"的良好态势显现

"硬联通"是指海陆大通道建设的物质条件，主要是基础设施方面；"软联通"是指海陆大通道建设的制度条件，主要是规则制度方面，两者互为依托、相互促进。一方面，东北地区海陆大通道的现代化基础设施建设取得显著成效，通过对大型集装箱管理调度模式的持续改善和港口设备的现代化升级，运力和效率提升明显，高铁线路以绥满通道和京哈通道为主干，以盘营高铁、哈齐高铁、沈丹高铁、京哈高铁为辅线的全域线路横纵布局，水运线路市场需求的蓬勃发展，带动了航运经济的发展；另一方面，东北地区海陆大通道规则制度向"智慧化"方向迈进，数字化赋能"软联通"使海陆大通道的运输方式、通关流程等营运组织方式不断优化和改善，此外主管部门协调配合、运行高效的工作机制初步建成，为打造一流的物流服务体系奠定了制度基础。综上所述，东北地区"软硬协同、相互促进"的良好态势已然显现。

2. 枢纽港口对海陆大通道建设支撑作用显现

海港、陆港和航空港是海陆大通道建设的核心节点，目前东北地区基于各港口的地理区位、历史沿革和文化传统明确了发展方向和功能定位，构建了专业型、智慧型的多层次港口布局，例如，辽宁沿海港口布局已经形成了大连为"中心港"、其余港口集中于比较优势产业的合理布局，这一布局集成了大连东北亚国际航运中心，营口港盐业、渔业和滨海旅游业的核心，丹东贝类苗种繁育的种业核心，锦州港集散运输核心等优势产业群。同时，港口的规模化、智能化、现代化升级使港口的运输效能提升明显，将对东北亚地区产生巨大吸引力。

3. 中欧班列为海陆大通道建设增添效益、提供活力

中欧班列是东北地区海陆大通道建设的重要抓手，是欧亚大陆物流

体系降本提效的重要工程，不仅为东北亚寻求区域一体化提供了抓手，而且为亚欧一体化奠定了基础，意义非凡。中欧之间陆路距离远，沿线国家多，文化传统、地理条件不一，中欧班列的开通成为了欧亚大陆联运的重要补充，自开通以来到现在已破"万列"大关，贸易增长额年均增速明显，已成为东北亚区域和欧洲联系的重要桥梁。

（六）东北地区对外开放平台建设初具成效

开发开放试验区、经济合作试验区以及自由贸易试验区等平台的搭建是中国制度建设的重要探索机制，同时也为试验区经济的发展提供了"软环境"的制度保障。中国东北地区自1992年实施沿边开放以来，已经批准设立了若干经济平台与东北亚各国进行对接。以经济平台为例，内蒙古东北部区域有二连浩特重点开发开放试验区和满洲里重点开发开放试验区，黑龙江有绥芬河国家级边境经济合作区、重点开发开放试验区、黑河国家级边境经济合作区以及黑龙江自由贸易试验区，吉林省获国家批准设立的对外开放平台众多有中国图们江地区（珲春）国际合作示范区、珲春海洋经济发展示范区、珲春国家级边境经济合作区、和龙国际级边境经济合作区、中韩（长春）国际合作示范区等，辽宁省有自由贸易试验区，以及正在推进建设的丹东特区等，经济平台的搭建为地方经济建设提供了先导，加快了东北地区经济转型的速度，推动了东北地区的建设"北向开放"窗口。

二、打造东北地区面向东北亚对外开放新前沿的劣势

（一）东北地区产业结构单一、新兴产业发展欠缺

目前，东北振兴仍处于爬坡过坎的关键时期。对标高质量发展要求，东北地区整体上在体制机制、营商环境、经济结构、开放合作、思想观念等方面还存在一些短板，与中国其他发达地区相比仍然具有一定差距。从产业结构来看，东北地区单一化明显，结构问题导致经

济韧性不足。新中国成立以来，东北开发主要集中在农业、林业、采矿业以及重工业等初级原材料生产部门，但也正因如此，才造成了某种程度上的"荷兰病"，即初级产品异常繁荣抑制其他产品、其他经济活动乃至多元的社会文化充分发展的一种"诅咒"。过分依赖资源的经济体，如果产业结构不能成功转型，那么一旦资源耗竭就势必遇到瓶颈。东北地区对此也做出了经济调整，但是仍未彻底扭转工业化过度而其余产业不足的经济单一结构，这导致东北振兴战略对资源禀赋的依赖度过高。从战略新兴产业来看，东北的新兴产业尚处于起步阶段，规模和效率较于东部沿海地区存在差距，产业布局上大多是生产同类产品企业的简单集聚，属于横向联系的产业集聚，缺乏上下游产业链的联系和衔接，集聚效应发挥不足，产业发展环节的衔接也不够紧密，同质化问题凸显。搭建创新平台的举措是推进战略新兴产业发展的重要手段，从创新平台建设来看，东北创新平台还存在很多短板，例如，国家级别的科技孵化器占全国比重较低，创新赋能不足，单一的产业结构和高端产业的不足将使中国东北丧失在东北亚一体化中的竞争筹码，处于被动的地位。

（二）固定资产投资规模萎缩、全要素生产率不高

当前，中国国内生产总值仅次于美国，成为世界第二大经济体。但中国的人均 GDP 仍较低，经济增长仍主要依赖于投资驱动。投资中实体经济的投资是重中之重，然而，东北作为中国重要的工业基地，同全国平均水平相比落后不少。首先从固定投资规模来看，近十年国家产业结构逐渐调整，供给侧结构性改革如火如荼，并取得一定成效。东北地区老工业基地部分工业产能过剩，叠加能源价格下行因素导致东三省固定资产投资逐年萎缩，在全国的固定资产增速排名中落后。固定资产投资放缓表明，东北老工业基地的传统优势在逐步削弱，经济结构在逐步转型，但是现代新兴产业发展未取得显著成效。辽宁省 2008～2018 年的固定投资增长状况如表 4-3 所示。

表 4 – 3   辽宁省全社会固定资产投资增长情况（2008 ~ 2018 年）

年份	同比增速（%）	增速全国排名	全国占比（%）
2008	34. 80	7	5. 80
2009	22. 70	24	5. 47
2010	30. 50	9	6. 37
2011	10. 50	21	5. 69
2012	23. 20	17	5. 83
2013	15. 00	28	5. 63
2014	− 1. 50	30	4. 83
2015	− 27. 50	31	3. 19
2016	− 62. 70	31	1. 10
2017	− 0. 20	25	1. 04
2018	3. 70	22	1. 03

资料来源：国家统计局官网。

此外，服务业投资也呈现出下降趋势，没有发挥出对经济的拉动作用，东北所依赖的第一产业和展现市场活力的第三产业发展均面临着阻碍。其次，东北地区的投资效率相对来说也较低，单位固定资产投资拉动的生产总值和就业人数相对其他省份而言较低，以吉林为例，每增加一个单位的固定资产投资，所增加的地区生产总值仅相当于广东和浙江该比例的1/3，投资效率明显不高。

最后，东北地区人均劳动生产率较低（见表 4 – 4），工人和资本结合的效率较低，职工工资较低，工人的生产技艺停留在传统水平上，和新工艺的结合度不高，说明生产劳动的组织管理相较而言仍处于落后状态。上述生产性要素的低效问题将导致中国东北地区在国际要素流动竞争中失去竞争力，从而降低生产要素在东北地区集聚的动力。

表4-4　　　五省以及全国全员劳动生产率（2016～2018年）　　单位：元/人

地区/省份	2018 年	2017 年	2016 年
辽宁	111985.3	102460.9	96675.2
吉林	102253.5	100397.9	98398.5
黑龙江	82368.1	79315.11	75860.6
江苏	194900.8	180547.5	159972
广东	149425.3	141473.3	128466.1
全国	108268.0	101411.0	94939.0

资料来源：国家统计局、各省份统计年鉴。

（三）东北地区财政收入萎缩、养老保险负担较重

东北地区财政收入同全国其他省份相比数额较少，增速较慢，这与一些重要产业发展落后和经济增长不足相关。对东北三省来说，能够带来财政收入的重要行业的市场面临收缩，例如，汽车制造、能源行业以及房地产业的发展速度减缓，财政收入不足会严重制约区域经济的发展，从而使得东北振兴的政策效果大打折扣。更为严重的是，沉重的养老金负担会使得东北地区用于经济发展的资金约束更为趋紧，资金运用捉襟见肘。自2008年以后，东北三省的养老保险累计结余和增速都在逐年下降，甚至出现了连续多年的负增长（见表4-5）。

表4-5　　东北三省城镇职工养老保险累计结余同比增速以及排名　　单位：%

年份	辽宁		吉林		黑龙江	
	增速	排名	增速	排名	增速	排名
2008	31.19	17	23.27	29	23.49	28
2009	16.15	28	18.52	26	25.21	20
2010	11.88	25	11.74	26	5.28	29
2011	21.08	22	12.02	28	-2.51	31
2012	17.84	21	3.29	29	0.63	31

年份	辽宁		吉林		黑龙江	
	增速	排名	增速	排名	增速	排名
2013	16.28	17	3.58	29	-8.60	31
2014	4.67	22	0.54	28	-24.72	31
2015	-8.81	28	-9.62	30	-59.51	31
2016	-21.71	30	-10.52	28	-249.78	31
2017	-37.51	30	-0.83	26	147.96	31
2018	-45.95	31	48.29	26	-14.60	30

资料来源:《中国统计年鉴》。

(四) 市场化程度不高、营商环境有待进步

东北地区国有资产占比比较高,国有企业在东北振兴的过程中发挥了很大的作用,但是仍存在以下不足:一是东北的国企占比比较高,但是国企的股权配置不够灵活;二是国企当中传统产业占比多,战略新兴产业比较少;三是经济市场化程度不高,导致东北经济转型迟滞。东北三省的国有资产和私营资产之比相较于江苏、广东等发达地区高,这说明东三省对国有经济的依赖性较强。东北国企在某种程度上仍存在体制机制与市场经济脱轨的问题,市场化观念仍存在提升空间,在注重市场空间拓展、消费体验改善等环节仍处于薄弱状态,这些问题在如今"双循环"的新发展格局下显得尤为重要。市场是一个不断变化的外部环境,经济活动的主体能够生存下来,或者能够生存得更好,需要灵活的应变能力,这比经济体量、规模更加重要,如果不能克服这些问题,那么在国内大循环中,东北企业的竞争活力将得不到提升,最终错失经济发展的良好契机。

东北的营商环境已经是东北地区老生常谈的话题,目前来看营商环境优化也取得了一定成绩,营商环境越来越被企业所认可,但是仍然有三个明显问题亟待改善:一是"大政府、小市场"的问题没有根治,

企业出现诉求时管理是第一位的，服务是第二位的，企业找政府而不找市场；二是表态多、落实少的状况仍然存在；三是制度多、体验差的情况依然存在。东北地区改革开放的态度是有的，但是"强政府"的惯性思维依然根深蒂固，这种弊病不根除最终结果就是企业、政府双重失灵，棘手的是，作为一种区域经济的文化基底，改变和产生效力的时间要更长。

（五）人力资源流失较为严重、老龄化因素叠加

马克思主义政治经济学指出，人是一切生产中最活跃的因素，但是东北的人口老龄化和人口外流的问题一直存在，这给东北经济的发展蒙上了一层阴霾。从 2010 年的人口普查数据来看，2020 年第七次人口普查时东北地区人口占比全国人口的比重降低了 1.20 个百分点，东北地区人口呈现净流出态势。此外，按照老龄化普遍定义，如果一个社会中60 岁及以上年龄的人口在总人口中占比超过 20%，则意味着这个社会迈入了老龄化社会，根据全国第七次人口普查的结果（见表 4 - 6），东北三省早已迈入了这个阶段。人口老龄化问题导致东北地区的经济活力受到严重影响，青年人口和老龄人口的结构对比极不平衡，伴生出养老压力、财政收紧等诸多问题，制约了东北经济的发展。

表 4 - 6　　　　　　　中国各地区年龄人口比重　　　　　　单位：%

地区	比重		
	0 ~ 14 岁	15 ~ 59 岁	60 岁以上
全国	17.59	63.35	18.7
内蒙古	14.04	66.17	19.78
辽宁	11.12	63.16	25.72
吉林	11.71	65.32	23.06
黑龙江	10.32	66.46	23.22

资料来源：第七次人口普查数据。

（六）对外贸易转型面临内生阻力、开放平台建设促进作用乏力

自东北振兴战略实施以来，东北地区对外开放平台建设成绩斐然，但经济结构转型不是一蹴而就的，需要长期渐进式改革，因此相比于我国发达地区开放平台建设仍存在诸多不足，主要表现为以下两个方面：其一是经济呈现结构性衰退。一方面，东北地区国有经济比重较大，尽管这些国有企业为东北经济做出了巨大贡献，但是在推进中国式现代化的当下这些国有企业大都面临设施陈旧、装备老化、技术落后等转型困境，而且由于长期依赖于国家政策扶持，与民营企业相比市场嗅觉不够灵敏，调整周期过长；另一方面，与广东、上海、北京等发达地区相比，第一、第二、第三产业构成比例失调，产值较大的装备制造业产业附加值较低且新兴产业、高端制造业占比较少。其二是对外贸易增长乏力、创新能力不足。东北地区出口以劳动密集型产品为主，出口产品附加值较低，而在进口贸易中以油、矿等资源型产品为主，管理、技术、服务等产品进口不多，对外贸易依赖于亚洲传统出口市场，对俄对欧尚处于开拓阶段，此外，东北地区人才流失较为严重，体制机制等障碍延长了科技成果转化周期，这些原因都导致东北地区对外开放平台建设对东北经济增长促进作用大打折扣。

第五章

东北地区面向东北亚对外
开放发展水平分析

第一节　东北地区面向东北亚
对外开放历史回溯

东北地区位于我国东北部，包括辽宁省、吉林省、黑龙江省和内蒙古东五盟，占地面积145万平方公里。20世纪80年代，中国进入改革开放时代，日本实施地域开发，韩国提出发展对外经济战略，俄罗斯进行对外贸易体制改革，受这些因素的影响，东北亚各国开始努力在经济合作中求进步、谋发展，逐步形成以国家为主导的区域经济合作形式。整体来看，东北地区面向东北亚对外开放的历史进程主要经历了改革开放新时期和新时代快速发展阶段。

一、改革开放新时期阶段

（一）20世纪80年代：起步阶段

1978年底，中央提出把发展重心转向社会主义现代化建设，对外开放逐步成为国家的一项重大发展战略。1984年，中共中央、国务院宣布对大连等14个港口城市进行对外开放，这是东北地区对外开放的第一步。此后，东北地区开始逐渐融入日本实施的所谓"雁型模式"经济结构当中，先后承接了来自日本和韩国的劳动密集型纺织化纤业，与日韩形成了高附加值链条与低附加值链条、资本技术密集型产业与劳动密集型产业互补的梯次分工体系。随着中苏关系开始趋向缓和，1982年，国务院批准恢复了对苏联的边境贸易，中国重新开放了黑龙江黑河、绥芬河、同江等地的对苏口岸。至此，在改革开放和周边政治局势缓和的情况下，东北地区开始缓慢发展面向东北亚区域的开放经济。

（二）20 世纪 90 年代：缓慢发展阶段

图们江次区域合作是以中国吉林、黑龙江、辽宁、内蒙古四省区为主体，面向俄罗斯、韩国、蒙古国、朝鲜、日本为主要国家的次区域合作，是服务于中国东北地区发展的大战略。1992 年，五国联合开启该项目，尽管这个项目得到了世界各国的大力支持，但图们江区域发展仍处于起步阶段，东北地区对东北亚国家的对外开放程度比较低。此外，东北地区先后建立了 5 个边合区，包括内蒙古 2 个，辽宁 1 个，黑龙江2 个（详见表 5 - 1），这些边境经济合作区的设立，为推动东北地区在东北亚国家的进一步发展提供了合作平台。

表 5 - 1 东北边境经济合作区

省份	东北边境经济合作区	附近口岸	面向国家	设立年份
内蒙古	满洲里	满洲里	俄罗斯	1992
	二连浩特	二连浩特	蒙古国	1993
辽宁	丹东	丹东	朝鲜	1992
黑龙江	黑河	黑河	俄罗斯	1992
	绥芬河	绥芬河	俄罗斯	1992

资料来源：http：//www. gov. cn/xinwen/2019 - 07/31/5417445/files/d7f36e428a0e4e91bae94aed5a966fdd. pdf.

（三）21 世纪初：新发展阶段

进入 21 世纪后，我国东北地区面向东北亚国家开启了一系列新的经济合作，国家和地方政府相继出台一系列政策措施，为面向东北亚地区开放提供了良好的政策环境和体制保障，东北地区对外开放迎来发展新机遇。例如，2003 年 10 月，中共中央、国务院印发了《关于实施东北地区等老工业基地振兴战略的若干意见》，加大了对东北地区的扶持力度和政策倾斜力度，大大促进了东北地区与东北亚各国的经济贸易合作。

2005 年，东北亚五国在图们江地区第八次政府间会议上合议，把原先的合作区域扩大到中国东北地区以及朝鲜的罗津经济贸易区、蒙古国的东部省份、韩国的东部沿海城市和俄罗斯的滨海边疆区，东北地区和东北亚各国之间的经贸关系得到了迅速发展。在这样的大环境下，2009 年，国务院批复《中国图们江区域合作开发规划纲要——以长吉图为开发开放先导区》，与俄罗斯制定的远东地区发展规划有效衔接，并带动了朝鲜、韩国、蒙古国、日本等国家的积极参与，多方共同着力提升对外开放水平，改善投资环境，在政策支持下规范化、规模化向前发展。

2009 年，《辽宁沿海经济带发展规划》（以下简称《规划》）得到国务院批复，《规划》指出，辽宁省要发挥沿海经济带的区位优势，就应该主动开拓和东北亚国家的合作空间，加强与东北亚国家的经贸协作，建立起互惠互利的合作机制，促进东北地区全方位对外开放。至此，东北地区已形成了面向东北亚区域新的经济发展格局，即黑龙江开展对俄边境贸易、吉林开放珲春和图们江地区、辽宁开放辽东半岛以及内蒙古对蒙古国开展边境经济合作，我国东北地区正在形成一条全方位的对外开放带。

二、新时代快速发展阶段

（一）依托中日韩 FTA 面向东北亚开放

1. 中日韩 FTA 谈判进程

中日韩自贸区谈判于 2012 年 11 月开始，到 2013 年 3 月三方进行了首轮谈判，伴随着中国"一带一路"在周边国家的推动，截至 2022 年 7 月，三方已经进行了 16 回合的磋商（见表 5 - 2），三国在贸易协定的重要议题上达成了较 RCEP 更高的自由化程度，为东北地区深化改革开发、融入更大范围的区域经济合作创造了新的发展契机。

表 5 - 2 中日韩自贸区谈判进程

日期	谈判内容
2013 年 3 月	谈判的范围与方式
2013 年 7 月	货物贸易、服务贸易、海关程序、竞争政策
2013 年 11 月	货物贸易、服务贸易、投资、竞争政策、知识产权
2014 年 3 月	货物贸易、服务贸易、投资、竞争政策
2014 年 9 月	货物贸易、服务贸易、投资
2015 年 1 月	货物贸易、服务贸易、投资
2015 年 4 月	货物贸易、服务贸易、投资、竞争政策、知识产权
2015 年 9 月	货物贸易、服务贸易、投资
2016 年 1 月	货物贸易、服务贸易、投资
2016 年 3 月	货物贸易、服务贸易、投资、竞争政策、知识产权
2017 年 1 月	货物贸易、服务贸易、投资
2017 年 4 月	货物贸易、服务贸易、投资
2018 年 3 月	货物贸易、服务贸易、投资
2018 年 12 月	货物贸易、服务贸易、投资，加速中日韩自由贸易协议谈判，根据 RCEP 的进展讨论了更广泛的领域
2019 年 4 月	就知识产权、RECP 的进展进行谈判，以达成全面、高水平和互利的协议
2019 年 11 月	三方围绕货物贸易、服务贸易、投资和规则等重要议题深入交换了意见，取得积极进展

资料来源：中国外交部、日本外务省、韩国外交部。

2. 辽宁依托中日韩 FTA 构想

2016 年 8 月，国务院宣布辽宁省成为东北地区第一个自由贸易试验区的试点城市，自贸区的快速发展促进了中韩经贸投资合作试验园区的建设，巩固了对日韩经贸合作，同东北亚其他国家的合作也得到了进一步发展。2018 年 5 月，辽宁省委省政府印发《关于加快构建开放新格局以全面开放引领全面振兴的意见》，提出要充分发挥辽宁沿海经济带的区位优势，大连和沈阳作为核心城市要以创建高标准自贸区和探索建设自由贸易港为引擎，打造中日韩自贸区地方经贸合作示范区，力争把辽宁建成面向日韩的桥头堡。

2019 年 9 月，辽宁省人民政府出台《关于加快推进东北亚经贸合作打造对外开放新前沿的意见》，其中着重强调要探索建设大连自由贸易港，打造中日韩自贸区地方经贸合作示范区，把大连打造成国际化大都市，从而使辽宁沿海经济带发展成为面向东北亚国家开放的高地。随着 2020 年 11 月《区域全面经济伙伴关系协定》（RCEP）成功签署以及中日韩自贸协定取得进一步开展，尤其是三国关税降低和服务投资开放程度进一步提高，辽宁与日韩经贸合作得到了更大的发展空间。2021 年 3 月，辽宁省政府印发《辽宁省国民经济和社会发展第十四个五年规划和二〇三五年远景目标纲要》，强调要加强中国与日韩两国的经贸往来，加快中日（大连）地方发展合作示范区的建设，推进丹东边民互市贸易区的建设，创建中日韩自贸区地方经贸合作示范区。

（二）依托中蒙俄经济走廊面向东北亚开放

1. 中蒙俄经济走廊

2014 年 9 月，习近平主席在会见蒙俄领导人时，倡议把"丝绸之路经济带"与俄罗斯"跨欧亚大铁路"、蒙古国"草原之路"项目相结合，加强基础公共运输通道建设，进一步优化通关程序，推动跨境运输合作，开展跨境旅游、环境保护、减灾救灾等方面的合作，共同建设中蒙俄经济走廊。

表 5 - 3 列出了中蒙俄经济走廊两条通道路线及沿线的主要城市。第一条通道，一方面可以把京津冀和华北腹地通关至二连浩特口岸，此后连接到蒙古国和俄罗斯，进一步扩大中蒙俄经济贸易合作；另一方

面，天津港是中国重要的货物运输口岸，它将在与蒙俄的贸易往来中发挥重要的港口优势，有利于蒙俄同中国沿海地区进行经济交流；第二条通道把大连港与跨欧亚大铁路连接起来，这将大大降低中蒙俄三国的贸易费用，为中蒙俄经贸合作进一步发展提供强有力的物流支撑，同时，第二条大通道还将通过沈阳市这个中转枢纽，与京津冀相连接，相比第一条通道，第二条通道的蓬勃发展会在更大程度上促进东北地区与蒙俄的经济合作。

表 5 – 3　　　　　　　　　　中蒙俄经济走廊两条通道

通道一 （华北通道）	天津—北京—张家口—大同—乌兰察布—二连浩特—扎门乌德—乌兰巴托—俄罗斯—欧洲
通道二 （东北通道）	东北地区—满洲里、绥芬河—俄罗斯远东地区—欧洲

资料来源：《中蒙俄经济走廊开辟东北开放新通道》。

2. 黑龙江依托中蒙俄经济走廊构想

2014 年 12 月，黑龙江省委省政府出台《"中蒙俄经济走廊"黑龙江陆海丝绸之路经济带建设规划》，其中阐明该规划的战略意义为加强我国与周边各国全方位务实合作，进一步推动东北亚区域深度一体化进程，推动中俄基础设施和口岸通道的互联互通，提升黑龙江对外开放水平。2017 年 8 月，黑龙江省在"一带一路"建设领导小组会议上提出，建设黑龙江（中俄）自由贸易区、沿边重点开发开放试验区、跨境经济合作示范区、面向欧亚物流枢纽区，自贸区的建立将极大地提高黑龙江的对外开放水平，将中俄合作推向一个新的高度。

2021 年 3 月，黑龙江省政府印发《黑龙江省国民经济和社会发展第十四个五年规划和二〇三五年远景目标纲要》，提出首先要建立面向俄罗斯及东北亚"一港""两中心"和"六平台"的数字交通公共信息平台工程；其次要推进基础设施互联互通；最后要强化沿边重点开发开放试验区先行先试，推动对俄跨境经济合作试验区建设，促进跨境产业链融合，探索区域一体化合作新模式。

3. 吉林依托中蒙俄经济走廊构想

2018年8月，吉林省发改委印发《沿中蒙俄开发开放经济带发展规划（2018—2025年）》，目的是要把吉林省建设成东北地区新一轮振兴发展的先行区、东北亚全面合作的新载体和向北开放重要窗口的新样板。2021年4月，吉林省人民政府印发《吉林省国民经济和社会发展第十四个五年规划和2035年远景目标纲要》，提出在资源开发方面与俄罗斯进行深入合作，共同建设"冰上丝绸之路"；要加快中俄珲马铁路扩建，推进中蒙俄大通道建设，拓展东北亚多式联运，畅通长吉珲通道，打造东北亚经济走廊。

4. 内蒙古依托中蒙俄经济走廊构想

内蒙古自治区人民政府于2014年12月出台《创新同俄罗斯、蒙古国合作机制实施方案》，要求在巩固与俄罗斯、蒙古国已有合作的基础上，与各领域改革相结合，努力破除体制机制障碍，通过改革创新推动与俄蒙合作再上新台阶。内蒙古面向东北亚的重点沿边地区如表5-4所示，内蒙古面向东北亚地区的各类国家级口岸与基础设施占东北地区面向东北亚地区的各类国家级口岸与基础设施的35%以上，内蒙古已成为面向东北亚对外开放的新高地。

表5-4　　　　　东北地区面向东北亚地区的沿边重点地区

重点开发开放试验区	沿边国家级口岸		边境城市	边境经济合作区
	铁路口岸	公路口岸		
内蒙古二连浩特、满洲里	内蒙古二连浩特、满洲里	内蒙古策克、甘其毛都、满都拉、二连浩特、珠恩嘎达布其、阿尔山、额布都格、阿日哈沙特、满洲里、黑山头、室韦	内蒙古二连浩特、阿尔山、满洲里、额尔古纳	内蒙古二连浩特、满洲里

资料来源：《国务院关于支持沿边重点地区开发开放若干政策措施的意见》。

2021 年 2 月，内蒙古自治区政府印发《内蒙古自治区国民经济和社会发展第十四个五年规划和 2035 年远景目标纲要》，提出加强同俄蒙两国合作，深度融入共建中蒙俄经济走廊，在环境保护、基础设施等方面开展更高层次的合作。在发展口岸经济过程中，进一步推进中蒙俄通关便利化，坚持高标准对外开放，推动中蒙俄经济高质量发展。

中蒙俄在经济、政治和能源等领域合作不断加深，发展战略对接日益紧密，未来将进一步加强跨境基础设施、跨境产业园、产业链建设，推动建立中蒙俄自贸区，共建智库联盟，加强人文交流，进一步深化东北地区与东北亚各国合作。

第二节　东北地区面向东北亚贸易开放水平

东北地区地处东北亚经济圈的中心地带，与周边各国和地区都保持着良好的经贸关系，是中国建立中日韩自由贸易区、积极扩大与东北亚区域合作的核心阵地。随着东北振兴和大力促进对外开放的深入推进，东北地区的经济发展水平有了大幅度提升，经济活力逐渐被激发，各个省份的经济优势逐渐显现出来，跨境经贸关系不断延伸，表现出了较好的发展势头。

一、面向东北亚贸易开放水平

（一）中国与东北亚国家贸易竞争性及互补性分析

在国际贸易中，因自身生产要素禀赋及经济发展程度而形成的竞争性和互补性对两国间的经济交流有一定程度的影响。当一国的出口产品结构与另一国的进口产品结构越吻合时，表明两国间的贸易潜力越高，相反，当两国的出口产品结构较为相似时，其优势产品的趋同性和产品的相似性会对两国的贸易往来产生一定的影响。本章节利用中国与东北亚国家间的商品交易数据，对中国和东北亚国家的贸易竞争性和互补性进行了分析和评价。由于朝鲜数据未公开，因此该部分的分析中没有包含朝鲜。

1. 中国与东北亚国家贸易竞争性分析

（1）显示性比较优势指数分析

显示性比较优势指数（Revealed Comparative Advantage，RCA）是由巴拉萨（1965）提出的，其旨在从比较优势的角度衡量一国产品或产业的相对出口表现。具体计算公式如下：

$$RCA_{ijt} = \frac{\dfrac{X_{ijt}}{X_{jt}}}{\dfrac{X_{iwt}}{X_{wt}}}$$

其中，X_{jt} 为 j 国的出口总额，X_{ijt} 为 j 国 i 产品的出口额，X_{wt} 为世界出口总额，X_{iwt} 为世界 i 产品出口额，t 表示时间。依据《联合国国际贸易标准分类》（SITC）对贸易产品种类进行划分，分类情况如下：资源密集型初级制成品（RIP）为 SITC0、SITC1、SITC2、SITC3、SITC4；资本或技术密集型工业制成品（TIP）为 SITC5 和 SITC7；劳动密集型工业制成品（LIP）为 SITC6 和 SITC8；其他为 SITC9。

表 5 - 5 直观地展示了中国与东北亚国家各类产业出口的 RCA 平均值，可以看出中国在 SITC7、SITC8、SITC6 具备依次减弱的比较优势，其中，SITC7 的出口占优表明我国制造业转型升级和创新驱动发展的显著成效凸显，逐渐在技术密集型产业积累出口市场竞争力，SITC8 虽然具有极强的国际竞争力，但是其 RCA 指数呈现递减趋势，表明我国劳动力密集型产业优势在逐渐消失。中国在 SITC0、SITC3、SITC2、SITC9、SITC1、SITC4 六类产业的 RCA 指数均低于 0.8，说明我国这些产业出口竞争力还较弱。日本和韩国部分产业的 RCA 数值比较接近且整体分布较为集中，两国都在 SITC7 具有很强的竞争力，体现了二者在制造业发展中所具备的先进技术和能力。另外，日韩 SITC0 - SITC4 的 RCA 值较小，在这些领域处于竞争劣势，这也符合两国受土地资源限

制，缺乏农林牧渔矿等自有资源的现实条件。俄罗斯和蒙古国分别在
SITC3 和 SITC4 具备很强的竞争优势，这得益于俄罗斯广阔国土面积蕴
藏的大量矿产资源和蒙古国丰富的畜牧产品和原材料产品。

表 5 – 5　　　2012 ~ 2019 年中国与东北亚国家各大类贸易产品 RCA 平均值

分类	产品类别	中国	日本	韩国	俄罗斯	蒙古国
RIP	SITC0	0.426	0.106	0.152	0.587	0.217
	SITC1	0.023	0.018	0.048	0.041	0.038
	SITC2	0.094	0.245	0.187	0.592	8.240
	SITC3	0.249	0.305	1.291	9.669	5.601
	SITC4	0.005	0.004	0.002	0.087	0.001
TIP	SITC5	0.960	1.676	1.961	0.825	0.007
	SITC7	7.616	9.475	9.108	0.774	0.236
LIP	SITC6	2.684	1.961	2.083	1.963	0.287
	SITC8	4.040	1.288	1.277	0.217	0.118
其他	SITC9	0.036	1.068	0.038	1.335	1.260

资料来源：依据 UN Comtrade 数据库整理所得。

（2）出口相似度指数分析

出口产品相似度指数（Export Similarity Index，ESI）由芬格和克雷
宁（1979）提出，专门用于衡量两国对某共同市场出口商品结构的相
似程度。本书采用格利克和罗斯（1998）修正后的指数，计算公式为：

$$\text{ESI}_{ij} = \left\{ \sum_k \left[\left(\frac{\frac{X_{iw}^k}{X_{iw}} + \frac{X_{jw}^k}{X_{jw}}}{2} \right) \times \left(1 - \left| \frac{\frac{X_{iw}^k}{X_{iw}} - \frac{X_{jw}^k}{X_{jw}}}{\frac{X_{iw}^k}{X_{iw}} + \frac{X_{jw}^k}{X_{jw}}} \right| \right) \right] \right\} \times 100$$

其中，ESI_{ij} 为 i、j 国的出口产品相似程度；X 为出口额，i、j 为两
个不同的国家，k 为产品种类，w 为世界市场。这一指数从 0 ~ 100 不
等，越接近 100 表示两个国家的竞争程度越高，而越接近 0 则意味着两
个国家之间的贸易冲突越小；同时，如果两国之间的该指数数值随着时

间的推移而增加,则两国之间的竞争性会逐渐增强,而如果呈现反方向的变动,这表明两国之间的专业化分工进一步加深,其在第三方市场上的竞争也会逐渐减弱。

由图 5 - 1 来看,中日、中韩 ESI 值居高不下,多年来始终高于 70,这表明中国与日韩商品出口结构趋于收敛,在国际市场上存在激烈的竞争。而中俄的 ESI 则相对很低,由 2012 年的 24. 38 提升到 2016 年的 33. 41,而后又降至 2019 年的 30. 03,近几年的持续增长表明中俄之间的贸易竞争程度可能会有进一步加强之势。中蒙 ESI 值极低,一直在 6 ~ 9 波动,表明中蒙经济规模的不相称导致其出口产品不同,有很大的经济合作空间。

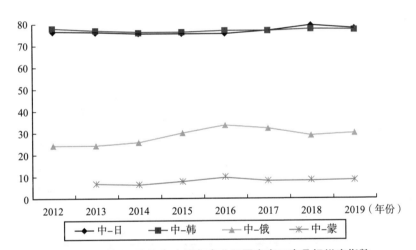

图 5 - 1 2012 ~ 2019 年中国与东北亚国家出口产品相似度指数

注:中 - 蒙 2012 年数据缺失,下文同。
资料来源:根据 UN Comtrade 数据和 ESI 公式整理得出。

通过 2012 年、2015 年和 2019 年的 ESI 指数(见表 5 - 6)对比可知,中日、中韩技术密集型产品出口相似度指数多数年份高于 50,且呈现波动中上升趋势,劳动密集型工业产品出口相似度指数则呈现下降趋势。其中,中日、中韩主要在 SITC7 和 SITC6 两种类型的产品出口上具有竞争性,这表明中日、中韩在技术密集型商品、劳动密集型产品上存在较强的竞争性。中俄各类产品的 ESI 指数都比较小，说明中俄两国在出口方面竞争力不强，有很大的经济合作空间。在国际市场上的出口竞争主要集中在 SITC6。中蒙 ESI 值极低，各类产品的 ESI 值都在 5 以下，即表明中蒙两国的出口商品基本没有竞争，中蒙两国之间有很大的贸易潜力。综合来讲，随着中国经济结构转型升级以及人口和资源红利的消失，中国正从依靠低成本劳动力资源和自然资源的劳动密集型产业逐渐转型到以高新技术为导向的技术密集型产业，同更早发展科技产业并以此为支柱的日韩两国差距进一步缩小。

表 5-6　2012 年、2015 年和 2019 年中国与东北亚各国贸易产品 ESI 指数

国家	分类	2012 年	2015 年	2019 年
中日	RIP	2.21	2.65	3.53
	TIP	53.08	52.69	55.24
	LIP	21.24	20.33	18.96
中韩	RIP	2.69	2.89	3.79
	TIP	52.61	52.29	54.32
	LIP	22.68	21.12	19.47
中俄	RIP	4.27	4.57	5.35
	TIP	8.21	11.08	10.15
	LIP	11.83	14.32	13.81
中蒙	RIP	—	2.84	4.49
	TIP	—	1.58	1.53
	LIP	—	3.09	2.11

资料来源：根据 UN Comtrade 数据和 ESI 公式整理得出。

2. 中国与东北亚国家贸易互补性分析

（1）贸易互补性指数分析

贸易互补性指数（Trade Complementary Index，TCI）最先由彼得·德赖斯代尔（1967）提出，主要是指两国双边贸易产品互补的程度，

通常被用来衡量双边贸易的发展潜力。贸易互补性指数越高，双边贸易发展潜力越大。TCI 指数的具体计算公式如下：

$$TCI_{ijk} = RCA_{ik}^{x} \times RCA_{jk}^{m}$$

其中，
$$RCA_{ik}^{x} = \frac{\left(\dfrac{X_{ik}}{X_i}\right)}{\left(\dfrac{X_K}{X_w}\right)}$$

$$RCA_{jk}^{m} = \frac{\left(\dfrac{M_{jk}}{M_j}\right)}{\left(\dfrac{M_K}{M_w}\right)}$$

其中，RCA_{ik}^{x}、RCA_{jk}^{m}分别为在 k 类产品上 i 国的出口比较优势和 j 国的进口比较优势；X_{ik}、X_i 为 i 国 k 类产品的出口额和总出口额，X_K、X_w 为世界 k 类产品的出口额和总出口额；M_{jk}、M_j 为 j 国 k 类产品的进口额和总进口额，M_K、M_w 为世界 k 类产品的进口额和总进口额。

借鉴武敬云（2012）对贸易互补性指数的分类标准，将产品互补性指数分成四个级别：将 $1 \leqslant TCI_{ij}$ 的定义为"一级互补"，将 $0.5 \leqslant TCI_{ij} \leqslant 0.99$ 的定义为"二级互补"，将 $0.2 \leqslant TCI_{ij} \leqslant 0.49$ 的定义为"三级互补"，将 $TCI_{ij} < 0.2$ 的定义为"四级互补"。其中，一级产品互补和二级产品互补定义为"高度贸易互补"，本书将重点分析高度贸易互补的分布状况。

由表 5-7 可知，从进口角度来看，东北亚国家与中国存在"一级互补"的产品有 5 类，分别是 SITC2、STC7、STC9、STC3、STC4，存在"二级互补"的产品有 2 类，分别是 SITC5、SITC6；从出口角度来看，东北亚国家与中国存在"一级互补"的产品有 3 类，分别是 STC8、STC7、STC6，存在"二级互补"的产品有 2 类，分别是 STC0、STC5。所以，从东北亚国家和中国存在互补性的各类别商品来看，双边除 STC0、STC1、STC8 外，其他商品均存在较强的互补性。

表 5 – 7　　　　　2012～2019 年中国与东北亚国家存在互补性商品

日中	SITC2 (1.32)	SITC5 (0.85)	STC7 (1.79)	中日	STC0 (0.54)	STC7 (0.98)	STC6 (0.94)
	STC6 (0.64)	STC9 (1.04)			STC8 (2.49)		
韩中	SITC2 (1.01)	STC3 (0.74)	STC5 (0.99)	中韩	STC7 (1.13)	STC6 (1.22)	STC8 (1.69)
	STC7 (1.72)	STC6 (0.68)					
俄中	SITC2 (3.26)	STC3 (5.59)	STC4 (1.02)	中俄	STC0 (0.70)	STC5 (0.65)	STC7 (1.70)
	STC6 (0.64)	STC9 (1.27)			STC8 (2.28)	STC6 (1.38)	
蒙中	SITC2 (45.66)	STC3 (3.76)	STC9 (1.29)	中蒙	STC0 (0.60)	STC7 (1.28)	STC6 (1.84)
					STC8 (1.14)		

资料来源：根据 UN Comtrade 数据库整理计算得到。

（2）综合贸易互补性指数分析

综合贸易互补性指数是一种综合化计算指标，能有效衡量两国贸易的互补性。其公式为：

$$TCI_{ij} = \sum_{k} \left[(RCA_{ik}^{x} \times RCA_{jk}^{m}) \times \left(\frac{M_K}{M_w} \right) \right]$$

如表 5 – 8 所示，从出口的角度来看，2012～2019 年中国和日、韩、蒙的综合贸易互补指数年度均值分别为 0.896、0.859 和 0.924，俄罗斯则为 1.148，这表明中俄的产品互补性最强。其中，中国出口对东北亚区域进口的 TIP 综合贸易互补性指数均值在 0.4 以上，互补性最强，而 RIP 的综合贸易互补性指数均值均小于 0.1，不具有贸易互补性，说明当中国向东北亚国家出口时，中国与东北亚国家在 RIP 上不存在贸易互补性，而在 TIP 上存在较强的贸易互补性。从进口的角度来看，韩、俄和蒙对我国的综合贸易互补性指数均值均大于 1，日本也始终在 1 附近徘徊，这表明东北亚四国出口的商品与我国进口的商品具有很好的互补性。其中，中国与日韩在 TIP 上具有较强的贸易互补性，与俄蒙在 RIP 上具有较强的贸易互补性，且其指数呈现出递增的趋势，这可能与俄蒙近些年来大力发展能源产业有关。

表 5 - 8　　　　　　　　中国与东北亚国家综合贸易互补性指数

年份	中日		中韩		中俄		中蒙	
	出口	进口	出口	进口	出口	进口	出口	进口
2012	0.792	0.980	0.767	0.994	1.221	1.046	—	—
2013	0.823	1.017	0.807	1.004	1.227	1.023	0.973	2.334
2014	0.825	1.006	0.810	1.004	1.184	1.076	0.928	2.692
2015	0.898	1.028	0.887	1.011	1.075	1.102	0.893	2.691
2016	0.922	1.016	0.926	1.011	1.116	1.119	0.891	2.355
2017	0.905	0.968	0.910	1.011	1.141	1.178	0.905	2.278
2018	0.893	0.960	0.879	1.021	1.126	1.228	0.941	2.369
2019	0.897	0.925	0.887	0.996	1.097	1.272	0.940	2.415
年度均值	0.869	0.988	0.859	1.007	1.148	1.131	0.924	2.448
RIP	0.078	0.082	0.067	0.146	0.052	0.892	0.074	2.356
TIP	0.402	0.737	0.459	0.730	0.680	0.100	0.504	0.017
LIP	0.389	0.121	0.333	0.129	0.416	0.084	0.347	0.016

　　注："出口"表示中国出口与某国进口间的贸易互补性；"进口"表示某国出口与中国进口间的贸易互补性。

　　资料来源：根据 UN Comtrade 数据和 TCI 公式整理得出。

　　通过以上对中国与东北亚国家双边贸易的竞争性与互补性研究发现，中国与日韩总体以贸易竞争性为主，RCA 指数结果表明，三国在 SITC7 上具备贸易比较优势，且日本优势最强，韩国次之；ESI 指数近年来稳定在较高水平，充分展现了中国产业结构转型和技术创新能力提升的成效，中日、中韩在同一市场的出口竞争越发激烈；中日 TCI 指数表明，两国贸易表现为中国向日本出口劳动密集型产品（SITC8），日本向中国出口技术密集型产品（SITC7）；中韩 TCI 指数表明，两国贸易体现在中国主要向韩国出口劳动密集型产品（SITC6、SITC8），韩国主要向中国出口技术密集型产品（SITC7）；中俄、中蒙总体上以贸易互补性为主，RCA 指数分析结果显示，三国在不同类别的产业上具备竞争优势；相对较低的 ESI 指数表明中国与俄罗斯、蒙古国有着明显的出口结构差异，据此在同一市场上几乎不存在竞争；相对较高的 TCI 指数则直观表明中国与俄罗斯、蒙古国贸易互补的产业分布，即分别凭借各自资源禀赋优势和相对需求向对方出口工业制成品、原材料和矿产品。

表 5－9　　　　　　　中国与东北亚国家综合指数

	类型	RCA 指数		ESI 指数	TCI 指数	
		中国	东北亚		中国出口	东北亚出口
中日	贸易竞争型	SITC7 SITC6 SITC8	SITC7	SITC7 SITC6	SITC8	SITC7
中韩	贸易竞争型		SITC7	SITC7 SITC6	SITC6 SITC8	SITC7
中俄	贸易互补型		SITC3	SITC6	SITC7 SITC8	SITC2 SITC3
中蒙	贸易互补型		SITC2 SITC3		SITC2	SITC6 SITC7

（二）东北地区与东北亚各国的贸易状况

1. 各省份与东北亚各国的贸易状况

（1）与日本的贸易状况

日本一直以来是东北地区重要的贸易伙伴，多年以来双方贸易规模不断增长。首先，从各省份来看，与日本进出口总额概况如表 5 – 10 所示，辽宁省进出口总额由 2009 年的 124.13 亿美元增加到 2021 年的 143.33 亿美元，年均增长率为 1.21%；吉林省进出口总额由 2009 年的 22.48 亿美元减少到 2021 年的 16.78 亿美元，年均增长率为 – 2.41%；黑龙江省进出口总额由 2009 年的 5.60 亿美元减少到 2021 年的 4.75 亿美元，年均增长率为 – 1.36%；内蒙古自治区进出口总额由 2009 年的 7.80 亿美元减少到 2021 年的 4.46 亿美元，年均增长率为 – 4.55%。可以发现，2009 ~ 2021 年，除辽宁省之外，吉林省、黑龙江省和内蒙古自治区的进出口总额年均增长均呈下降趋势，侧面反映了日本是辽宁面向东北亚开放的重要合作伙伴，在推进中日韩自贸区建设的过程中，双方的合作将会得到进一步加深。其次，从对日贸易商品种类来看，东北地区向日本出口的产品以传统优势产业产品为主，主要包括原油、木材及木制品、纺织纱线及制品、农产品以及汽车零部件、机电产品等商品。受地震和核辐射的影响，日本对建筑材料、农产品等商品需求巨大，日本向东北地区出口的产品以化工产品、机电产品为主，主要包括汽车、发动机及零件、电子管、金属加工机床等，这与上述分析的中国与日本间的贸易表现十分吻合，根据测算辽宁向日本出口的主要产品将会逐渐由劳动密集型产品转变为技术密集型产品。

表 5 – 10　　　　2009 ~ 2021 年中国东北地区对日本进出口总额　　单位：亿美元

年份	辽宁	吉林	黑龙江	内蒙古	东北地区
2009	124.13	22.48	5.60	7.80	160.01
2010	159.09	29.92	6.14	8.09	203.24
2011	177.17	33.92	7.13	10.24	228.46
2012	161.37	27.00	5.30	6.32	199.99
2013	163.37	28.86	4.60	9.54	206.37

年份	辽宁	吉林	黑龙江	内蒙古	东北地区
2014	154.55	29.51	3.94	5.75	193.75
2015	129.56	17.09	3.45	3.65	153.75
2016	129.91	16.48	3.91	7.85	158.15
2017	145.53	17.76	4.33	2.54	170.16
2018	163.47	18.20	3.68	3.26	188.61
2019	142.70	15.05	3.82	2.81	164.38
2020	121.80	18.89	3.86	3.04	147.59
2021	143.33	16.78	4.75	4.46	169.32

注：由于内蒙古自治区五盟市的数据缺乏，这里为内蒙古自治区数据，下文同。
资料来源：根据各年份辽宁、吉林、黑龙江、内蒙古海关的相关数据计算整理。

（2）与韩国的贸易状况

近年来，中韩两国的合作机制日趋完善，东北地区与韩国之间的贸易也日趋活跃，韩国已经成为东北地区第三大贸易合作伙伴。首先，从各省份来看，与韩国进出口总额的概况如表5-11所示，辽宁省进出口总额由2009年的61.41亿美元增加到2021年的88.41亿美元，年均增长率为3.08%；吉林省进出口总额由2009年的6.10亿美元增加到2021年的8.80亿美元，年均增长率为3.10%；黑龙江省进出口总额由2009年的5.29亿美元减少到2021年的3.68亿美元，年均增长率为-2.98%；内蒙古自治区进出口总额由2009年的6.61亿美元增加到2021年的7.48亿美元，年均增长率为1.04%。可以发现，相比黑龙江、吉林、内蒙古来说，辽宁在对韩进出口总额中明显表现出较高的水平，这主要是由于辽宁省的区位条件和运输条件较好，大连、营口两个口岸也为辽宁和韩国的进出口贸易提供了便利，未来大连自由贸易港的成立将会进一步推动辽宁与韩国的经贸合作。其次，从对韩贸易商品种类来看，东北地区向韩国出口的产品以农副产品、机电产品、服装等产品为主，而韩国向东北地区出口的产品以机电产品为主。韩国的重化工业以及电子科技产业等相关产业在辽宁省沿海经济带的全面开发战略的推动下大举进入东北地区，这为东北地区对外贸易提供了良好的机遇和平台，有利于促进东北地区提高对外开放水平。可以发现，中国东北地区与韩国的贸易关系和东北地区与日本的贸易关系非常相似，日韩主要向东北地区出口高端技术附加值产品，而东北向日韩出口中低技术附加值产品。

表5－11　　　　2009～2021年中国东北地区对韩国进出口总额　单位：亿美元

年份	辽宁	吉林	黑龙江	内蒙古	东北地区
2009	61.41	6.10	5.29	6.61	79.41
2010	73.71	7.11	6.03	4.59	91.44
2011	90.61	7.95	7.94	6.16	112.66
2012	96.96	7.31	6.32	3.92	114.51
2013	105.48	7.69	4.86	8.20	126.23
2014	108.17	8.38	5.04	7.00	128.59
2015	99.20	7.61	4.27	5.08	116.16
2016	92.28	8.19	2.72	8.10	111.29
2017	100.34	8.05	1.94	5.05	115.38
2018	96.97	7.67	2.38	5.55	112.57
2019	85.30	10.60	2.74	4.58	103.22
2020	58.60	7.41	3.48	4.02	73.51
2021	88.41	8.80	3.68	7.48	108.37

资料来源：根据各年份辽宁、吉林、黑龙江、内蒙古海关的相关数据计算整理。

（3）与俄罗斯的贸易状况

俄罗斯石油、天然气资源丰富，森林资源覆盖面积较大，与东北地区相比具有很强的资源优势。近年来，俄罗斯远东地区逐渐成为东北地区经济贸易合作的重要伙伴。首先，从各省份来看，与俄罗斯进出口总额的概况如表 5 - 12 所示，辽宁省进出口总额由 2009 年的 14.13 亿美元增加到 2021 年的 44.36 亿美元，年均增长率为 10.00%；吉林省进出口总额由 2009 年的 4.60 亿美元增加到 2021 年的 16.18 亿美元，年均增长率为 11.05%；黑龙江省进出口总额由 2009 年的 69.98 亿美元增加到 2021 年的 203.59 亿美元，年均增长率为 9.31%；内蒙古自治区进出口总额由 2009 年的 24.19 亿美元增加到 2021 年的 26.76 亿美元，年均增长率为 8.45%。可以发现，黑龙江对俄进出口总额明显高于辽宁、吉林、内蒙古，其进出口总额占东北地区对俄罗斯进出口总额的 70%，可见黑龙江是东北地区与俄罗斯经贸合作最主要的省份。其次，从对俄贸易商品种类来看，东北地区向俄罗斯出口的产品以机电、纺织、鞋帽等产品为主，从俄罗斯进口的产品以资源型的产品为主，如矿物燃料、木制品、金属制品等。基于我国东北地区与俄罗斯在经济结构上的互补性，目前中俄双方已经建立起相对成熟的战略合作伙伴关系和能源合作伙伴关系，中国东北地区与俄罗斯之间的合作范围和领域将会逐步扩宽。

表 5 - 12　　　　2009～2021 年中国东北地区对俄罗斯进出口总额　单位：亿美元

年份	辽宁	吉林	黑龙江	内蒙古	东北地区
2009	14.13	4.60	69.98	24.19	112.90
2010	21.98	5.94	108.91	26.56	163.39
2011	22.41	7.92	175.45	28.90	234.68
2012	26.21	9.45	195.33	26.28	257.27
2013	27.35	6.51	183.10	25.73	242.69
2014	31.35	6.86	211.87	24.03	274.11
2015	55.24	6.77	101.71	21.64	185.36
2016	45.22	4.70	87.57	23.11	160.60
2017	41.50	5.70	109.43	30.32	186.95

年份	辽宁	吉林	黑龙江	内蒙古	东北地区
2018	41.09	9.41	184.61	29.98	265.09
2019	34.60	8.37	184.25	26.90	254.12
2020	31.70	8.38	141.07	25.44	206.59
2021	44.36	16.18	203.59	26.76	290.89

资料来源：根据各年份辽宁、吉林、黑龙江、内蒙古海关的相关数据计算整理。

（4）与朝鲜的贸易状况

中国东北地区一直是朝鲜最主要的贸易伙伴，也是朝鲜主要的物质资源供给地区。自 2000 年朝鲜实施改革策略以来，中国东北地区与朝鲜的经贸合作日益加深，尤其是辽宁省丹东市，借助区位优势已发展成为对朝经贸合作的重要地区。首先，从各省份来看，与朝鲜进出口总额的概况如表 5 - 13 所示，辽宁省进出口总额由 2009 年的 11.11 亿美元减少到 2018 年的 7.76 亿美元，年均增长率为 - 2.95%；吉林省进出口总额由 2009 年的 5.36 亿美元减少到 2018 年的 2.85 亿美元，年均增长率为 - 5.13%；黑龙江省进出口总额由 2009 年的 2.89 亿美元减少到 2018 年的 0.003 亿美元，年均增长率为 - 43.59%；内蒙古自治区进出口总额由 2009 年的 0.03 亿美元增加到 2018 年的 0.21 亿美元，年均增长率为 17.60%。可以发现，辽宁对朝鲜贸易总额高于吉林、黑龙江和内蒙古。朝鲜经济在 2020 年受到严重打击，特别是在新冠肺炎疫情的持续影响下，中国和朝鲜的经济合作很大程度上都被中止。不过，长期来看，东北地区与朝鲜的贸易往来有望得到回升。其次，从对朝贸易商品种类来看，自 2000 年朝鲜实施改革以来，中国东北地区与朝鲜的贸易合作进入了高速发展阶段，在中朝合作中占据了重要地位。朝鲜的石油、汽油、焦炭、粮食、食用油、日用百货、家用电器等产品几乎均从我国进口，其中约 80% 的交易通过东北口岸进行。朝鲜作为吉林省的重要贸易伙伴，其铁矿砂、煤炭有力地支撑了吉林的钢铁生产。

表 5 – 13　　　　2009 ~ 2018 年中国东北地区对朝鲜进出口总额　　单位：亿美元

年份	辽宁	吉林	黑龙江	内蒙古	东北地区
2009	11. 11	5. 36	2. 89	0. 03	19. 39
2010	14. 55	4. 23	3. 76	0. 14	22. 68
2011	21. 04	6. 68	5. 78	0. 06	33. 56
2012	22. 96	7. 25	6. 37	0. 02	36. 60
2013	25. 28	8. 64	6. 30	0. 16	40. 38
2014	27. 36	11. 88	0. 23	0. 08	39. 55
2015	25. 17	10. 79	0. 12	0. 07	36. 15
2016	23. 33	11. 03	0. 23	0. 07	34. 66
2017	17. 00	7. 38	0. 20	0. 17	24. 75
2018	7. 76	2. 85	0. 003	0. 21	10. 82

资料来源：根据各年份辽宁、吉林、黑龙江、内蒙古海关的相关数据计算整理。

（5）与蒙古国的贸易状况

中国东北地区与蒙古国之间的经济贸易往来一直很紧密。首先，从各省份来看，与蒙古国进出口总额的概况如表 5 – 14 所示，在 2021 年，辽宁对蒙古国的进出口总额达 0. 76 亿美元，吉林对蒙古国的进出口总额达 0. 36 亿美元，黑龙江对蒙古国的进出口总额达 0. 56 亿美元，内蒙古对蒙古国的进出口总额达 48. 48 亿美元，蒙古国对东北地区的贸易往来 96% 来自内蒙古，内蒙古在东北地区与蒙古国的经济合作中发挥了不可或缺的作用。其次，从对蒙古国贸易商品种类来看，蒙古国矿产资源丰富，畜牧业也相当发达，东北地区向蒙古国进口的产品以畜牧产品和原材料为主，向蒙古国出口的产品以日用品为主。

表 5 – 14　　　　2009 ~ 2021 年中国东北地区对蒙古国进出口总额　　单位：亿美元

年份	辽宁	吉林	黑龙江	内蒙古	东北地区
2009	0. 76	0. 02	0. 76	14. 01	15. 55
2010	0. 47	0. 04	1. 52	23. 51	25. 54

年份	辽宁	吉林	黑龙江	内蒙古	东北地区
2011	0.61	0.07	1.65	38.38	40.71
2012	0.83	0.11	4.91	36.92	42.77
2013	0.96	0.07	3.53	36.80	41.36
2014	0.81	0.04	7.42	42.56	50.83
2015	0.41	0.40	4.43	34.40	39.64
2016	0.41	0.77	3.13	31.02	35.33
2017	0.85	0.84	0.93	38.96	41.58
2018	0.68	0.29	1.48	49.64	52.09
2019	0.50	0.49	0.91	55.38	57.28
2020	0.40	0.23	0.38	38.77	39.78
2021	0.76	0.36	0.56	48.48	50.16

资料来源：根据各年份辽宁、吉林、黑龙江、内蒙古海关的相关数据计算整理。

2. 东北地区与东北亚各国贸易状况

如图 5 -2 和表 5 -15 所示，东北地区和东北亚各国的贸易在 2010～2018 年整体上呈现出增长的态势。从贸易规模看，2010 年以后中日关系由于一系列领土纠纷事件和历史遗留问题的影响而始终处于僵局，影响了双边贸易关系，2011～2018 年，中国东北地区与日本的贸易额下降 34.61%。近年来中俄加强经贸合作，东北地区与俄罗斯的经济合作得到长足发展，俄罗斯已跃升成为东北地区最大的贸易合作伙伴。尽管与日本、俄罗斯相比，蒙古国与东北地区的贸易量比较低，但其总体上呈增长态势。2010 年，由于日韩宣布对朝鲜进行制裁，朝鲜的外贸业务大部分转移至中国，东北地区与朝鲜的进出口总额不断攀升。2017年 8 月，中国开始执行联合国对朝制裁决议，东北地区与朝鲜进出口总额骤减。

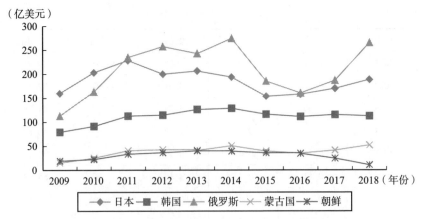

图 5 – 2　2010～2018 年中国东北地区与东北亚各国贸易趋势

表 5 – 15　　　2010～2018 年中国东北地区与东北亚各国进出口情况

单位：亿美元

年份	日本		韩国		俄罗斯		蒙古国		朝鲜	
	金额	同比（%）	金额	同比（%）	金额	同比（%）	金额	同比（%）	金额	同比（%）
2010	203.24	27.02	91.44	15.15	163.39	44.71	25.53	64.18	22.68	16.91
2011	228.42	12.39	112.67	23.22	234.68	43.63	40.72	59.50	33.56	47.97
2012	199.99	-12.45	114.51	1.63	257.28	9.63	42.78	5.06	36.60	9.06
2013	206.38	3.20	126.23	10.23	242.68	-5.67	41.36	-3.32	40.37	10.30
2014	193.74	-6.12	128.59	1.87	274.11	12.95	50.83	22.90	39.56	-2.01
2015	153.75	-20.64	116.16	-9.67	185.36	-32.38	39.64	-22.01	36.16	-8.59
2016	158.14	2.86	111.29	-4.19	160.61	-13.35	35.33	-12.20	34.66	-4.15
2017	170.17	7.61	115.38	3.68	186.95	16.40	41.59	17.72	24.75	-28.59
2018	188.60	10.83	112.57	-2.44	265.09	41.80	52.09	25.25	10.83	-56.24

资料来源：根据各年份辽宁、吉林、黑龙江、内蒙古的统计年鉴计算而得。

二、东北地区对东北亚国家贸易依存度分析

对东北亚贸易依存度（Trade Dependence on Northeast Asia，TDNA）旨在衡量一地区对东北亚贸易依赖程度。其衡量方法是计算一地区与东

北亚国家的进出口总额占该地区生产总值的比重，用公式表示为：

$$TDNA_i = \frac{TIEV_i}{GDP_i}$$

其中，$TIEV_i$ 代表 i 地区同东北亚国家进出口总额；GDP_i 代表 i 地区生产总值。若某一地区的外贸依存度低，说明该地区的开放程度不够，对外部资源的利用率较低；若某一地区的外贸依存度过高，说明该地区没有强大的内在发展动力，对外部条件的依赖性很强。

2009~2018 年，中国东北地区对东北亚国家贸易依存度如表 5 – 16 和图 5 – 3 所示。可以发现，2009~2015 年，东北地区对东北亚国家贸易依存度与全国趋势保持相同走势，2015 年以后吉林对东北亚国家贸易依存度呈下降趋势，辽宁、黑龙江、内蒙古对东北亚国家贸易依存度呈上升趋势。2009~2018 年，辽宁、吉林、黑龙江和内蒙古对东北亚国家的贸易依存度均值分别为 8.30%、2.57%、7.40%、3.12%，辽宁和黑龙江对东北亚国家的贸易依存度明显高于吉林和内蒙古，东北地区对东北亚国家贸易依存度的明显差异，反映出辽宁、吉林、黑龙江和内蒙古在经济、科技、服务和贸易等方面与东北亚国家存在合作空间。东北地区对东北亚国家贸易依存度普遍偏低，说明东北地区经济发展没有充分利用外部资源，东北地区应该从内部和外部两个方面着手，促使经济均衡发展。

表 5 – 16　　　　中国东北地区对东北亚国家贸易依存度　　　单位：%

年份	外贸依存度				
	辽宁	吉林	黑龙江	内蒙古	全国
2009	9.50	3.62	6.72	3.69	8.61
2010	9.90	3.69	8.25	3.65	10.15
2011	9.07	3.46	10.17	3.77	9.37
2012	7.83	2.70	10.06	2.92	8.36
2013	7.38	2.47	8.72	2.96	7.53
2014	7.00	2.52	9.33	2.75	6.81

年份	外贸依存度				
	辽宁	吉林	黑龙江	内蒙古	全国
2015	6.72	1.89	4.71	2.26	5.77
2016	8.69	1.85	4.21	2.57	5.47
2017	8.81	1.80	4.96	3.23	5.59
2018	8.10	1.69	7.76	3.39	5.59

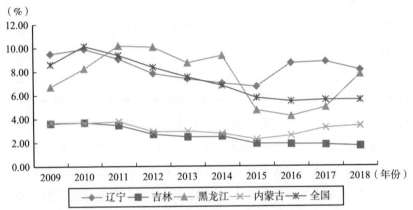

图 5-3　2009~2018 年中国东北地区对东北亚国家贸易依存度变化

资料来源：根据各年份辽宁、吉林、黑龙江、内蒙古的统计年鉴计算而得。

2003 年实施东北振兴战略以来，中央和地方采取了一系列措施，加快了中国东北地区对外开放的步伐，提高了对东北亚各国贸易的规模和水平。从整体上看，近年来，东北地区与东北亚国家贸易规模虽有所增长，但各省份之间进出口差距较大，对东北亚国家的贸易依存度也有所下降。在新发展格局下，应坚持扩大内需这个战略基点，充分发挥强大的国内市场优势，培育完整内需体系，进而推动东北地区与东北亚国家贸易合作。

第三节　东北地区面向东北亚投资开放水平

一、利用外资状况

（一）东北地区外资利用情况

改革开放以来，东北地区凭借其能源资源、土地资源以及国家政策支持的优势，经济持续高速发展。从外资利用规模来看，如表 5 - 17 所示，2009 ~ 2013 年东北地区实际利用外资额逐年上升，2014 年之后随着东北地区经济持续低迷，东北地区利用国外直接投资（FDI）出现"断崖式下跌"，由 2014 年的 444.08 亿美元下跌至 2015 年的 225.73 亿美元，在全国实际利用外商直接投资中的比重也下降至 17.96%，到2019 年东北地区实际利用外资额降为 67.70 亿美元，在全国实际使用外资中的比重降为 4.79%。

表 5 - 17　　　　2009 ~ 2019 年中国东北地区实际利用外资情况

年份	东北地区实际利用外资金额（亿美元）	全国实际使用外资金额（亿美元）	占全国比重（%）
2009	256.51	918.04	27.94
2010	312.34	1088.21	28.70
2011	367.15	1176.98	31.19
2012	407.76	1132.94	35.99
2013	452.57	1187.21	38.12
2014	444.08	1197.05	37.10
2015	226.73	1262.67	17.96
2016	222.97	1260.01	17.70

年份	东北地区实际利用外资金额（亿美元）	全国实际使用外资金额（亿美元）	占全国比重（%）
2017	146.31	1363.00	10.73
2018	147.11	1383.00	10.64
2019	67.70	1412.30	4.79

资料来源：根据各年份辽宁、吉林、黑龙江、内蒙古的统计年鉴计算而得。

从产业结构来看，东北地区重点发展第二、第三产业，其中，制造业的高质量发展吸引了较多的外资投入，然而东北地区缺少内部经济协调和互补机制，外商投资领域较为单一。其他行业如房地产、交通运输、邮电通信等基本保持稳步上升的趋势，但批发零售、餐饮业、采掘业等行业均在不断波动状态中轻微下降。

通过与京津冀和长三角两个区域的 FDI 比较（见图 5-4），可以看出，2009~2014 年，东北地区、京津冀、长三角实际利用 FDI 整体呈现出明显上升趋势，其中，长三角实际利用外商直接投资额从 458.00 亿美元增加至 621.40 亿美元，增长 35.68%，年均增速 6.29%；京津冀地区实际利用外商直接投资额从 187.4 亿美元增加至 342.8 亿美元，增长 82.92%，年均增速 12.84%，增速居三个地区之首；东北地区实际利用外商直接投资额从 256.51 亿美元增加至 444.08 亿美元，增长 73.12%，年均增速 11.61%。2015~2019 年，三个地区实际利用 FDI 出现较大浮动，东北地区波动幅度最为剧烈，2015 年东北地区实际利用外商直接投资额出现大幅下滑，降幅达 48.94%，2015~2019 年实际利用外商直接投资额连年下降；京津冀地区 2016 年实际利用外商直接投资额降至 304.8 亿美元，2017 年虽有所回升，但 2018 年和 2019 年实际利用外商直接投资额又出现连续下降。2015~2019 年，长三角地区实际利用外商直接投资额出现小幅波动，整体保持平稳状态。

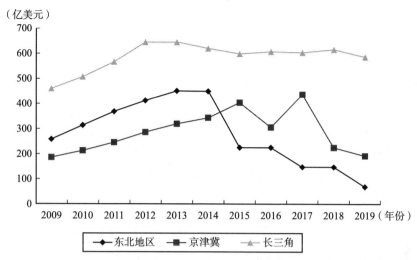

（亿美元）

图5－4 2009～2019年中国东北地区与京津冀、长三角地区实际利用外商直接投资额
资料来源：各省市历年统计年鉴。

总的来看，东北地区实际利用外商直接投资处于一个较低水平，东北地区各省份的外商直接投资分布非常不平衡，近年来东北地区的外资利用主要依靠辽宁省推动，吉林、黑龙江和内蒙古尽管一直处于稳步增长态势，但是其起步较晚，在规模上仍处于较低水平，未来有较大的提升空间。

（二）东北地区日本外资利用情况

由于2012年中日两国政治关系恶化，导致2014年和2015年辽宁实际利用日本外商直接投资骤减，如图5－5所示，2013年辽宁省实际利用日本投资额为43.01亿美元，2015年猛降为2.40亿美元，下降幅度达94.42%。2019年辽宁省实际利用日本投资额为2.36亿美元，2020年下降为1.35亿美元，同比下降42.80%。辽宁省的外资虽有所减少，但其产业结构却在不断改进，投资范围包括先进装备制造业、医疗卫生、能源等高科技领域。辽宁的对日经贸合作对辽宁省优势产业竞争力有很大提升作用，对辽宁省产业结构优化起到重要作用。

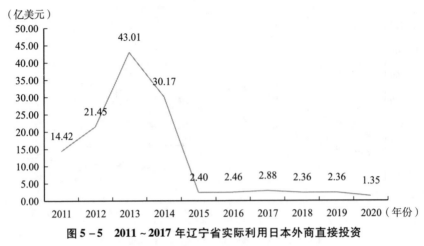

图 5 - 5　2011 ~ 2017 年辽宁省实际利用日本外商直接投资

资料来源：由《辽宁统计年鉴》数据整理。

近年来，黑龙江、内蒙古实际利用日本外资规模逐渐减少，黑龙江从 2015 年的 0.61 亿美元降低到 2020 年的 29 万美元，重点合作领域主要在农业合作、汽车制造、机械制造等；内蒙古从 2015 年的 0.23 亿美元降低到 2020 年的 822 万美元，降幅达到 64% 以上。吉林对日交流合作成果显著，日本一批世界五百强企业相继在吉林落户。

（三）东北地区韩国外资利用情况

1992 年中韩建交后，韩企充分利用东北老工业基地工业基础优势、区位优势及其人口红利等，在东北地区大力投资劳动密集型产业。此后，韩国对东北地区的投资开始减少，且主要集中投资技术密集型产业，现如今投资产业已涉及机械制造、房地产业、旅游业等。在中韩两国关系不断发展的背景下，韩国在黑龙江省的投资规模呈现出起伏的趋势，2018 年达到高峰 2.38 亿美元，占黑龙江外商直接投资总量的 4%。而对辽宁的投资总量近年来大幅下滑，2020 年韩国对辽宁省的投资额只有 0.33 亿美元，比上年同期减少了 58%，从投资流向上看，大连和沈阳居辽宁省实际利用外资的前两位，投资领域主要集中在以制造业和农产品加工为主的第二产业。韩国近年来在吉林省的投资持续增加，以汽车零部件、钢铁、农副产品加工为主，未来中日韩自贸区的建立将会为吉林省对外经济发展提供新的机遇。

（四） 东北地区俄罗斯外资利用情况

相比中俄蓬勃发展的贸易，近年来俄罗斯对黑龙江的投资规模在逐渐减少，2020 年投资仅有 16 万美元，同比下降 75%，这主要是由于黑龙江的商业环境比较差、产业和资源要素的价格优势比较低，对东北亚国家的投资没有太大的吸引力。从产业分布来看，俄罗斯对东北地区投资力度最大产业是制造业，其次是批发零售业。

二、对外投资状况

（一） 东北地区对外直接投资

目前在中国进入新常态的背景下，东北振兴面临着打破恶性循环、减轻经济下行压力、加快技术升级实现产业结构优化调整、化解体制沉疴、转变治理模式等亟待解决的问题，对外直接投资可以成为关键的突破口之一。发展对外直接投资既是构建全方位开放经济体系的必然要求，也是实现东北地区全面振兴的关键，必须对其进行深入的研究。

如图 5-6 所示，随着整体经济下行压力的凸显，东北地区对外直接投资也受此影响产生剧烈波动。从对外直接投资规模来看，十年来东北地区从 2011 年的 17.15 亿美元上升至 2020 年的 50.36 亿美元，对外直接投资流量翻了将近三番。但从发展趋势来看却呈现出下降趋势，从 2012 年的 43.02 亿美元降至 2019 年的 17.28 亿美元，除 2016 年有一定上升之外，这一阶段总的来看对外直接投资流量总体呈下降趋势。

从占全国比重来看，大致可以分为两个阶段：第一阶段为 2011~2016 年，东北地区对外直接投资流量占比大体呈上升趋势，从 2011 年的 3.81% 上升至 2016 年的 16.29%；第二阶段为 2016~2020 年，东北地区对外直接投资流量占比呈波动下降趋势，从 2016 年的 16.29% 下降至 2020 年的 10.24%，其间波动幅度较大。

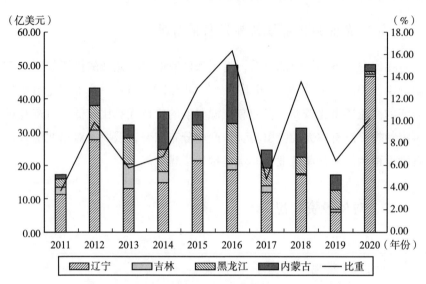

图 5－6　2011～2020 年东北地区对外直接投资流量

资料来源：历年中国对外直接投资统计公报。

（二）东北地区面向东北亚各国对外直接投资

从各省份来看，东北地区对外直接投资金额和项目较少，且主要集中于俄罗斯、日本和蒙古国等国，其对外直接投资的主要目的并不是获取先进的技术、品牌效应、缓解企业压力等，而是为了获取上述国家的自然资源以弥补国内供给的不足。

在与俄罗斯的投资合作中，黑龙江最为积极，"十三五"期间黑龙江省对俄罗斯的直接投资位居全国前列。2018 年，对俄直接投资达到 34.6%，至 2019 年末，黑龙江全省共有 393 家在俄境内注册的外商投资企业，注册资金达 70.5 亿美元，对俄实际投资额为 23.4 亿美元。俄罗斯是吉林省最大的海外投资目的地，与吉林有着紧密的贸易关系。截至 2020 年 5 月，在俄罗斯注册的企业数目达到 174 家，投资总额为 24.4 亿美元。与黑龙江在俄的投资相比，辽宁在俄罗斯的投资规模较小，投资合作主要集中在农业种植加工、果蔬仓储贸易和渔业捕捞三个行业。

中企早在 20 世纪 80 年代就开始对日进行投资，但进展缓慢。至 2020 年末，中国对日本直接投资存量 41.97 亿美元，其中，大连市是辽宁对日投资的主要城市。截至 2019 年 6 月，大连在日投资 93 个项目，投资总量达到 5.76 亿美元，投资行业涉及计算机软件、通用设备制造、橡胶和塑料制造、机械、农业及渔业等。黑龙江、吉林、内蒙古对日的直接投资占比很小。

在与韩国投资合作方面，虽然中国与韩国对外贸易往来频繁，但是中国对韩投资总量仍处于较低水平，偏向于技术集约式投资，投资规模和项目均相对固定，与中韩的经济发展水平不匹配，可挖掘的潜力巨大。

综上所述，东北地区面向东北亚国家的投资开放水平保持稳中有升的态势，这一定程度上促进了东北地区与东北亚各国贸易经济的发展。但其投资合作还处于发展的初期阶段，能源供需矛盾导致东北地区对能源原材料的直接投资比重大，存在投资结构不平衡、实际利用外资效率低的问题，因此，要大力营造竞争有序的市场环境，充分利用贸易试验区等国家战略，探索高效利用外资的路径，引导外资向高技术产业、高端制造业集聚。

第四节　东北地区城市对外开放度研究

一、指标选取和指标体系基本框架

（一）关于对外开放度的研究

对外开放度又被称为对外依存度，是一个国家或区域经济的对外开放或与世界经济融合的程度。由于经济、政治、社会、文化等诸多方面都会对一国经济开放程度产生一定的影响，因此，目前学术界还没有一个统一的衡量标准。李翀（1998）认为，将贸易单一指标衡量作为对外开放程度存在一定的局限性，因为对外开放程度逐渐扩大，对外开放的途径和方式也越来越多。经过长期研究和探索，不同学者采取了不同的指标，并从影响对外开放的各个方面因素选取关键指标以构建指标体系，综合测度对外开放度，力求测算结果更加准确体现实际对外开放水平（详见表5－18）。

表5－18　　　　关于对外开放度测算方法及指标选取的相关研究

研究学者	指标体系	使用方法
兰宜生 （2002）	外资依存度	数值加总法
	外贸依存度	
李翀 （1998）	对外贸易额/GDP	主观赋权法
	对外资产与债务总额/GDP	
	对外投资总额/GDP	
曲如晓 （1997）	商品贸易额/GDP	实际发生法
	劳务外贸额/GDP	
	长期投资额/GDP	
刘朝明 （2001）	商品贸易开放度	聚类分析法
	投资开放度	
	金融开放度	
	服务贸易开放度	
陈威等 （2016）	外贸依存度	因子分析法
	对外投资开放度	
	对外经济合作度	
	对外旅游开放度	

续表

研究学者	指标体系	使用方法
匡海波等 （2019）	经济支撑	PCA – TOPSIS
	对外开放	
	对内发展	
	交通运输	
	科研教育	
	基础支撑	
蒋先玲等 （2019）	贸易开放度	主成分分析法
	投资开放度	
	金融开放度	
石立等 （2020）	贸易开放	主成分分析法
	投资开放消费开放	
	交流开放	

（二）　东北地区城市对外开放度指标选取

基于前人的研究，为了全面客观测度东北地区城市的对外开放度，本书选择了相对重要的指标，相关指标不仅要符合经济理论，更要契合统计学理论。指标选取应当符合四大原则：一是全面性原则，如果在指标选取上采用的是部分指标，那么得出的结果就不能全面体现评价对象并且缺乏科学性，因此在指标选取的时候要从整体角度入手，本书选择了对对外开放有主要影响的相关因素，如经济开放度、社会开放度和制度开放度等，以此全面反映城市对外开放水平；二是层次性原则，按照指标的不同层次进行分类，并且有针对性地进行关联，从而形成相互关联、结构合理的科学指标体系；三是可行性和可操作性原则，指标体系的选择除了要符合理论要求外，还要考虑数据搜集、计算实现的可能性，同时需要注意客观性和现实性的结合，以此来提高可操作性；四是客观性原则，即要求整个对外开放水平指标体系评价过程必须是客观的，不掺杂个人的主观色彩，只有这样评价出来的结果才能真正显现出城市的对外开放真实水平，本书采用主成分分析法用以评价对外开放度，整个过程严格按照评价标准进行，基本满足了客观性原则。

新时期的开放是一个全面的开放，包括贸易、投资、金融、社会、文化、制度等诸多领域，这些领域有着不同的内涵，但又相互促进、相互影响。综合评价一个城市的对外开放程度，需要从经济、社会、制度等各个层面来衡量。因此，在这一章中，我们分别设定了经济、社会、制度三个维度的指标，如图 5 - 7 所示。

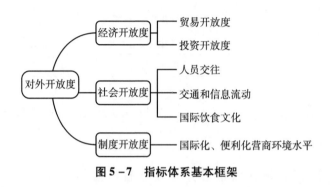

图 5 - 7　指标体系基本框架

经济开放度主要衡量了经济要素的开放水平，进出口贸易涵盖了出口开放度和进口开放度，是一种基于结果的贸易开放度测度方法，直观地表现出总体贸易规模；投资开放度体现的是城市成功利用外资和引进技术的程度，这将能更好促进地区经济的稳健发展及资源的良性循环利用，反映了城市吸引外资的能力。

社会开放度是城市提升对外开放度以及着眼于全球化发展的重要衡量手段，社会开放既是经济发展、技术发展和文化发展的结果，也是推进经济和技术发展的关键要素。研究表明，开放、包容、和谐的社会，有利于技术引进、鼓励创新理念形成和实现，加快城市的对外开放离不开社会的开放，社会开放包含的内容较为广泛，例如，语言、习俗和文化等都包含其中。本书主要选取了人员交往、交通和信息流动以及国际饮食文化 3 个二级指标。

制度开放度主要衡量了城市的自身运营规则与国际规则的接轨程

度，代表了全方位开放的最高标准。制度开放水平的提高，既充分发挥了市场在资源配置中的决定性作用，又更好地发挥了政府作用。对此，本书主要选取了国际化、便利化营商环境作为指标。

基于东北地区开放程度评价的现实需求，结合资料的可利用性，本书建立了3个一级指标、6个二级指标、17个三级指标体系，如表5-19所示。

表5-19   东北城市对外开放水平指标体系

一级指标	二级指标	三级指标
经济开放度（A）	贸易开放程度	出口贸易/GDP（A_1）
		进口贸易/GDP（A_2）
		外贸增长率/GDP增长率（A_3）
		进出口总额/地区总人口（A_4）
	投资开放度	实际利用外商直接投资额/固定资产投资（A_5）
		外商直接投资合同项目数（A_6）
		外资企业占比（A_7）
社会开放度（B）	人员交往	国际旅游外汇收入/GDP（B_1）
		国际游客数量/万人（B_2）
		大使馆数量（B_3）
	交通和信息流动	货运量（B_4）
		移动互联网普及率（B_5）
	国际饮食文化	麦当劳企业数量（B_6）
制度开放度（C）	国际化、便利化营商环境水平	商业信用环境指数（C_1）
		金融机构本外币存款增加额（C_2）
		自贸区、高新区、开放口岸数量（C_3）

（三）指标数据说明

本节重点在于测算东北地区各城市的对外开放度，选取2012年和2019年的东北地区各大城市统计数据作为主要研究样本，样本数据来源于《中国统计年鉴》《辽宁统计年鉴》《黑龙江统计年鉴》《吉林统计年鉴》，辽宁省、黑龙江省和吉林省统计局网站公开数据，中国城市商业信用环境指数数据以及天眼查软件。

二、测算方法——主成分分析法

主成分分析法是基于客观数据，通过对数据之间相关性、联系性的紧密程度计算得出各指标所占权重，从而体现各指标的重要性程度。当一个变量不能以单一数据指标衡量的时候，主成分分析法可以很好地解决这个问题，通过综合变量中的各大相关性指标得出一个主要指标，即通过降维，把多个指标变为少数几个综合指标，使指标衡量更具科学性与说服力。由于主成分分析在各指标的处理过程中剔除了重复信息，使得测算结果变得独立可信，因此非常适用于需要依靠多个维度来说明的对外开放度的测算，该部分采用此测算方法进行。

本书将按照以下步骤建立城市对外开放水平评价模型：

（1）计算相关系数矩阵：

$$R = \begin{bmatrix} r_{11} & r_{12} & \cdots & r_{1p} \\ r_{21} & r_{22} & \cdots & r_{2p} \\ \vdots & \vdots & \vdots & \vdots \\ r_{p1} & r_{p2} & \cdots & r_{pp} \end{bmatrix}$$

进行标准化处理，即 $r_{ij}(i, j = 1, 2, \cdots, p)$ 为原变量 x_i 与 x_j 的相关数，$r_{ij} = r_{ji}$，其计算公式为：

（2）计算特征值与特征向量：

$$r_{ij} = \frac{\sum_{k=1}^{n} (x_{ki} - \overline{x_i})(x_{ki} - \overline{x_j})}{\sqrt{\sum_{k=1}^{n} (x_{ki} - \overline{x_i})^2 \sum_{k=1}^{n} (x_{kj} - \overline{x_j})^2}}$$

对相关系数矩阵 R 的特征值进行计算，有 $\lambda_1 \geqslant \lambda_2 \geqslant \cdots \geqslant \lambda_m \geqslant 0$，其所对应特征向量：

μ_1，μ_2，$\cdots$，μ_m，其中 $\mu_j = [\mu_{1j}, \mu_{2j}, \cdots + \mu_{mj}]^T$，特征向量组成 m 个新的指标变量：

$$\begin{cases} y_1 = \mu_{11}\,\overline{x_1} + \mu_{21}\,\overline{x_2} + \cdots + \mu_{m1}\,\overline{x_m} \\ y_2 = \mu_{11}\,\overline{x_1} + \mu_{22}\,\overline{x_2} + \cdots + \mu_{m2}\,\overline{x_m} \\ \cdots \\ y_m = \mu_{1m}\,\overline{x_1} + \mu_{2m}\,\overline{x_2} + \cdots + \mu_{mm}\,\overline{x_m} \end{cases}$$

其中，y_1 为第一个主成分，y_2 为第二个主成分……y_m 是第 m 个主成分。

（3）选择 $p(p \leqslant m)$ 个主成分，计算主成分贡献率及累计贡献率：

对 λ_j 的信息贡献率和累计贡献率进行计算，称：

$$b_j = \frac{\lambda_j}{\sum_{k=1}^{m} \lambda_k}$$

为主成分 y_i 的信息贡献率，同时，有：

$$a_p = \frac{\sum_{k=1}^{p} \lambda_k}{\sum_{k=1}^{m} \lambda_k}$$

为主成分 y_1，y_2，$\cdots$，y_p 的累计贡献率。

（4）计算综合得分：

$$Z = \sum_{j=1}^{p} b_j y_i$$

其中，b_j 是第 j 个主成分的信息贡献率，根据综合得分值情况进行分析。

（5）根据最终所得出的样本城市对外开放度各主成分得分和综合得分情况，对其开放水平进行具体分析与评价。

三、东北城市对外开放水平测算结果及分析

本书采用 SPSS 软件进行主成分分析，分析时具体采用的是多层主

成分分析方法。为了对评价目标进行综合评价，首先对经济开放度、社会开放度和制度开放度三个一级指标进行主成分分析，并在此基础上利用各一级指标的得分值对城市对外开放水平做出最终的综合评价。

对外开放水平的实证分析要经过 KOM 检验与 Bartlett 检验，然后进行多层主成分分析，在 SPSS 分析结果出来之后，再通过主成分确定的两个标准即特征值和累计方差贡献率来确定主成分数目，最终建立 2012 年主成分分析评价模型：

> 经济开放度主成分分析评价模型：
>
> $$F_1 = 3.066 * f_1 + 1.253 * f_2 + 1.076 * f_3 + 1.074 * f_4$$
>
> 社会开放度主成分分析评价模型：
>
> $$F_2 = 2.011 * f_1 + 1.810 * f_2 + 1.595 * f_3$$
>
> 制度开放度主成分分析评价模型：
>
> $$F_3 = 1.539 * f_1 + 1.033 * f_2$$

2019 年主成分分析评价模型：

> 经济开放度主成分分析评价模型：
>
> $$F_1 = 3890 * f_1 + 1.181 * f_2 + 0.883 * f_3$$
>
> 社会开放度主成分分析评价模型：
>
> $$F_2 = 1.951 * f_1 + 1.768 * f_2 + 1.488 * f_3$$
>
> 制度开放度主成分分析评价模型：
>
> $$F_3 = 1.802 * f_1 + 0.895 * f_2$$

其中，f_1、f_2、f_3、f_4 分别代表第一主成分、第二主成分、第三主成分、第四主成分的得分值。根据主成分分析结果及评价计量模型，计算出各城市对外开放一级指标，结果如表 5－20 所示。

在进行城市对外开放水平综合评价时，以前三个一级指标的得分作为城市对外开放水平主成分分析的原始数据，通过对三个一级指标进行主成分分析，建立城市对外开放水平主成分分析综合评价模型：2012 年为 $F = 2.428 * f_1 + 0.338 * f_2$，2019 年为 $F = 1.695 * f_1 + 1.162 * f_2$，其中，$f_1$ 和 f_2 分别代表第一主成分和第二主成分，结果如表 5－20 所示。

表 5 – 20　　东北地区城市对外开放水平一级指标得分及综合得分排名

城市	经济开放度				社会开放度			
	2012 年		2019 年		2012 年		2019 年	
	得分	排名	得分	排名	得分	排名	得分	排名
沈阳	1.36	5	2.70	2	5.02	1	5.14	1
大连	6.45	1	6.52	1	4.51	2	4.64	2
鞍山	0.69	8	– 0.14	12	1.12	4	0.88	4
抚顺	– 0.78	22	– 0.27	14	0.04	11	0.35	7
本溪	0.42	11	0.63	5	1.31	3	0.10	11
丹东	1.43	4	0.61	6	0.79	8	0.15	10
锦州	0.50	10	– 0.10	11	0.65	9	0.49	5
营口	1.56	2	1.45	3	0.22	10	0.29	9
阜新	– 0.45	17	– 0.59	24	– 0.53	17	– 0.46	20
辽阳	– 0.44	16	– 0.23	13	– 0.17	14	– 0.44	19
盘锦	1.15	7	0.01	10	0.89	7	0.03	12
铁岭	– 0.48	18	– 0.42	17	– 0.25	15	– 0.31	16
朝阳	– 1.01	27	– 0.47	21	– 0.90	26	– 0.47	21
葫芦岛	– 0.20	14	– 1.55	34	– 0.16	13	– 0.05	13
长春	1.33	6	0.99	4	0.91	6	0.31	8
吉林	– 0.57	19	– 0.46	20	– 0.30	16	– 0.42	18
四平	– 1.26	34	– 0.35	15	– 0.63	20	– 0.12	14
辽源	– 1.12	30	– 0.71	28	– 0.78	23	– 0.63	25
通化	– 0.86	24	– 0.54	23	– 0.62	19	– 0.29	15
白山	– 1.09	29	– 0.42	17	– 0.79	24	– 0.52	22
松原	– 1.25	33	– 0.75	29	– 0.53	17	– 0.34	17
白城	– 0.97	25	– 0.44	19	– 0.75	22	– 0.62	24
哈尔滨	0.53	9	0.39	8	0	12	0.37	6
齐齐哈尔	– 0.69	21	– 0.59	24	– 0.85	25	– 0.55	23
鸡西	– 0.81	23	– 0.65	27	– 1.01	28	– 1.00	29

续表

城市	经济开放度				社会开放度			
	2012 年		2019 年		2012 年		2019 年	
	得分	排名	得分	排名	得分	排名	得分	排名
鹤岗	-1.16	31	-0.94	32	-1.06	30	-1.03	30
双鸭山	-0.98	26	-0.83	30	-1.03	29	-1.06	32
大庆	-0.30	15	0.06	9	-0.73	21	-0.83	27
伊春	-0.65	20	-0.48	22	-1.12	33	-1.03	30
佳木斯	0.19	12	-0.63	26	-0.94	27	-0.66	26
七台河	-1.19	32	-1.00	33	-1.09	31	-1.06	32
牡丹江	0.18	13	0.52	7	1.04	5	1.18	3
黑河	1.48	3	-0.39	16	-1.15	34	-1.07	34
绥化	-1.03	28	-0.91	31	-1.11	32	-0.99	28

城市	制度开放度				对外开放水平			
	2012 年		2019 年		2012 年		2019 年	
	得分	排名	得分	排名	得分	排名	得分	排名
沈阳	2.63	2	2.55	2	3.43	2	3.77	2
大连	3.30	1	2.89	1	5.29	1	5.01	1
鞍山	0.31	11	0.37	9	0.75	8	0.42	6
抚顺	-0.80	25	-0.64	25	-0.67	21	-0.28	16
本溪	0.47	10	-0.38	20	0.80	6	0.05	11
丹东	0.16	13	0.14	12	0.80	6	0.31	7
锦州	0.51	9	0.36	10	0.64	9	0.30	8
营口	0.52	8	0.59	7	0.86	4	0.85	4
阜新	-0.06	16	-0.69	27	-0.35	16	-0.67	23
辽阳	0.17	12	0.74	5	-0.11	14	0.14	10
盘锦	-0.11	18	-0.12	16	0.60	10	-0.04	12
铁岭	-1.12	28	-0.87	30	-0.83	25	-0.66	22
朝阳	-0.49	20	-0.79	29	-0.87	26	-0.69	24

城市	制度开放度				对外开放水平			
	2012 年		2019 年		2012 年		2019 年	
	得分	排名	得分	排名	得分	排名	得分	排名
葫芦岛	-0.65	23	-0.36	19	-0.46	18	-0.69	24
长春	1.89	3	1.87	3	1.73	3	1.32	3
吉林	-0.74	24	-0.38	20	-0.67	21	-0.47	20
四平	-1.26	33	-1.11	34	-1.28	33	-0.69	24
辽源	-0.86	26	-0.87	30	-1.07	29	-0.85	31
通化	0.06	15	0.08	14	-0.45	17	-0.23	15
白山	0.15	14	-0.29	17	-0.53	19	-0.44	19
松原	-1.23	32	-1.03	33	-1.23	32	-0.85	31
白城	-1.16	30	-0.98	32	-1.17	31	-0.82	30
哈尔滨	1.23	5	0.65	6	0.83	5	0.56	5
齐齐哈尔	1.01	6	0.47	8	0.04	12	-0.14	13
鸡西	-0.56	22	-0.44	22	-0.88	27	-0.75	28
鹤岗	-0.06	16	-0.51	23	-0.75	23	-0.88	34
双鸭山	-1.20	31	-0.33	18	-1.28	33	-0.77	29
大庆	-0.52	21	-0.11	15	-0.60	20	-0.30	17
伊春	-0.95	27	-0.78	28	-1.07	29	-0.87	33
佳木斯	-1.34	34	-0.56	24	-0.95	28	-0.69	24
七台河	1.26	4	0.92	4	-0.07	13	-0.22	14
牡丹江	-1.14	29	-0.67	26	-0.21	15	0.23	9
黑河	0.66	7	0.17	11	0.47	11	-0.39	18
绥化	-0.11	18	0.10	13	-0.75	23	-0.57	21

资料来源：各城市统计年鉴相关数据计算整理。

从经济开放度来看，沈阳、大连、丹东、营口、长春排在前列，说明这些城市在经济方面有很强的优势。其中，大连、沈阳、营口经济实力最强，大连是东北亚地理位置的中心，是国家首批对外开放的沿海城市，也是东北地区唯一一个被列入"一带一路"倡议的国家口岸，具有良好的区位条件和政策条件，对于东北亚各国，具有较强的吸引力；沈阳是辽宁的省会，是我国东北地区最大的铁路编组站和航空港，产业类型齐全，综合经济实力也显示出很强的竞争力；营口位于中、蒙、俄三大经济走廊的海上要冲，经济总量上在全国处于领先地位。排在末位的城市如辽源、松原和绥化等，由于地缘上的劣势以及交通不便，经济较之前面的城市有些差距。同时对比各城市经济开放度与对外开放水平排名，发现两者之间具有很强的一致性，这说明经济开放度是影响城市对外开放水平的一个主要因素，是一个城市发挥聚集、扩散功能的支撑因素。

从社会开放度来看，东北地区 34 个城市的社会开放水平存在明显差异。测算结果显示，沈阳市社会开放水平得分为 5.02 和 5.14，社会开放水平要远远超过省内其他城市。大连、鞍山、牡丹江和长春等城市排名均在前 10 以内，说明其社会开放水平处于较高层次。沈阳、大连等城市多次举办国际文化节，通过举办"跨文化交流和文明对话"国际学术讨论会，促进了不同国家和地区间的文化交流。反观排名落后的鹤岗、七台河、鸡西等城市，由于地理位置不佳和经济实力悬殊，在吸引人才和项目落地上缺乏竞争力。

从制度开放度来看，排在前 4 的是大连、沈阳、长春、七台河。各城市制度环境得到了较大的改善，尤其是在优化营商环境方面进步显著。自 2016 年起，辽宁、黑龙江、吉林三省相继推出了优化营商环境的政策，以促进贸易投资、行政管理、服务管理、法治建设等领域的改革。

从各城市的综合得分来看（34 个城市的综合得分是 0，所以用 0 分度量开放程度，分数为正代表高于平均值，分数为负代表低于平均值），2019 年有 10 个城市的对外开放水平综合得分为正值，分别为：沈阳、大连、鞍山、本溪、丹东、锦州、营口、辽阳、长春、哈尔滨，沈阳、大连和长春等 10 个城市的对外开放程度都在 1.0 以上；另外，有 24 个城市的开放程度总体为负，即这 24 个城市的对外开放水平处于平均水平之下。从总体上来看，东北地区城市的对外开放水平分化比较严重，各地发展不均衡，整体对外开放水平偏弱。近几年来，辽宁省劳动密集型商品出口竞争优势明显，进口需求稳定，自主发展的实力逐渐增强，同时由于临海的地理条件，使其城市的对外开放水平较高，但黑龙江、吉林等地区由于经济实力较弱，科技水平较低，城市对外开放水平不高，无法有效地发挥其经济活力和社会发展潜力。

第六章

建设海陆大通道，打造东北地区面向东北亚对外开放新前沿

"海陆大通道"这一概念虽然一直为各个学科的研究者和政策制定者所广泛使用，但尚未形成一个比较清晰明确的定义。朱坚真等（2011）基于对南海海陆大通道建设的研究提出，"大通道"既包括交通运输服务活动所经历的带状地区和基础设施，也包括相关产业经济活动及管理系统，是客流、货流的流经过地、线路、运载工具、产业经济及管理系统的总和。本书认为，海陆大通道是以公路、铁路、航运等交通基础设施的建设为主要内容，进行多方联运的复合型物流运输体系。海陆大通道的核心在于借助交通基础设施，降低生产要素跨区域流动的成本，提高企业全要素生产率，发挥市场在资源配置中的决定性作用，形成区域内生发展动力。

东北作为我国北方重要的开放门户，东接日韩亚太、西联中亚欧洲、南通东盟南亚、北达蒙俄大陆，沿边向海通陆辐射优势明显，是最便捷的出海大通道和"一带一路"的重要节点，也是我国对接东北亚、联通欧亚大陆桥的重要枢纽。一方面，建设东北海陆大通道是推动东北地区深度融入"双循环"发展格局的必然举措。"十四五"规划立足于国内供需结构失衡、经济发展不平衡不充分、过度依赖国际大循环而忽视国内大循环，国外逆全球化趋势加强、贸易保护主义加速抬头等现状，提出要加快构建以国内大循环为主体，国内国际双循环相互促进的新发展格局。加快建设东北海陆大通道，对内有利于促进东北地区与京

津冀、长三角以及珠三角等地的市场经贸往来，连接产业链和价值链的上游，推动东北地区融入国内大循环；对外有利于充分利用国际分工，优化资源配置，吸引更多外资和高新技术集聚，提升东北地区外向型经济水平。另一方面，建设东北海陆大通道是贯彻新发展理念的必然要求。贯彻新发展理念是新时代我国发展壮大的必由之路，加快东北海陆大通道建设，有利于提升区域内要素流动效能，持续优化营商环境，促进产业结构调整，激发创新驱动内生动力，引领绿色发展协调发展，提升经济开放水平，实现东北地区高质量发展。

东北地区位于东北亚核心地带，是"一带一路"建设的关键枢纽，在区域协同发展中具有无可替代的地位和作用。东北海陆大通道将辽吉黑及内蒙古"三省一区"串联起来，建成后将成为推动东北地区深度融入共建"一带一路"的战略通道，增进"三省一区"间的区域联系，提升区域互联互通和开发开放水平，形成优势互补、高质量发展的区域经济布局，为东北地区打造对外开放新前沿提供坚实保障。

第一节　东北亚地区海陆交通建设现状

一、东北地区海陆大通道建设相关政策概况

交通运输是国民经济中具有基础性、指引性、长远性的产业，是现代化经济体系的重要一环，是构建新发展格局的重要基础和服务人民美好生活、实现共同富裕的必要保障。然而，东北地区综合交通运输发展在整体布局、内部结构、点线衔接等方面的不平衡、不充分问题仍然突出，智能交通技术应用程度有待提高，交通运输核心产品和技术自主创新能力缺乏竞争力，绿色低碳发展转型基础薄弱，清洁能源尚未普及，综合交通运输管理体制机制未能与时俱进，要素自由流动存在制度制约。

步入"十四五"时期以来，为了加快建设交通强国，服务现代化经济体系和社会主义现代化强国建设，国家相继出台了一系列顶层设计，为东北海陆大通道建设营造了良好的政策环境。2021年2月25日，交通运输部出台的《国家综合立体交通网规划纲要》提出推进综合交通统筹融合发展，推进区域交通运输协调发展，推动东北地区交通运输发展提质增效，强化与京津冀等地区通道能力建设，打造面向东北亚对外开放的交通枢纽。2021年12月9日，国务院印发的《"十四五"现代综合交通运输体系发展规划》明确了推动高水平对外开放合作工作要推进基础设施互联互通，强化面向俄蒙、东南亚、南亚、中亚等重点方向的陆路运输大通道建设，支持西藏打造面向南亚开放的重要通道，进一步完善海上战略通道，谋划建设亚欧陆海贸易通道、东北陆海贸易通道，补齐沿线基础设施短板。

东北地区各省份根据《中华人民共和国国民经济和社会发展第十四个五年规划和2035年远景目标纲要》《交通强国建设纲要》《国家综合立体交通网规划纲要》《"十四五"现代综合交通运输体系发展规划》等"一揽子"顶层设计的要求，结合自身区位条件和发展基础，陆续制定并出台了各省交通运输业的发展规划、实施意见等（见表6－1）。总体来看，东北地区各省的保障措施都坚持党对交通运输发展的全面领导，加强组织协调、要素支撑和督促指导，发挥试点示范带动作用。

表6－1　　　　　　　东北地区各省交通运输业政策支撑

实施方案	主要目标	重点工作任务	保障措施
辽宁省人民政府办公厅关于印发辽宁省"十四五"综合交通运输发展规划的通知（2021年12月28日）	到2025年，要实现综合交通运输通道集约高效、枢纽衔接顺畅、网络层级完善，形成"通道＋枢纽＋网络"的一体化综合立体交通网络，综合交通运输服务能力与水平总体适应并适度超前经济社会发展，人民满意度明显提升	1. 构建高质量综合立体交通网 2. 打造高效便捷运输服务体系 3. 加快交通运输发展转型升级 4. 强化重大工程支撑引领 5. 推进交通强国试点建设	1. 加强党的领导 2. 加强组织协调 3. 强化资金保障 4. 强化监督落实

续表

实施方案	主要目标	重点工作任务	保障措施
中共吉林省委吉林省人民政府关于深入贯彻《交通强国建设纲要》建设高质量交通强省的实施意见（2021年3月16日）	到2035年，基本建成高质量交通强省，安全、便捷、高效、绿色、经济的现代化综合交通体系基本形成，拥有发达的快速网、完善的干线网、广泛的基础网，基础设施一体互联、换乘换装更加便捷，交通治理体系和治理能力基本实现现代化，交通运输总体发展水平达到人民满意、保障有力、国内先进的目标	1. 打造立体互联、保障有力的综合交通网络体系 2. 构建先进适用、完备可控的交通装备产业体系 3. 构建便捷舒适、供给多样的客运服务体系 4. 构建衔接顺畅、经济高效的货运物流体系 5. 构建传统与新型结合、系统集成的智慧交通体系 6. 构建完善可靠、反应快速的交通安全保障体系 7. 构建生态优先、低碳环保的绿色交通发展体系 8. 建设互联互通、包容共赢的开放合作体系 9. 构建协同高效、科学规范的现代治理体系 10. 打造专业精良、担当奉献的交通人才队伍	1. 强化政治保障 2. 强化组织保障 3. 强化要素保障 4. 强化实施保障
黑龙江省"十四五"公路水路交通运输发展规划（2021年12月31日）	到2025年，基本建成"安全、便捷、高效、绿色、经济"的公路水路交通运输体系，全省交通基础设施衔接顺畅、运输服务便捷高效、科技信息先进适用、资源环境低碳绿色、安全应急快速高效、行业管理规范有序，有力支撑交通强国建设，高质量适应全省国民经济和社会发展要求，满足人民生活美好需要	1. 公路网络结构"优化完善"工程 2. 水路交通运输"畅通高效"工程 3. 客货枢纽场站"优化衔接"工程 4. 养护管理服务"质量提升"工程 5. 运输服务质量"品质提升"工程 6. 国家重大战略"服务支撑"工程 7. 科技创新与信息化"转型升级"工程 8. 平安交通"安全稳定"工程 9. 绿色交通"集约高效"工程 10. 行业管理"深化改革"工程	1. 坚持党的全面领导 2. 加强组织实施，强化责任落实 3. 完善资金政策，强化资金支持 4. 完善行业管理，强化文明建设 5. 强化绿色科技，加强人才建设

实施方案	主要目标	重点工作任务	保障措施
内蒙古自治区"十四五"公路水路交通运输发展规划（2021年9月30日）	到2025年，交通强国建设迈出新步伐，高质量完成交通强国试点任务，形成具有内蒙古特色、可复制可推广的交通强区新模式，构建更加安全、便捷、高效、绿色、经济的现代化公路水路交通运输体系。设施供给更优质、管理养护更科学、运输服务更高效、路网运行更安全、行业治理更有效、转型发展更有力，支撑和引领自治区国民经济和社会高质量发展，满足人民美好生活需要	1. 提升公路水路基础设施供给能力 2. 推进交通强国试点工作 3. 提高公路水路管理养护水平 4. 提升客货运输服务效率和品质 5. 推动科技创新发展体系建设 6. 推进智慧交通建设 7. 推进绿色交通发展 8. 增强交通安全保障能力 9. 提升行业治理水平	1. 加强组织领导 2. 加强资金保障 3. 加强用地保障 4. 加强实施评估

资料来源：辽宁省交通运输厅、吉林省交通运输厅、黑龙江省交通运输厅、内蒙古自治区交通运输厅。

二、东北亚诸国海陆大通道建设相关政策概况

2017年9月，时任韩国总统文在寅在俄罗斯符拉迪沃斯托克（海参崴）市出席第三届东方经济论坛时正式提出了"新北方政策"。"新北方政策"旨在全面增进韩国与俄罗斯、中国东北地区和中亚国家之间的经贸往来，发掘韩国经济增长新动能。"新北方政策"的核心内容可总结为"九桥战略规划"（9 – Bridge），即涉及韩国与区域内国家经济合作的九大领域。具体而言，与交通建设直接相关的铁路、港口和航线三大领域的举措包括建设连接朝鲜半岛纵贯铁路（TAR）和西伯利亚横贯铁路（TSR）、建设扎鲁比诺港等远东港口、建设北极航线等内容。2018年4月27日，韩国总统文在寅与朝鲜最高领导人金正恩签署《板门店宣言》，双方决定在跨境交通运输联通与优化领域开展深入合作。2019年12月24日，文在寅在第七届中日韩工商峰会上建议，将朝鲜半岛南北铁路网对接中国铁路干线与俄罗斯西伯利亚大铁路，共建连接朝

鲜半岛和欧亚大陆的"东北亚铁路共同体"。

"中蒙俄经济走廊"最初由中国国家主席习近平在2014年9月中俄蒙三国元首首次会晤时提议，并达成共识。2015年7月，三国签署了《关于编制建设中蒙俄经济走廊规划纲要的谅解备忘录》。2016年6月，三国签署了《建设中蒙俄经济走廊规划纲要》，成为"一带一路"框架下第一个正式实施的多边经济合作走廊。2017年8月、9月间，三国将"一带一路"建设与开通北极航道结合起来的"冰上丝绸之路"纳入中蒙俄经济走廊建设总体框架之中。截至2021年底，中蒙俄经济走廊建设三方工作组已经举行了5次司局级会议，合作项目取得了积极进展。

三、我国东北地区海陆交通建设概况

（一）东北地区高铁建设现状

在我国"八纵八横"铁路网规划中，绥满通道和京哈通道构成了贯穿东北地区的一横一纵两条交叉高铁干线。东北地区在绥满通道和京哈通道的基础上，规划建设高铁支线，对主干线路进行补充、延伸，"密织"东北地区高铁网络。自2012年12月哈大高铁开通后，东北高铁建设逐步加速，盘营高铁、哈齐高铁、沈丹高铁等相继建成通车，东北地区初步形成了高铁网。2021年1月，京哈高铁全线开通，这条新开通的"大动脉"纵贯黑龙江、吉林、辽宁、北京四地，切实增加了东北地区铁路进出关的通道运送能力，增进了东北与京津冀两大板块的联系。

总体来看，辽宁省高铁发展明显快于吉林省和黑龙江省，高铁密度居全国前列。截至2021年，辽宁省高铁主干线里程达2195公里，占全国总量5.36%，仅次于广东、安徽、江苏、浙江。同时，辽宁省内高铁干线的平均设计时速也远高于吉林省和黑龙江省，高铁建设水平更为成熟（见图6-1）。

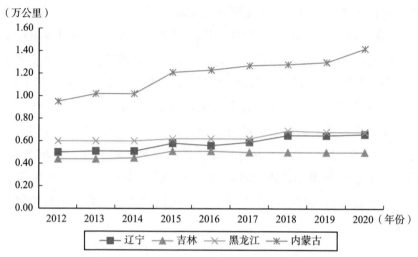

图 6 - 1   2012 ~ 2020 年东北地区铁路运营里程

资料来源：中华人民共和国交通运输部网站。

从高铁基建的发展情况来看，2012 年到 2022 年，吉林省省内新增高铁总里程远不及辽宁省，与黑龙江省差距也较大。截至 2019 年 12 月底，吉林省省内高铁总里程为 742 公里，位于全国各省份的高铁里程统计排名中的倒数第 8 名，这反映了吉林省在铁路交通基建发展上的滞后性。

黑龙江省内高铁总里程 1129 公里，但高速铁路网密度较低，主要有哈大高铁、哈齐高铁、哈牡绥高铁等。哈大高铁贯穿东北地区，是"八纵八横"规划中京哈通道不可或缺的一环，哈大高铁于 2012 年 12 月 1 日正式开通运营，结束了黑龙江省的高铁空白；哈齐高铁于 2015 年 8 月 17 日开通运营，为"哈大齐工业走廊"的货物和人员流通提供了交通基础；哈牡绥高铁于 2018 年 12 月 25 日建成通车，哈牡绥高铁的建成，有利于加快"中蒙俄经济走廊"建设，促进东北亚区域经济合作。

（二）东北地区公路建设现状

2022 年 7 月 4 日，国家发展和改革委员会与交通运输部印发《国家公路网规划》，确立了到 2035 年，基本建成覆盖广泛、功能完备、集约高效、绿色智能、安全可靠的现代化高质量国家公路网，形成多中心网络化路网格局，实现国际省际互联互通、城市群间多路连通、城市群城际便捷畅通、地级城市高速畅达、县级节点全面覆盖、沿边沿海公路连续贯通的发展目标。国家公路网规划由国家高速公路网和普通国道网组成，其中，涉及东北地区的高速公路有北京—哈尔滨、鹤岗—大连、沈阳—海口、长春—深圳、大庆—广州、绥芬河—满洲里、珲春—乌兰浩特、丹东—锡林浩特、辽中地区环线、哈长都市圈环线；涉及东北地区的普通国道有北京—沈阳、北京—抚远、鹤岗—大连、黑河—大连、绥化—沈阳、丹东—东兴、饶河—盖州、通化—武汉、嫩江—双辽、牙克石—四平、绥芬河—满洲里、珲春—阿尔山、集安—阿巴嘎旗、丹东—霍林郭勒、庄河—西乌珠穆沁旗、绥中—珠恩嘎达布其。

辽宁省 2021 年高速公路里程 4340 公里，公路运输固定资产投资实绩为 914616 万元，同比增速 17.9%，显著高于全国同期水平 6.0%。辽宁省公路运输规模虽然领先于吉林、黑龙江两省，但发展速度呈现出明显的疲态。公路货物运输量和货物周转量增速分别为 10.1% 和 6.7%，明显低于全国同期水平 14.2% 和 14.8%；公路旅客运输量增速为 −26.1%，与全国同期水平 −26.2% 近乎持平，而旅客周转量增速为 −32.2%，明显低于全国同期水平 −21.8%。

吉林省 2021 年高速公路里程 4306 公里，公路运输固定资产投资实绩为 2472366 万元，同比增速 20.1%，显著高于全国同期水平 6.0%。吉林省公路货物运输量和货物周转量增速分别为 24.6% 和 17.7%，明显高于全国同期水平 14.2% 和 14.8%；公路旅客运输量增速和旅客周转量增速分别为 −20.0% 和 −6.4%，高于全国同期水平 −26.2% 和 −21.8%。

黑龙江省 2021 年高速公路里程 4512 公里，公路运输固定资产投资实绩为 2831160 万元，同比增速 −5.3%，规模居东北地区首位，但显著低于全国同期水平 6.0%。黑龙江省公路货物运输量和货物周转量增速分别为 18.5% 和 17.5%，略高于全国同期水平 14.2% 和 14.8%；公路旅客运输量增速和旅客周转量增速分别为11.4%和4.5%，显著高于全国同期水平 −26.2%和 −21.8%（见图6−2）。

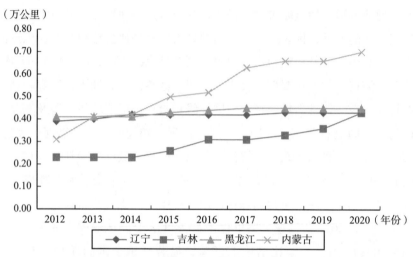

（万公里）

图6−2　2012～2020年东北地区高速等级公路里程

资料来源：中华人民共和国交通运输部网站。

（三）东北地区水运建设现状

目前，东北地区水路运输市场整体向好，各细分市场不尽相同。首先，沿海航运市场形势良好。干散货运输市场运输需求回升，运价震荡上扬；液货危险品运输市场运输需求保持稳定，运力供给相对平稳；集装箱运输市场运力有所减少，运价显著上升；旅客运输市场水路客运开始恢复。其次，内河航运市场货运量平稳增长，客运量极具增长潜力，内河水路运输需求受制于疫情因素，恢复进展缓慢。最后，国际航运市场受疫情牵连，市场极不稳定。干散货运输需求迅速回升，市场供需大幅改善；原油市场运输需求乏力，运价低迷不振；集装箱市场需求旺盛，运价回升。

辽宁省2021年内河建设和沿海建设固定资产投资实绩分别为2771万元和275157万元，增速出现大幅度下滑，远低于全国同期水平7.4%

和 19.1%。辽宁省水路旅客运输量和旅客周转量增速分别为 17.7% 和 18.0%，显著高于全国同期水平 9.0% 和 0.4%。

黑龙江省 2021 年水路旅客运输量和旅客周转量增速分别为 37.2% 和 19.8%，显著高于全国同期水平 9.0% 和 0.4%。水路货物运输量和货物周转量增速分别为 −3.5% 和 −9.5%，显著低于全国同期水平 8.2% 和 9.2%。

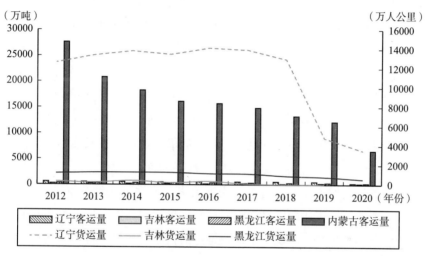

图 6 – 3　2012～2020 年东北地区水运客货运输量

资料来源：中华人民共和国交通运输部网站。

四、东北地区交通可达性评价

交通可达性测度的主要研究方法包括引力模型法、等时圈法和指标评价法。在指标评价法中，道路密度、道路服务指数交通通达度是常用的测度指标。本书借鉴胡瑞、于尚坤等（2022）的指标构建方法，选取加权平均出行时间作为评价指标，对东北地区的四个副省级城市 2016 年至 2020 年的高铁可达性进行测度。

加权平均出行时间测度是评价某城市到各个经济中心可达性的常用方式，指标测算值越低，意味着该城市对外联系成本越低，即可达性越强，反之则越弱。其公式为：

$$A_i = \frac{\sum\limits_{j=1}^{n}(T_{ij} \cdot M_J)}{\sum\limits_{j=1}^{n} M_j}$$

$$M_j = \sqrt{G_j * P_j}$$

其中，A_i 为东北地区副省级城市 i 的加权平均出行时间；T_{ij} 为城市 i 通过高铁线路或网络到达城市 j 的最短时间；M_j 为城市 j 某种社会经济要素流的流量，即表示该城市的经济实力和对周边地区的辐射力或吸引力的强弱，常用地区生产总值、常住人口总数、社会商品销售额等指标来测度，本书选取各城市地区生产总值（G_j）和年末总人口（P_j）的几何平均值作为权重；n 为研究区域内除城市 i 以外的城市数量。

从表 6－2、图 6－4 可以得知，2016～2020 年，四个副省级城市的高铁可达性呈现出平稳上升趋势。长春凭借地处东北平原核心地带的区位禀赋，成为研究区域内交通可达性最高的城市。沈阳、哈尔滨作为各自省份的省会城市集中了省内的交通要素，高铁可达性分别位居第二、第三。大连位于东北地区最南端的辽东半岛，在高铁可达性方面具有明显的劣势，这也进一步说明了加快推进海铁联运建设，打造大连成为海陆大通道建设的"桥头堡"，将铁路运输劣势转化为海铁联运优势的必要性。

表 6－2　　　　　2016～2020 年东北地区副省级城市高铁可达性

年份	沈阳	大连	长春	哈尔滨
2016	71.56	116.67	31.97	85.32
2017	71.53	118.25	32.06	83.36
2018	71.27	117.32	32.32	84.68
2019	70.82	118.96	32.72	82.75
2020	71.04	120.74	31.98	79.89

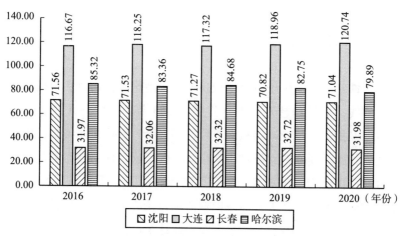

图6-4　2016～2020年东北地区副省级城市高铁可达性

资料来源：辽宁省统计年鉴、吉林省统计年鉴、黑龙江省统计年鉴。

第二节　海陆大通道建设案例——以东南亚地区为例

　　改革开放以来，东北地区经济发展逐渐暴露出公有制经济比重过高、资源型城市资源濒临枯竭、缺乏重商意识和氛围等一系列弊端，使得东北地区在对外开放方面与发达地区拉开差距。党的二十大报告指出，东北地区要进一步推进全面开放新格局，实现东北全面振兴。东北地区应当积极有为，利用后发优势，学习先进地区经验，结合自身资源条件和要素禀赋，深度融入"一带一路"倡议，建设东北海陆大通道，打造面向东北亚对外开放新前沿。

　　东南亚地区的海陆大通道建设具有较为深远的合作传统，我国与东南亚诸国和东北亚诸国在国际关系、贸易流通、文化交流等诸多领域具有高度的相似性。因此，对东南亚地区海陆大通道建设进行分析，对于东北地区建设海陆大通道极具借鉴意义。

一、东南亚地区交通发展沿革

泛亚铁路设想诞生于 20 世纪 60 年代,是连接新加坡和伊斯坦布尔的铁路路线,总里程超过 1.4 万公里。1995 年,时任马来西亚总理马哈蒂尔明确提出了泛亚铁路东南亚段这一概念,即修建连接新加坡到昆明的泛亚铁路。泛亚铁路纵贯中南半岛各国,这一铁路项目涉及的国家和地区有中国云南、柬埔寨、缅甸、越南、泰国、马来西亚和新加坡。但受诸多因素掣肘,泛亚铁路东南亚段项目始终未进行实质性建设。直到 2006 年,包括中国在内的 18 个亚太经社委员会成员国代表才签订了《泛亚铁路网政府间协定》,亚洲各国将合作建设亚洲铁路网,泛亚铁路网再次为世界瞩目。2010 年后,中国政府开始积极向东南亚国家推介中国高铁技术,谋求与东南亚各国展开高铁合作。2013 年以来,中国国家领导人高度重视"高铁外交",习近平出访东南亚各国时提出,加强与东南亚国家的互联互通建设,向周边国家大力宣传中国成熟的高铁技术。

在中缅铁路合作方面:2010 年中缅皎漂——昆明铁路工程项目公开,后因缅甸国内民众组织抗议导致项目计划搁置。2011 年 4 月,中国铁路总公司与缅甸铁道运输部签署该项目的谅解备忘录。2015 年 12 月 6 日,孟中缅经济走廊建设重要项目——大理至临沧铁路开工建设。2020 年 1 月 18 日,在国家主席习近平结束对缅甸的国事访问之际,中缅两国发表《中华人民共和国和缅甸联邦共和国联合声明》,双方一致同意巩固政治互信,深化全面战略合作,推进共建"一带一路",推动中缅经济走廊实质性建设。2022 年 5 月 23 日,中缅新通道(重庆—临沧—缅甸)国际铁路班列正式运行。

在中泰铁路合作方面:2014 年 12 月 19 日,中泰两国政府在湄公河次区域经济合作机制(GMS)第五次会议期间签订了基于 2015～2022 年泰国交通运输基础设施发展战略框架下的铁路基础设施发展合作备忘录。2015 年 12 月 19 日,中泰铁路正式开工建设。2016 年 3 月 25 日,泰国政府以贷款利率过高为由决定不再向中方贷款，自行筹措资金投资建设中泰铁路，但建设路线缩减为曼谷至呵叻段，不与中国昆明相连接。2017年12月21日，中泰铁路一期工程在泰国呵叻府巴冲县开工，一期路段预计将在2026年年底至2027年年初竣工通车。

在中老铁路合作方面：2015年12月2日，中老两国政府在老挝首都万象塞塔尼县赛村举行了奠基典礼仪式，至此中老铁路（老挝段）项目正式开工。2016年4月19日，中老国际铁路中国境内段玉溪至磨憨铁路全线开工建设。2021年12月3日，连接昆明与万象、适用中国标准的中老铁路全线投入使用。

在中越铁路合作方面：早在1903年，中越两国便合作修建滇缅米轨铁路（昆明—海防），并于1910年全线通车。2014年12月10日，中越国际铁路中国段（昆明—河口）准轨铁路客运全线投入运营。2017年6月13日，中国越南国际货运班列（昆明—老街—河内—海防）正式开通。2022年5月31日，全国首趟中越班列跨关区"铁路快通"模式正式落地，意味着继中老铁路后，中越班列也开启跨关区"铁路快通"时代。

二、东南亚地区交通建设存在的问题

（一）内部因素

其一，地理条件严峻复杂。东南亚地区主体位于中南半岛，北部陡峭崎岖，山地丛林密布，南部平坦开阔，河湖密布，气候湿热，降水丰富且集中。中南半岛地处印度洋板块与亚欧板块的消亡边界，易引发地质活动，形成了山河相间、纵向分布的地貌特征，这样的地理条件导致已建成的线路桥隧比普遍超过70%，既不利于交通建设的探测、施工以及维护工作，又极大地增加了交通建设的成本。

其二，技术标准存在差异。中国与东南亚各国在铁路技术标准和轨距上的差异为东南亚跨境铁路建设增加了技术障碍。中南半岛各国的铁路轨距为窄轨（1000mm），而中国铁路轨距为标准轨（1435mm），因此要畅通中国与东南亚各国的现有铁路，轨距差异的解决是最大的技术难题。沿线列车必须在交接地带更换另外一种型号的列车以应对轨距差异问题，但货运列车重新装卸，既增加了运输成本，又降低了运输效率。

其三，融资规模过于庞大。交通基础设施建设是典型的资本密集型产业。修建连接中国与东南亚各国的高速铁路都将需要大量的资金投入，这对于尚处于发展中国家的东南亚国家而言无疑也是难题之一，这也是近几十年来泛亚铁路一直被热烈倡议却迟迟未能开始建设的一个重要原因。铁路建造和维护离不开巨额资金投入，东南亚各国单靠自身建设跨境铁路是不现实的。

其四，合作国不确定性加剧。缅甸是一个多民族国家，其不稳定性，使得中缅交通建设合作进入低谷期。泰国亦是如此。因此，中泰铁路项目合作前景仍迷雾重重。

（二）外部因素

其一，国际同业竞争激烈。以川崎、日立为首的日本企业和法国阿尔斯通主导着早期的国际高铁市场，德国西门子、加拿大庞巴迪、西班牙塔尔高和中国南车、北车分列其后。日本在高铁国际化领域深耕已久，日本政府在 20 世纪 90 年代就设立了日本国际交通研究所，向各国政府和公众介绍日本交通运输经验，着重塑造安全舒适、便捷环保的品牌特色。日本还成立了官民一体的"海外交通与城市开发支援机构"，向海外推广新干线，研究相关行业动态，统筹日本企业合作"走出去"。长期以来，日本与东南亚各国开展贸易合作，彼此间是不可或缺的贸易伙伴关系。日本出于自身地理区位和贸易利益考虑，在东南亚地区铁路路线设计中大肆鼓吹东西向线路，试图将中国排除在外。日本为争夺在东南亚铁路市场，大幅下调贷款利率和上调贷款年限，通过利益妥协的方式抢夺泰国清迈—曼谷的高铁建设权。

其二，区域认同不强。中国和东南亚各国在经济领域实现了一定层次的相互依存，但在政治安全领域各国仍然缺乏依赖度。一方面，中国与越南、菲律宾等南海声索国之间的岛礁主权争端和海域划界问题一直悬而未决，再加上在争议海域因资源开发问题产生的摩擦不断，以及曾经发生的海上对峙事件，导致争端相关方之间缺乏信任。另一方面，伴随着中国的高速腾飞，综合国力大幅提升，中国业已成为一个实力雄厚的世界大国，经济上跃居世界第二大经济体，军事上大力走向深蓝。然而，一些西方国家和部分南海声索国恶意诋毁中伤中国经济实力的高速增长和正常的军队现代化建设，恶意揣测曲解中国的现行战略意图，担忧中国掌握重构东南亚秩序的话语权，"中国威胁论""中国挑战"等论调甚嚣尘上。中国十分重视发展与东南亚地区国家的关系，对于南海争端问题，也一直积极寻求和平解决方式，而某些国家却将中国视为南海地区局势紧张的源头，采取多种措施加大侵犯中国南海主权和利益的力度，加快挑衅步伐。尽管中国坚持睦邻友好的和平外交政策和防御性的南海战略，但这种"安全困境"并未因此而消除，很难弥合中国与其他南海周边国家之间的信任赤字，这种长期存在的互信赤字问题，无疑将会影响南海地区国家间的相互依赖度，制约区域务实合作的深入推进。

其三，霸权主义干涉。自奥巴马政府开启美国战略重心东移的国家战略之后，东南亚在美国对外政策中的重要性与日俱增。2018 年，特朗普政府正式提出"印太战略"框架，并奠定了对华战略竞争的总方针，东南亚被美国视为制衡中国的奕子，地位进一步上升。2021 年，拜登政府从冷战思维出发，通过强化"四边机制""五眼联盟"、美英澳三边安全伙伴关系协定等手段，试图造成东南亚地区缺乏互信的紧张态势。2022 年 5 月 12 日至 13 日，拜登在华盛顿召集东盟国家领导人举行峰会，并计划将美国和东盟的双边关系提升至"全面战略合作伙伴关系"。具有讽刺意味的是，美国继续推销其"印太战略"，宣布将投资1.5 亿美元用于与东盟国家开展多领域合作，但对于有关东盟国家要求美国扩大对东盟商品的市场准入等关键的经济诉求几乎未做实质性回应。2022 年 5 月 24 日，拜登出访日本时宣布启动所谓"印太经济框架"，强调制定以美国为主导的贸易、数字经济等规则和标准，实质是想攫取国际新规则制定权和亚太经济话语权。

其四，领土边界争议。区域部分国家间存在领土领海边界争议，国家间在战略利益上存在重大的分歧，难以摒弃前嫌，共谋发展。

三、东南亚地区交通建设的建议

（一）增进政治互信

东南亚地区民族繁多、信仰众多，自古以来就存在领土争议、文化和宗教冲突等历史遗留问题，再加之现今的国际政治影响、泰国和缅甸国内政局长期动荡、菲律宾和越南与中国的主权争端等问题，都严重阻碍了泛亚铁路东南亚段的合作进展。泛亚铁路构想迟迟未能真正开工建设，最关键的原因即是各国以邻为壑，缺乏信任，这就要求东南亚各国必须摒弃既有争端，建立政治互信，共同合作开发，才能促进泛亚铁路东南亚段的建成和区域内各国共同发展。中国与东南亚各国应积极沟通搁置争议，消除误解，共同合作改善国家间的交通设施，促进泛亚铁路东南亚段的建成。

（二）推动技术标准和轨距统一化

中国与东南亚各国采用的铁路技术标准不一、轨距不同，致使泛亚铁路东南亚段难以实现高效率的互联互通。泛亚铁路东南亚段要实现真正的全线贯通，亟须妥善解决轨距问题。一种解决方案是加大科研投入，研究出既适用于标准轨距，也适用于窄轨的新型列车，然而，这种研究资金规模巨大且研发周期较长，现有技术难以实现，缺乏现实可行性；另一种解决方案是统一采用1435mm标准轨距，目前对于东南亚段各国而言，统一轨距具有较大的沉没成本，但从长远角度考虑，这是最为合理且经济的方案。

（三）　创新融资方式

铁路建设是资金规模大、收益回报慢的长期投资项目，对于人力、物资以及资金均有着较为严格的要求。东南亚地区的发展中国家虽然认同泛亚铁路建设起来的经济效益，但是囿于资金缺乏，难以承担建设铁路所需的巨额费用。因此，需要依靠整个地区以及国际金融机构的共同支持。一方面，依托亚投行、世界银行等国际金融机构提供的资金支持，为泛亚铁路东南亚段建设筹集资金；另一方面，利用国家间的经济助贷，筹集铁路建设所需的资金。此外，现有国际金融市场中，私人金融对于国家的经济促进具有非常大的影响，民营资本可以规避国家投资审批时间漫长、流程冗杂等弊端，还可以避免一些政治风险，同时我国政策上也积极引导、支持民营资本能够"走出去"。

（四）　联合组建铁路管理公司

泛亚铁路东南亚段主要有货运和客运两个市场。在货运方面，东南亚各国铁路运输产品以新鲜果蔬等农产品为主，此类产品具有鲜明的时令性和易腐性，频繁出入国境的货运铁路面临着繁杂的通关手续和时间成本，不利于新鲜农产品的保存与运输。由此可见，联合组建铁路管理公司，有利于整合东南亚各国铁路管理部门，优化通关流程，提升铁路运输效能，促进泛亚铁路货物运输蓬勃发展。在客运方面，相较于飞机，高铁客运在运行安全性和 1000 公里以内里程具有显著优势。中国与东南亚各国应联合组建相关的铁路管理公司，一方面，广泛推广高铁运输，充分开发利用沿途旅游资源，吸引潜在乘客选择高铁方式出行；另一方面，开展多维度联航联运运营模式，开发多段多种铁路套票，探索与航空、水运相互联动的运输体系。

（五）　推动区域合作制度构建

"南海行为准则"（简称"准则"）是中国立足于国际法规范，依托东盟框架与南海周边国家构建的规则体系，该"准则"目前成果斐然。

2018 年 8 月，中国东盟外长会议上，"准则"单一磋商文本草案顺利签署，但在详细内容的沟通中暴露出顶层设计、基本方针和概念厘定的争议亟须妥善处理，这就需要各方共同推动"准则"顺利构建与实施。如果"准则"顺利实行，那么，南海地区的局面会向和平解决方向前进，也使得破解我国和东南亚各国发展双边关系的阻碍得到制度上的支撑。

第三节　建设东北地区海陆大通道目标定位

东北海陆大通道以大连港、营口港、锦州港等沿海枢纽港口为海向支点，以沈阳、长春、哈尔滨等经济中心城市为内陆口岸枢纽和货物集结中枢，纵贯我国东北地区。东北海陆大通道以干线铁路、公路为核心载体，连接沿海枢纽港口和陆路边境口岸，通过公路、铁路、海运、航空等多种物流组织方式的高效联动，构建联通全球的互联互通网络，是推动东北地区实现全面振兴的战略通道，是引领东北亚地区深度嵌入"一带一路"的陆海联动通道，支撑东北地区参与国际经济合作。

一、推动东北地区实现新时代东北全面振兴的战略通道

东北地区位于东北亚核心地带，是建设面向东北亚开放合作高地的不二之选。自国家开展东北地区等老工业基地振兴战略以来，东北地区褪尽铅华，踏上了新时代全面振兴的新征程，虽然多轮振兴成果斐然，但是东北经济增速仍然滞后于全国水平。建设东北海陆大通道，打造对外开放新前沿，建设开放合作高地将成为新形势下全面振兴的重大战略机遇。

东北地区海陆大通道建设将成为推动东北地区实现新时代东北全面振兴的战略通道，具体体现为：第一，建设东北海陆大通道，有利于推动经济运行稳中向好。提高基础设施建设投资，以区域内交通基础设施

体系重大工程建设为抓手，发挥投资对优化供给结构的引领作用。把稳增长、调结构、推改革融会贯通，推动经济平稳健康发展。第二，建设东北海陆大通道，有利于全力推进乡村振兴。坚持农业农村优先发展，坚持城乡融合发展，统筹推进城乡交通基础设施规划建设，推动公共交通基础设施向农村拓展。第三，建设东北海陆大通道，有利于深化重点领域改革。切实提升各种要素流通效能，坚持市场化改革方向，充分发挥市场在资源配置中的决定性作用，更好发挥政府作用，切实落实"两个毫不动摇"，激发市场活力和社会创造力。第四，建设东北海陆大通道，有利于加快绿色发展。提升区域交通通达度，为钢铁、石化、有色、建材等传统行业绿色化改造和高质量转型奠定基础。践行"绿水青山就是金山银山"的理念，协同推进降碳、减污、扩绿、增长，促进人与自然和谐共生。第五，建设东北海陆大通道，有利于全力保障和改善民生。提高互联互通便捷度，补齐民生领域出行短板，为大力发展文旅产业添砖加瓦。把人民对美好生活的向往作为工作导向，让新时代东北振兴成果惠及全体东北人民。

二、引领东北亚地区深度嵌入"一带一路"的陆海联动通道

东北亚虽然处于"丝绸之路经济带"与"21世纪海上丝绸之路"的交汇点上，却一直是中国周边共建"一带一路"的缺口和断裂带。近年来，东北亚形势逐渐缓和，朝鲜半岛局势总体平稳，韩国的"新北方政策"、俄罗斯的"欧亚联盟"等政策释放了与中国"一带一路"倡议对接的积极信号，蒙古国的"草原之路"与"一带一路"倡议在发展方向、建设领域方面均具有巨大的合作潜力，为东北亚区域深度合作以及东北对外开放释放了重大利好。

东北作为我国开放发展较为落后的地区，在融入全球化的进程中呈现出基础薄弱、参与程度低、缺乏积极性等问题，唯有进一步推进高水平开放才是破解之道。为此，要推动东北地区深度融入"一带一路"建设，以"一带一路"建设引领全面开放、促进全面振兴；打造多层

次高能级开放平台，促进国际产能合作，加快海洋事业合作，培育国际经济合作与竞争新优势；完善高水平开放型现代经济体系，精减人员机构和工作流程，不断优化营商环境，赋能民营经济发展；打造东北亚开放门户，广泛开展与非洲国家、中东欧国家、中亚国家、北极国家的战略合作，在新一轮对外开放中打造出"东进西拓南下北上"的陆海大通道格局。与此同时，东北亚海陆大通道可以联通陆上丝绸之路沿线的蒙古国、俄罗斯和海上丝绸之路沿线的日本、韩国，实现"一带一路"倡议的海陆连接，从而实现与西方"蓝点网络"计划、"全球联通欧洲"计划的差异化发展路径。因此，积极推动构建海陆大通道，能够促进"一带一路"倡议深入发展，加快推动东北地区全面开放。

三、支撑东北地区参与国际经济合作的陆海贸易通道

开放是东北地区全面振兴的必由之路。东北海陆大通道纵贯我国东北地区，衔接东北亚地区第一欧亚大陆桥与丝绸之路经济带，有利于加强中国—朝鲜半岛、中日、中蒙俄经济走廊的联系与互动，使东北海陆大通道成为促进海陆内外联动、双向共进的桥梁和纽带。

建设东北海陆大通道，统筹贸易投资通道平台，提高外资吸引力，加快建设东北亚经贸合作中心枢纽，以高水平开放推动高质量发展。推动基础设施"硬联通"和规则标准"软联通"，促进交通、物流、商贸、产业深度融合。加快建设中欧班列集结中心和沿海集结中心，深化港口改革，推动港口高质量发展，完善集疏运体系，推动多式联运"一单制"。提升区域内自贸试验区能级，建立联动创新区，形成更多东北特色制度创新成果。建设东北亚经贸合作先行区，大力推进边境城市边民互市贸易区建设和通关运营，积极参与中蒙俄经济走廊建设。开展全方位贸易促进行动，深化国际贸易"单一窗口"建设，重点培育跨境电商产业园区，加快发展海外仓、市场采购贸易、保税维修、离岸贸易等新业态新模式，培育外贸新动能。打造通道畅通、物流高效、贸易便利的东北亚陆海大通道，推动东北亚各国加强区域经贸往来与东北全面

全方位振兴。

第四节　建设东北地区海陆大通道的思路对策

一、推动构建东北亚国家命运共同体

要推动东北亚区域经济合作，打造一个开放、合作和共赢的区域合作架构，应以建设持久和平、普遍安全、共同繁荣、开放包容、清洁美丽的东北亚为指导理念，以东北亚国际关系为基础，以"一带一路"建设和既有合作机制等为主要实践平台，构建东北亚国家的命运共同体。

一方面，保持东北亚国家之间的外交关系，发展递进式外交关系，着重构建多边外交关系网络，形成区域命运共同体的外交支撑。在双边层面，中国要从与东北亚国家间既有的外交关系出发，打造各具特点的双边和小多边共同体。另一方面，巩固"一带一路"框架下的务实合作，夯实构建命运共同体的物质基础。在"一带一路"倡议的框架内，中国政府倡议秉持"和平合作、开放包容、互学互鉴、互利共赢"理念，打造政治互信、经济融合、文化包容的利益共同体、命运共同体和责任共同体。

二、以经济利益弥合地缘政治风险

处理国家间利益争端必须着眼于全人类共同利益。当今世界，各国共同面临恐怖主义侵袭、资源短缺、人口增长与粮食不足、生态环境退化等问题，这些问题能否得到解决事关人类生存和发展的未来，共同的全球性难题使得各国休戚与共，人类命运共同体意识逐渐成为了共识。东北亚各国都应树立合作共赢大局观，秉持"搁置争议、合作共赢"

的理念，破除"旧金山和约"的桎梏，携手推进东北亚跨境海陆通道建设。通过海陆大通道建设升级经贸往来，以经济利益弥合地缘政治因素的负面影响，以开放共荣的方式增进区域认同，推进区域一体化发展。

三、提升东北海陆大通道建设的战略地位

当前，东北海陆大通道运行效率逐步提升，服务水平不断增强，供应链产业链稳定发展，在国际运输通道中越来越发挥着重要作用。同时，由于正处于建设初期，急需国家进一步加大对东北海陆大通道的支持力度，将东北海陆大通道上升为国家战略，出台明确关于东北海陆大通道的规划性文件，从国家层面统筹推进东北海陆大通道建设。将辽宁沿海六市港口、沿边口岸以及东北地区境内铁路、公路干线统筹相连，以制度创新、数字赋能推动公路、铁路、海运、航空等多种物流组织方式高效联动；打造以大连港、营口港、锦州港等沿海枢纽港口为海向支点，以沈阳、长春、哈尔滨等经济中心城市为内陆口岸枢纽和货物集结中枢，纵贯我国东北地区，联通全球的互联互通网络。

四、持续推广中国交通技术标准

2022 年 4 月，国际铁路联盟发布由中国国家铁路集团有限公司专家主导设立的首部国际铁路标准《高速铁路设计基础设施》和《高速铁路设计供电》，这两项标准基于世界高速铁路设计成功经验系统集成先进技术，融入我国高速铁路总体设计理念和高速铁路基础性关键指标，为世界高速铁路建设标准化运营进程做出了不可磨灭的贡献，彰显了中国铁路标准的国际影响力，也是推进"一带一路"制度规则"软联通"的关键内容。此外，由于东北亚各国铁路轨制大相径庭，中国、朝鲜、韩国采用 1435mm 标准轨，蒙古国、俄罗斯采用 1520mm 宽轨，日本采用 1067mm 窄轨，中国东北地区作为东北亚地区的交通枢纽，应

当建造套轨铁路和大型铁路转换场，降低跨境运输时间成本，提高铁路口岸通关效能，使陆海联运国际通道更好服务于东北地区对外开放。

五、创新海陆交通通道融资渠道

东北亚各国可以依托亚洲基础设施投资银行和丝路基金等国际金融机构来解决跨境铁路建设资金不足的问题，进而支撑东北亚海陆交通大通道建设的平稳推进。同时，寻求构建国内企业"走出去"的融资机制和风险防范机制：一是扩大优惠贷款的覆盖范围，对符合我国境外投资发展战略和产业政策的跨国企业给予资金扶持；二是减少我国跨国企业集团境外融资权限制，政府应在鼓励国内企业集团利用内部资金的同时，充分利用国外资本进行融资；三是打造与境外投资相匹配的金融服务和保险制度体系，为境外投资企业提供扎实的金融保障；四是加快制定和设立《境外投资保险法》，提供境外投资服务的保险机构以提高境外投资者应对风险的能力。

第七章

提升开放平台能级，打造东北地区
面向东北亚对外开放新前沿

开放平台是扩大对外开放的重要载体，不仅是我国持续扩大对外开放的前沿阵地，也是进行体制机制创新的重要试验田，要充分发挥开放平台在构建新发展格局中的引领作用，持续推进各类开放平台建设，打造开放层次更高、营商环境更优、辐射作用更强的开放新高地。完善自由贸易试验区布局，赋予其更大改革自主权，深化首创性、集成化、差别化改革探索，积极复制推广制度创新成果。创新提升国家级新区和开发区能级，促进综合保税区高水平开放，完善沿边重点开发开放试验区、边境经济合作区、跨境经济合作区功能。

第一节 东北地区面向东北亚
开放平台建设现状

搭建开放平台是对外开放中的重要任务，开放平台的能级关乎对外开放的质量。目前对开放平台的定义及种类没有统一标准，根据"十四五"规划和二〇三五年远景目标纲要中开放平台建设的内容，开放平台主要包括自由贸易试验区、自由贸易试验港，综合保税区、国家级新区和开发区，重点开发开放试验区、边境经济合作、跨境经济合作区、内陆开放型经济试验区等。截至 2022 年，东北地区拥有 2 个自贸试验

区、11 个综合保税区、3 个重点开发开放试验区、7 个边境经济合作区
等多个重要开放平台（见表 7−1）。

表 7−1　　　　　　　　　东北地区开放平台目录

开放平台种类	所属地区	名称	设立时间
自由贸易试验区	辽宁省	辽宁自由贸易试验区沈阳片区	2017 年 4 月 10 日
		辽宁自由贸易试验区大连片区	2017 年 3 月 15 日
		辽宁自由贸易试验区营口片区	2017 年 4 月 10 日
	黑龙江省	黑龙江自由贸易试验区哈尔滨片区	2019 年 8 月 2 日
		黑龙江自由贸易试验区黑河片区	2019 年 9 月 17 日
		黑龙江自由贸易试验区绥芬河片区	2019 年 9 月 29 日
综合保税区	辽宁省	大连大窑湾综合保税区	2020 年 8 月 30 日
		大连湾里综合保税区	2020 年 5 月 17 日
		营口综合保税区	2017 年 12 月 21 日
		沈阳综合保税区	2011 年 9 月 7 日
	吉林省	长春兴隆综合保税区	2011 年 12 月 16 日
		珲春综合保税区	2019 年 3 月 12 日
	黑龙江省	绥芬河综合保税区	2009 年 4 月 21 日
		哈尔滨综合保税区	2014 年 12 月 25 日
	内蒙古自治区	满洲里综合保税区	2015 年 3 月 23 日
		鄂尔多斯综合保税区	2017 年 2 月 14 日
		呼和浩特综合保税区	2018 年 9 月 4 日
重点开发开放试验区	黑龙江省	黑龙江绥芬河—东宁重点开发开放试验区	2016 年 4 月 1 日
	内蒙古自治区	内蒙古满洲里重点开发开放试验区	2012 年 7 月
		内蒙古二连浩特重点开发开放试验区	2014 年 6 月
边境经济合作区	辽宁省	丹东边境经济合作区	1992 年 7 月 7 日
	吉林省	珲春边境经济合作区	1992 年 9 月 14 日
		和龙边境经济合作区	2015 年 3 月 3 日

续表

开放平台种类	所属地区	名称	设立时间
边境经济 合作区	黑龙江省	黑河边境经济合作区	1992 年 3 月
		绥芬河边境经济合作区	1992 年 3 月
	内蒙古自治区	满洲里边境经济合作区	1992 年 3 月
		二连浩特边境经济合作区	1993 年 6 月 4 日

资料来源：根据各地区官方网站文件整理。

一、自由贸易试验区

自由贸易区的定义有狭义与广义之分，广义的自由贸易区（free trade area，FTA）是指通过签订贸易协定，两个或两个以上的国家和地区之间进一步开放市场，最大程度上消除成员国之间的贸易壁垒，实现贸易自由化，促进商品、资本、技术、服务、人员等生产要素自由流动的贸易区。我国加入的中国—东盟自由贸易区、中国—巴基斯坦自由贸易区属于广义的自由贸易区。狭义的自由贸易区（free trade zone，FTZ）是指在国家内部部分领土设立的免于海关管辖的特殊经济区域，比如巴拿马自贸区。

中国以特殊海关监管和税收优惠政策为主要手段，以实现贸易自由化为主要目的设立了自由贸易试验区，深化贸易便利化改革，进行金融国际化、投资自由化的探索。中国（上海）自由贸易试验区是我国于2013 年设立的首个自由贸易试验区，截至 2022 年，我国共设立了 21 个自由贸易试验区，包括东北地区的辽宁自由贸易试验区（以下简称"辽宁自贸试验区"）和黑龙江自由贸易试验区（以下简称"黑龙江自贸试验区"）。本书所指自由贸易试验区为狭义概念。

（一）辽宁自由贸易试验区

辽宁自由贸易试验区于 2017 年 4 月 1 日揭牌成立，是在东北地区设立的第一个自贸试验区。辽宁自贸试验区的建立是推动东北地区老工业基地振兴，坚持改革开放的重要举措，肩负对内对外两项重要任务。对内要求自由贸易试验区进行制度创新，服务东北老工业基地振兴，一方面要解决现有问题（深化国企国资改革），另一方面要补齐产业短板（产业转型升级、发展生产性服务业、构筑人才和创新高地）。对外要求辽宁自贸试验区扩大国际影响力，辐射日本、韩国、俄罗斯等东北亚地区，加强与周边国家经济、贸易、金融联系。辽宁自贸试验区规划面积 119.89 平方公里，分为大连片区、沈阳片区、营口片区三个片区，各片区承担功能不同，产业侧重不同（见表 7-2）。

表 7-2　　　　　　　辽宁自由贸易试验区各片区重点发展产业

片区	重点发展产业
大连片区	港航物流、先进装备制造、汽车整车及零部件、电子信息、新能源、健康医疗、冷链及现代服务业
沈阳片区	先进制造业、金融服务业、国际商贸业、现代物流业、高端服务业
营口片区	先进装备制造、金融产业、旅游健康产业、高新技术产业、商贸物流产业

资料来源：根据辽宁自由贸易试验区各片区官网资料整理。

辽宁自贸试验区强调制度创新发展，确立了"4+2+X"创新方向（见图 7-1），推出"装备制造业服务化转型升级创新模式"等多项国资国企改革创新方式。大连片区通过改革创新实践，推动制造业服务化转型，增强企业国际竞争力；沈阳片区开通跨境国际电商国际货运包机航线，紧扣企业需求，解决跨境电商运输受限、货物积压问题，设立了国内第一个出入境人员综合服务"单一窗口"，探索东北亚人文建设新路径；营口片区构建"实时动态数据分析+点对点施策"产业集群培育新模式，培育安全应急智能装备特色产业集群。辽宁自贸试验区在制度创新领域不断实现新突破。

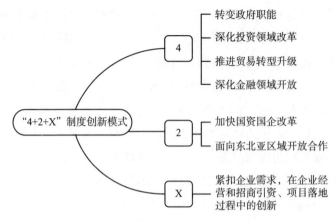

图 7 - 1　辽宁自贸试验区"4 + 2 + X"制度创新模式

　　截至 2022 年 4 月，辽宁自贸试验区设立满五年。五年期间，自贸试验区取得亮眼的成绩，其中尤以大连片区最为突出。根据辽宁省统计局数据，大连自贸片区成立以来，登记已注册的企业超过 3 万家，规模以上工业总产值超过 3600 亿元，进出口总额突破 7000 亿元；沈阳自贸片区也取得了历史性的突破，成立以来累计注册企业超过 1.8 万余户，新增外资企业也超 370 家；营口片区设立以来新增注册企业 8000 余家，新企业累计税收 20 亿元。5 年来，该自贸区推出创新政策 505 项，创新案例 226 项，其中 3 项全国复制推广、59 项全省复制推广、191 项全市复制推广。

（二）黑龙江自由贸易试验区

　　黑龙江自贸试验区于 2019 年 9 月 17 日挂牌成立，是我国最北部的自贸区，包括绥芬河、黑河、哈尔滨三个片区，面积为 119.85 平方千米。为了真正实现黑龙江自贸试验区向北开放试验窗口的定位，将其打造为重振黑龙江经济的重要引擎和中国与俄罗斯及东北亚区域合作的枢纽，各自贸片区坚持创新发展。哈尔滨自贸片区聚焦新兴战略产业，利用现有科研院所和高校深化创新，努力攻破关键核心领域技术难关，培育发展新动能；黑河自贸片区充分发挥"中俄双子城"

的位置优势，完善基础设施，利用中俄黑龙江大桥和中俄跨境物流枢纽项目，以"沿边发展"和"对俄合作"为重点，发展成为沿边对俄合作的中心枢纽；绥芬河自贸片区则将重点放在贸易转型升级上，提升木材、粮食、清洁能源等进出口加工业附加值，延长贸易产业链，兼顾国内外两种资源、两个市场，将自贸片区打造成立体化国际型口岸。

哈尔滨自贸片区着力于"强存量、扩增量、建核心"，加速构建现代化产业体系。截至2021年8月，区内引进项目189个，达成3538亿元协议投资额，以绿地园博城为代表的9个超百亿项目和以正威国际集团为首的7家世界500强企业进驻自贸片区，累计新设企业8787家；成立两年来，绥芬河自贸片区在中俄合作方面，引导企业在俄投资项目70项，设立境外园区7个，15家企业入驻俄罗斯自由贸易港和超前发展区，自贸片区外贸总额达到黑龙江自贸试验区总额的54.9%，贸易规模超过其他两个片区的总和；黑河自贸片区推出"一站式"涉外服务专区、"绿色审批通道"对标国际标准，截至2022年，新增企业2300多家，新增注册资本96亿元。

自黑龙江自贸试验区设立以来，持续推动制度创新、营商环境、法治保障、服务发展等全方位建设，截至2022年6月，累计取得200多项制度创新成果，新签约内资项目329个，合同金额超2500亿元，外贸额超690亿元。黑龙江自贸试验区发挥引领作用，成为推动区域经济发展的新动力，根据黑龙江省统计局数据，黑龙江地区生产总值增速由自贸试验区设立前的4%提升至现在的9%。通过自贸试验区对产业的整合升级，产业结构也更加合理，2018年黑龙江省三次产业在地区生产总值中的占比分别是23.36%、27.53%、49.11%，已经初步形成了以第三产业为主体的产业结构，但第二产业技术水平偏低，无法带动产业间发展。经过三年的发展，工业及制造业的优势逐渐突出，第二产业占比增至33.7%，第三产业占比达到55.3%，产业结构实现升级，对推动经济增长效应明显。

二、综合保税区

综合保税区是指在内陆地区设立的，整合保税区、出口加工区、保税物流区等多区功能，具有口岸、物流、加工等功能的海关特殊监管区域，是国内开放度高、功能齐全、手续简化、政策优惠的特殊开放区域，主要发展国际中转、采购、配送、转口贸易和出口加工等业务。综合保税区主要税收政策包括：国外货物入区保税；区内货物销往国内视同货物进口需报关和征税；国内货物入区按照货物出口进行退税；区内货物交易不产生增值税和消费税。东北地区现有 8 个综合保税区，分别是辽宁省内的大连大窑湾综合保税区、大连湾里综合保税区、营口综合保税区、沈阳综合保税区；吉林省内长春兴隆综合保税区、珲春综合保税区；黑龙江省内绥芬河综合保税区和哈尔滨综合保税区；内蒙古自治区的满洲里综合保税区、鄂尔多斯综合保税区、呼和浩特综合保税区。

（一）辽宁省综合保税区

辽宁省共设立了4个综合保税区（见表7-3）。沈阳综合保税区是辽宁省内第一个综合保税区，占地 7.1 平方公里，分为 A 区、B 区两区。A 区以沈西工业走廊、沈阳近海经济区为依托，充分发挥其资源和区域优势，发展大型仓储、分拨、配送、采购及加工贸易等产业，加强保税物流的作用；B 区为原辽宁沈阳出口加工区，重点发展国际航空物流、电子信息、生物制药、环保节能等高附加值产业，突出口岸通关和保税加工功能。A 区距离机场较远，交通不具备比较优势，项目支撑能力较差；B 区区位优势突出，但是周围的土地没有开发余地。沈阳自贸片区未来将加强对沈阳综合保税区政策支持，完善其相应功能，充分发挥其在扩大对外开发过程中的辐射带动作用。

表 7 – 3　　　　　　　　　　辽宁省综合保税区基本概况

名称	设立时间	规划面积 （平方公里）	主要功能
大连大窑湾 综合保税区	2020 年 8 月 30 日	1.82	主要承担口岸、物流、展示、加工等功能
大连湾里 综合保税区	2020 年 5 月 17 日	2.33	以出口加工为主要功能，重点发展加工贸易、半导体等优势产业
营口综合 保税区	2017 年 12 月 21 日	1.85	具有保税物流、保税加工、保税服务等功能，发展大宗商品贸易、港航服务业、保税仓储物流等业务
沈阳综合 保税区	2011 年 9 月 7 日	7.1982	具有通关作业、保税物流、保税加工等功能，开展仓储物流、转口贸易、商品展示等多项业务

资料来源：根据各地区官方网站文件整理。

营口综合保税区是东北地区唯一的沿海综合保税区，2017 年获批，2018 年通过验收，2019 年封关运行，建设速度史无前例，区内重点开展保税加工、保税物流、保税服务等业务，吸引了众多优势项目入驻。

2020 年，大连市设立了大连大窑湾综合保税区和大连湾里综合保税区，自此大连自贸片区迎来了双综保区时代，大连大窑湾综合保税区由大窑湾保税港区升级而来，区内拥有国内规模最大的保税冷链物流基地，冷藏规模 40 万吨。大连湾里综合保税区由大连出口加工区整合形成，区内以加工制造业和集成电路产业为主，聚集了一批行业的龙头企业。

（二）吉林省综合保税区

吉林省共设立了两个综合保税区（见表 7 – 4）。长春兴隆综合保税区是在吉林省设立的第一个综合保税区，于 2011 年设立，处于长春市东北部，地理位置优越，临近机场、火车站，公路、铁路、航空运输便利，是吉林开放先导区的核心区域。长春兴隆综合保税区的战略定位为：创建吉林对外开放新窗口，优化区域产业升级，辐射东北亚国际贸易与经济技术合作的新平台。长春兴隆综合保税区开通了"长满欧""长珲欧"等多条跨境运输通道；成功建设了国际陆港、跨境电商综合服务、检测维修、冷链加工等产业平台，具有较为完备的海关监管条件，以及标准厂房、保税仓库、双创中心、多式联运中心、高新孵化园、国际快件中心、进出口商品展示交易中心等平台载体；申请了综合保税区铁路口岸国家代码，打造运输体系国际标准。

表 7–4 　　　　　　　　　吉林省综合保税区基本概况

名称	长春兴隆综合保税区	珲春综合保税区
设立时间	2011 年 12 月 16 日	2019 年 3 月 12 日
规划面积（平方公里）	4.89	1.04
主要功能	具有保税加工、保税物流功能，开展国际转口贸易、商品展示、产品研发等业务，以加工制造业和现代物流业为主导	以保税物流、保税加工、保税服务功能为主，大力发展海产品和木制品加工、跨境电商、整车出口等产业

资料来源：根据各地区官方网站文件整理。

2019 年，吉林省增设珲春综合保税区，在珲春出口加工区的基础上优化整合，2021 年，珲春综保区跨境电商贸易额 9.85 亿元，同比增长 187%，综保区完成贸易额 24 亿元。2021 年，珲春市全市实现地区生产总值 97.49 亿元，年末人口 23.94 万人，外贸进出口总额 90 亿元，同比增长 9%，年均增长 8%；其中跨境电商贸易额 15 亿元，同比增长52%。

（三）黑龙江省综合保税区

黑龙江省设立了两个综合保税区（见表 7–5）。绥芬河综合保税区于 2009 年 4 月 21 日设立，2010 年 8 月 31 日正式启用，规划用地面积

1.8 平方公里，是目前中俄边境地区唯一的综合保税区，主要发展进出口加工产业、现代物流以及国际贸易。进口产业主要涉及天然气、润滑油、煤炭、粮食、海产品、木材等资源类货物的贸易和加工。出口产业主要涉及耐火材料、LED 产品、电子、服装、水果、建材等货物的贸易和加工。绥芬河综合保税区利用绥芬河区位优势，立足建立东北亚国际物流中心，充分利用中俄陆海联运大通道优势和综保区保税退税政策，全力推进商贸物流项目建设，积极促进区域物流一体化合作，着力构建以绥芬河为核心节点，连接中、俄、韩、日等亚太国家，辐射东北亚区域的国际陆海联运黄金大通道。

表 7 – 5　　　　　　　　　**黑龙江省综合保税区基本概况**

名称	绥芬河综合保税区	哈尔滨综合保税区
设立时间	2009 年 4 月 21 日	2014 年 12 月 25 日
规划面积（平方公里）	1.8	3.29
区位优势	绥芬河是黑龙江重要口岸城市，地处黑龙江对俄重地，联通俄罗斯、日本、韩国、蒙古国陆海通道	哈尔滨联通 25 个贸易口岸，设立了邮政对俄国际关口局
发展定位	建设口岸物流业发达、推动东北经济发展、中俄边境重要外向型产业聚集区	打造现代化物流中心、高端进出口加工产业集群

资料来源：根据各地区官方网站文件整理。

哈尔滨综合保税区于 2014 年成立，是黑龙江省第二个综合保税区，也是深化哈尔滨对俄合作的重要战略，哈尔滨综合保税区联合邻近的哈尔滨内陆港、铁路集装箱中心站，建设物流运输中心，保障哈尔滨国际物流通道的便捷和通畅。

（四）内蒙古自治区综合保税区

内蒙古自治区设立了 3 个综合保税区（见表 7 – 6）。满洲里综合保税区于 2015 年设立，是内蒙古自治区的首个综保区，依托满洲里口岸优势，至 2021 年开通口岸跨境班列线路 57 条，打造了连接东北、俄罗斯、蒙古国、欧亚地区的现代化物流体系枢纽，在推动内蒙古对外贸易升级、经济与国际接轨中发挥了重要作用，是中俄蒙欧经贸合作向高层次过渡的重要战略平台。

表 7 – 6 内蒙古自治区综合保税区基本概况

名称	满洲里综合保税区	鄂尔多斯综合保税区	呼和浩特综合保税区
设立时间	2015 年 3 月	2017 年 2 月	2018 年 9 月
验收时间	2016 年 12 月	2018 年 12 月	2019 年 12 月
规划面积（平方公里）	1.44	1.21	0.88
区位优势	位于满洲里市航空、铁路、公路中心交汇处，东西连接 301 国道及对俄口岸，南北联通滨州及西伯利亚铁路	位于鄂尔多斯空港物流园中心位置，处于全市航空、铁路、公路交通网络中心位置。周边基础设施完善，学校、银行、医院配套齐全	公路：内蒙古大通道贯穿自治区全境，联通与蒙古国、俄罗斯边境省区的 6 条客运路线 铁路：铁路网联通全国。 航空：呼和浩特白塔国际机场是内蒙古第一大航空枢纽，航线覆盖全国
重点产业	发展保税仓储、保税加工、现代物流、国际贸易、展示展览等产业	以保税加工、保税物流、保税服务功能为基础，发展本地装备制造、羊绒制品产业	基于保税功能，开展保税加工、保税物流、保税服务、保税展示、国外采购保税仓储、国内采购出口集运等业务
人口（万人）（截至 2021 年）	23.49	216.84	349.6
GDP（亿元）（2021 年）	157.9	4715.7	3121.4

资料来源：海关总署网站、国民经济和社会发展统计公报。

　　鄂尔多斯综合保税区在 2016 年设立，综保区周边水电路气讯基础设施完善，学校、医院、银行等社会公共设施配套齐全，为产业发展要素集聚效应的形成奠定坚实基础。鄂尔多斯综合保税区 2021 年进出口额约 25.4 亿元人民币。鄂尔多斯市 2021 年全市完成地区生产总值 4715.70 亿元，进出口总额 89.3 亿元，同比增长 94.1%。

2016 年 3 月，在呼和浩特出口加工区的基础上整合升级设立的呼和浩特综合保税区是呼和浩特扩大对外开放，实现外向型经济转型的重要平台，极大地促进了呼和浩特的经济发展和开放水平的提高。2021 年呼和浩特综合保税区进出口额约 35 亿元人民币，呼和浩特市 2021 年地区生产总值完成 3121.4 亿元，进出口总额 159.8 亿元，同比增长 8.7%。

三、重点开发开放试验区

重点开发开放试验区是深化我国与周边国家和地区合作的重要平台，也是促进沿边地区经济社会发展的重要支撑，是维护边境和国土安全的重要屏障，逐渐成为 "一带一路" 建设中的先手棋和排头兵，在构建新发展格局中具有重要作用。东北地区共设立了 3 个重点开发开放试验区，其中黑龙江省 1 个，内蒙古自治区 2 个。

黑龙江省的绥芬河－东宁重点开发开放试验区（以下简称绥东试验区）于 2016 年 4 月 1 设立，包括绥芬河市全境以及东宁市部分区域，邻近俄罗斯远东地区，总面积 1284 平方公里。建立绥东试验区是深化中俄全面战略合作伙伴关系，扩大东北地区面向东北亚地区开放的重要举措。

绥东试验区作为促进中国与俄罗斯之间密切贸易往来的试行平台，成立之后加快基础设施建设，绥芬河铁路货场成为中俄铁路国际物流基地，绥芬河出境铁路与俄罗斯远东港口群联通，东宁口岸与俄波尔塔夫卡口岸隔河相对，不断完善综合铁路、航空、公路、海运多种运输方式于一体的现代交通网络。试验区内不断进行制度创新，吸引外资流入，试行离境退税政策，绥芬河市设立了个人本外币兑换机构，成为全国首个卢布试点城市，促进了绥东试验区的贸易便利化。依托绥东试验区便利的运输以及贸易条件，在东北地区禁止国有林场商业采伐后，绥东试验区区内木材进口量达到全省的 70%，木材加工成为试验区的优势产业。东宁市绿色食品资源丰富，与俄罗斯食品加工产业合作不断升级。在绥东试验区内逐渐形成以木材产业链加工、对俄绿色食品加工、现代物流、跨境电商、旅游会展经济五大产业为主导的产业体系。

二连浩特重点开发开放试验区于 2014 年 6 月成立，覆盖二连浩特全境。二连浩特北与蒙古国毗邻，并辐射俄罗斯，对外开放条件得天独厚。二连浩特试验区的成立进一步推动了中蒙两国的贸易往来，增强了二连浩特作为国际运输枢纽的关键地位。二连浩特试验区在体制机制、基础设施、口岸发展等方面的建设取得了亮眼的成绩。试验区在行政体制、金融服务、口岸通关等方面进行"先行先试"，逐渐成为"一带一路"和中蒙俄经济走廊建设的排头兵；试验区内铁路路线增加，机场改建成功验收，运输网络进一步完善；设立了中蒙—扎门乌德经济合作区、边民互市贸易区，拓展了二连浩特试验区的对外开放。

满洲里重点开发开放试验区于 2012 年设立，满洲里作为百年口岸城市，区位优势明显，对内贯通环渤海地区，对外铁路联通俄罗斯，俄罗斯境内铁路沿线人口、资源密集。试验区内拥有铁路、公路、航空一体化的口岸运输体系，开通了 34 条跨境集装箱班列，航空年吞吐量超 200 万人次，公路口岸 24 小时通关，设立了东北地区第一个多式联运监管中心，交通运输条件便利；与俄罗斯产业合作不断深入，是俄罗斯燕麦、葵花籽等产品进口落地加工指定口岸；跨境旅游业、跨境电商产业发展迅速，满洲里中俄边境旅游区获批国家 5A 级旅游景区，跨境电子商务产业园建设完成，搭建了 16 个跨境电商交易平台，满洲里试验区的建设取得了阶段性成果。

四、边境经济合作区

边境经济合作区是促进我国沿边城市对外开放，发展边境贸易以及出口加工产业的经济区域。截至 2022 年，东北地区共设立了 7 个边境经济合作区，边境经济合作区概况如表7-6所示，本书主要选择满洲里边境经济合作区和珲春边境经济合作区进行简单介绍。

表7-7 东北地区国家级边境经济合作区简况

地区	名称	批准时间	面积（平方公里）	主导产业
内蒙古自治区	满洲里边境经济合作区	1992年3月	79	木材加工、商贸、仓储物流
	二连浩特边境经济合作区	1993年6月	49.75	木材加工、矿产品加工、农畜产品加工、建材、仓储物流
辽宁省	丹东边境经济合作区	1992年7月	6.3	船舶制造、仪器仪表、汽车及零部件、软件产业
吉林省	珲春边境经济合作区	1992年9月	21.77	有色金属、水产品加工、纺织服装、高新技术、商贸
	和龙边境经济合作区	2015年3月	4.27	服装、汽车配件、海产品加工、仓储物流
黑龙江省	绥芬河边境经济合作区	1992年3月	16.5	木材加工、纺织服装、机电、商贸、仓储物流
	黑河边境经济合作区	1992年3月	7.63	特色农业、石化、现代建材

资料来源：《中国跨境经济合作区进展报告》。

（一）满洲里边境经济合作区

1992年，满洲里市设立了满洲里边境经济合作区，面积达6.4万平方千米。内蒙古自治区在2010年将满洲里边境经济合作区设成循环经济试点示范园区，主要从事木质材料的加工处理、贮存，以及批发和零售，产品包括防腐木、集成木材、景观木材、木屋、实木门窗等20余个种类，大部分出口到美国、日本、韩国、欧盟、东盟、俄罗斯及其他地区，已经形成了一个具有规模效益的产业集群。

边合区把核心放在发展园区经济，全面协调产业升级以及城区环境的改造，进而促进经济社会健康发展。2018 年，区内固定资产投资额达到 6.19 亿元，比上年增加了 51.9%，实现财政收入 1.96 亿元，比上年增加了 2.6%，木材交付为 636.3 万立方米，并且已经确定了 20 个关键项目，需要的总投资额共 16.8 亿元，已经完成的投资额为 2.23亿元。

（二）珲春边境经济合作区

1992 年 9 月，珲春市设立了珲春边境贸易合作区，面积达 21.5427平方千米，在该区已基本实现"三通一平"，形成"六纵七横"的主要道路运输体系，2000 年 4 月设立了珲春出口加工区，2001 年 2 月设立了珲春中俄互市贸易区，并实施了"三区合一"。2012 年 4 月，图们江地区（珲春）国际合作示范区经国务院批准设立，边贸试验区又一次获得了历史性的发展机会。截至 2020 年，合作区地区生产总值达到31.5 亿元，较上年同期增长了 2.8%。其中，规模以上工业增加值 29.2亿元，较上年同期增长 3.2%；全年实现工业总产值 138.9 亿元，较上年同期增加 1%；边合区的固定资产投资达到 11 亿元，较上年同期增长 64.8%，实现了质量好转、结构优化、步伐稳健、稳中求进。截至2022 年 4 月末，珲春边合区的续建工程已经开工实施了 15 个，总投资额达到了 35.41 亿元，另外，在筹备的 24 个项目中，总投资额已经达到了 78.04 亿元。

虽然取得了一定的成果，但与其他区域相比，珲春边境经济合作区的发展还存在一些问题，使其难以实现跨越发展。第一，工业结构单一，造成了珲春市经济发展滞后，由于传统的老工业基地发展模式的制约，珲春地区的经济转型尚未全面完成，资源利用效率低下，各地区之间的产业发展不能协调发展。同时，由于受到周边各国经济政策的影响，我国跨区域的工业合作并不活跃，经贸和技术的交流机会较少，这对合作区的发展速度造成了很大的阻碍。第二，没有足够的外资吸引力，珲春市在经济下行压力的影响下，经济发展速度明显减缓，招商引资工作也越来越困难。边合区招商引资项目定位不够清晰，高附加值、高质量项目相对较少，这在一定程度上对边合区的招商引资工作产生了不利影响。

第二节　开放平台建设案例比较分析

大连自贸片区是我国北方规模最大的自由贸易片区，实现了两个综合保税区，即大连大窑湾综合保税区和大连湾里综合保税区的升级。为实现进一步的对外开放，深度融入"一带一路"建设，建设成为我国北方地区对外开放的关键门户，大连一直处于建设大连自由贸易港的积极探索中。目前，我国最大的自由贸易港——海南自由贸易港正在建设当中，实施了一系列的优惠政策和创新实践，预计 2025 年前实现封关运作。海南自贸港的发展为大连港口建设提供了指导性经验，也为东北地区开放平台的发展提供了可借鉴的案例。

海南自由贸易港（以下简称海南自贸港）于 2020 年 6 月 3 日在海南省挂牌成立，实施范围涵盖海南岛全岛，总面积 3.54 万平方公里，内有 11 个重点园区。本书从区位特点、产业政策、基础设施建设、营商环境四个方面将海南自贸区与东北地区自贸区建设进行对比分析，从而找出东北地区平台建设的优势和不足。

一、区位特点

海南岛四面环海的区位特点使得海南自由贸易港具有独特的离岛优势，岛屿经济发展中资金、人才等资源很大程度上依赖岛外，生产要素流动性强，因此，海南在建设商品、资金、人员开放自由的特殊区域时具有更为丰富的经验。海南自贸港与东盟国家临近，扼守南海的门户，四面环海，港口条件便利，开辟了许多连接东盟国家的海上运输航线，海南的众多机场已经实现了与所有东盟国家的空中联通。优越的交通条件是促进海南自贸港对东盟国家开放的巨大优势。中国与东盟国家建交近 30 年，在政治和经济方面达成众多共识。自海南自贸港建立以来，海南与东盟国家间的贸易额在海南自贸区贸易总额中的比重越来越大，自贸港是促进我国与东盟国家贸易往来的重要窗口。

黑龙江自贸试验区是我国最北部的自贸试验区，是中蒙俄经济走廊与亚欧国际货物运输大通道的重要节点，有明显的沿边优势，跨境运输便利。哈尔滨自贸片区空运航线联通欧亚，与俄罗斯远东地区、日本、韩国等地都处于 2 小时航空圈。绥东试验区位于东北地区对外开放的前沿，绥芬河和东宁都是黑龙江的口岸城市，向东经俄罗斯港口群可连接日本、韩国和太平洋国家，向西经欧亚大铁路可直达莫斯科和欧洲腹地，具有对外开放的区位优势。辽宁自贸试验区拥有沿海优势，和日韩隔海相望，是东北地区面向东北亚开放的重要门户和前沿。营口自贸片区位于大辽河东海岸，处于环渤海经济圈和东北亚经济圈的交接区域；大连自贸片区位于东北地区海陆联运中心，由大窑湾和小窑湾连接而成，内联外通，是东北地区交通运输网络的重要节点，也是联通东北亚地区的航空要塞。

在地理区位上，海南岛与东北地区分别位于我国最南端和最北端，开放平台的建设依托区位优势扩大了对周边国家的辐射范围，海南自贸港联通东盟国家，东北地区的开放平台是东北地区面向东北亚开放的重要依托。要通过东北地区的开放平台建设，扩大东北地区对东北亚开放的优势，充分实现各开放平台的功能定位，通过自贸试验区和综合保税区建设，提升东北地区与东北亚之间贸易便利化，通过边境经济合作区和重点开发开放试验区的发展推进口岸建设，加深我国与邻国边境产业合作。

二、产业支持政策

海南自贸港以旅游业、现代服务业、高新技术产业为主导产业，支持热带特色高效农业和制造业，构建"3 + 1 + 1"模式的现代化产业体系。海南自贸港为支持港区内产业发展，提出了一系列包括税收、运输、投资等在内的优惠政策。为引进高端人才，海南自贸港对港区内的紧缺人才实行税费减免政策，免征个人所得税超过 15% 的部分，以此吸引高端人才的流入。多次提高游客的免税购物额度，增加了海南岛的游客数量，促进了海南自贸港旅游业的发展。同时，为促进贸易自由化和便利化，不断扩大"单一窗口"服务贸易管理事项的范围，丰富涉外经济技术展举办范围，扩大技术进出口经营者资格范围，港区从投资、文化、技术等多方面实施优惠政策，促进服务贸易的创新突破。海南自贸港试行"一线放开，二线管住"制度，在自贸港与我国关境外的其他国家之间设立"一线"，自贸港与我国关境内的其他地区间设立"二线"。在"一线"区域，符合规定的货物自由进出、免征关税，属于鼓励类企业生产且原材料合规的商品经"二线"进入内地免征进口关税。海南自贸港不断扩大"一线放开，二线管住"的实施范围，丰富自由进出的货物种类。2025 年之前，对港区内鼓励类产业减征企业所得税，对属于旅游业、现代服务业、高新技术产业类企业的新增境外直接投资所得免征所得税。

东北地区面积广阔、资源丰富，拥有雄厚的工业基础，但较海南自贸港产业结构优化进程落后，因此，各自贸试验区大力发展优势产业，鼓励创新，支持新兴产业的发展，为东北地区对外开放注入新动力。辽宁自贸试验区大连片区发布《中国（辽宁）自由贸易试验区大连片区（大连保税区）企业高级管理人才奖励暂行办法》，片区内对高级管理人才给予奖励，发挥高级管理人才在产业发展中的引领作用。黑龙江自贸试验区围绕功能定位和重点产业布局，根据各片区产业特色，以优势产业为主导，推动整个自贸区的产业结构升级，哈尔滨自贸片区以战略性新兴产业为主导，黑河自贸片区打造跨境能源、物流产业平台，绥芬河片区重点投资木材农产品产业。为促进产业发展，激励技术创新，黑龙江自贸试验区制定了一系列投资优惠政策，对片区内新建项目根据投资额给予不同额度基础设施扶持资金，对符合高新技术认定的企业，根据认定层次给予不同数额的资金奖励，中小微企业分类扶持等，涵盖了新增投资、固定资产再投资、中小企业、民营企业、电商企业等多方面内容。海南自贸港与辽宁、黑龙江自贸试验区重点产业政策对比如表7-8所示。

表7-8　　　海南自贸港与辽宁、黑龙江自贸试验区产业政策对比

	海南自贸港	辽宁、黑龙江自贸试验区
主导产业	旅游业、现代服务业、高新技术产业	制造业、林业、现代服务业、高新技术产业
人才引进	港区内紧缺人才免征个人所得税超过15%的部分	高级管理人才给予奖励
企业扶持	2025年之前，鼓励类产业企业，减按15%的税率征收企业所得税； 旅游业、现代服务业、高新技术产业企业新增境外直接投资所得，免征企业所得税	新建项目根据投资额给予不同额度基础设施扶持资金； 对符合高新技术认定的企业，根据认定层次给予不同数额的资金奖励

　　资料来源：根据自贸港、自贸试验区官网文件整理。

　　东北地区开放平台与海南自贸港的主导产业各有侧重，较海南自贸港，东北地区的资源丰富，工业体系发展更为完善，主导产业包含了依靠资源优势的林业和东北地区的传统产业制造业。海南省和东北地区的产业结构都较为落后，根据华经产业研究院数据，海南省2021年三次产业结构比例为19.4%、19.1%、61.5%，实现了以第三产业为主导，但经济单一、工业化进程迟缓问题突出。东北地区第三产业占比最大，但各区域内第三产业占比大多保持在50%左右，仍有很大的提升空间，东北地区支柱产业多样，但第二产业缺乏高新技术的支撑，无法促进产业间的发展。对于开放平台鼓励产业发展实施的优惠政策，可以明显看出，海南自贸港实施政策更全面、优惠力度更大，为东北地区平台建设提供了政策创新经验。通过加大自贸试验区、综合保税区等开放平台政策优惠力度，推出更加适合东北地区发展的创新政策，推动东北地区高新技术产业发展，促进产业结构升级，是开放平台建设中的重要任务。

三、基础设施建设

海南自贸港的港口资源丰富，拥有 68 个天然港口，但已经开发的仅 20 个。其中海口港位于海南北部，是贸易往来的重要口岸，集装箱吞吐量超过 200 万标箱，也是游客进出的重要通道；三亚港位于海南南部，是南部对外开放的重要门户；洋浦港位于洋浦经济开发区境内，属于国际枢纽海港，总航线 40 条，吞吐能力达到 1.13 亿吨。航运是海南自贸港发展贸易的重要依托，港口承担了海南自贸港大部分的货物运输量，目前海南自贸港的港口仍在加紧建设中。海南拥有四个民航机场，是全国唯一同时开放第三、第四、第五、第七航权的省份，代表了我国航权对外开放的最高水平，海南自贸港国际航线密集，是我国对太平洋、印度洋开放的重要门户。由于海南岛地形地势特殊，港区的路网建设还待加强，环城高速、铁路运输网、高架交通网都没有达到国际化自由贸易港的标准。海南对公路的投资不断增加，多条高速公路建成通车，高速路网由"田"字形向"丰"字形升级建设，公路网逐渐密集，不断向好转变。

东北地区自贸试验区、重点开发开放试验区内的基础设施建设较海南自贸港更为完善，不仅拥有丰富的港口资源，也拥有完善的铁路和公路网。大连自贸片区内拥有多个码头，联通 160 多个国家的 300 多个港口，货物吞吐量巨大，东北地区对外贸易中 70% 的货物由此运往国外。大连自贸片区推出"铁路敞顶箱'班列 + 班轮'海铁联运新模式"，将铁路和港口相结合，消除行业壁垒，打破铁路监管的束缚，针对性地打通制度堵点，大大缩短了运输时间，突破了原料产业和加工地跨省合作的瓶颈，这种创新模式为货物运输提供了新思路，实现了多行业跨地区合作。营口自贸区连接五个港口，营口港是我国离俄罗斯最近的出海口，联通了 50 多个国家，150 多个港口，开通了 12 条中欧班列，是中欧货物运输的重要中转港。

长春兴隆综合保税区开通了"长满欧"中欧班列、"长珲欧"国际铁路货运班列、津长海铁快线、跨境货运航线等多条对外通道。绥芬河铁路车站班列开行流程不断优化，提升了中欧班列运行效率。绥芬河自贸片区与国内 16 个港口建立了货物跨境运输体系，向日本、韩国出口的木材、粮食、煤炭等货物大多通过此通道运输。

较海南自贸港的交通运输体系，东北地区的基础设施建设较为完善，港口成熟，货物运输量大，航线密集，与俄罗斯、日本、韩国等地区运输距离短，除海运、空运外，还开通了多条铁路货运班列，形成了完善的海陆空交通运输网。在继续完善基础设施建设的同时，开放平台应增加创新实践，继续推出诸如"铁路敞顶箱'班列 + 班轮'海铁联运新模式"的创新举措，充分发挥运输网络的优势，提高运输效率，降低运输成本。

四、营商环境

海南自贸港强调营商环境建设，计划到 2025 年打造成国内一流水平的营商环境，2035 年营商环境达到国际前列水平。海南自贸港内实行"单一窗口"审批制度，严格执行"非禁即入"的政策，整合了 13 个部门，120 个政务系统，简化企业审批流程。"一站式"服务不仅为本地企业提供了优质的服务，也吸引了外资的流入。2018 年海南自贸港外资利用规模 7.3 亿美元，2021 年扩大至 35.2 亿美元，增速超过全国平均水平的 95%。海南自贸港内设立了全国第一个营商环境建设厅，统筹推进政务服务、营商环境、数据共享、社会信用多方面建设。海南自贸港设立以来，颁布营商环境相关政策 40 多项，营商环境优化示范案例 29 个，海南自贸港区内市场主体数量由 2018 年的 75 万户增长至 2022 年的 200 万户，增长速度连续 31 个月保持全国第一，港区内企业对营商环境的满意度达到 73%，港区内营商环境改善不断创造新高度。

优化营商环境是辽宁自贸试验区推动高质量发展的重要抓手。为优化营商环境，沈阳自贸片区开展自贸区园区直通车模式走进多个园区，举办科技、税务、人社专场，各职能部门协作配合，在人才引进、投资支持、通关便利等多个环节提供全方位服务。大连自贸片区在片区内设立了营商环境监测点，解决企业发展难点问题，开发营商环境评议系统，进行实时动态监测，为优化营商环境提供法律保障。辽宁自贸试验区为促进口岸通关便利化，保障外贸供应链畅通，众多口岸承诺口岸通关实现标准化，提高口岸工作效率。哈尔滨为提升口岸通关便利化，精减通关单证、减少通关时间、优化通关流程、降低通关成本、加强通关保障，不断优化口岸通关环境。哈尔滨自贸片区推出开办企业直通车服务，建立自贸区法庭，打造便利化市场化营商环境，新设企业累计达到1.3万户，外资使用量3.38亿美元，进出口总额67.89亿美元，年增长速度100%。黑龙江自贸试验区成立三年以来，持续推进简政放权改革，提高工程审批便利化水平，实行减税降费政策，完善司法保障体系，推动跨境司法联动体系的建设，营商环境创新取得多项成果，在执行合同、纳税、办理建筑许可等多环节取得突出成效。

营商环境与经济发展互为基础，是一个地区综合实力的表现，优化开放平台的营商环境，吸引国内外优质企业的加入，才能持续推动开放平台的发展，带动地区经济的全面增长。海南自贸港和东北地区开放平台资源基础、产业结构、基础设施建设情况不同，优化营商环境的政策也各有侧重，海南自贸港旅游业发达，现代服务业发展更具优势，海南自贸港采取的"单一窗口"服务方式和"非禁即入"的审批手段力度更大，港区内对企业的服务支持更加到位。东北地区工业发达，资源丰富，基础设施建设更加完善，开放平台推出的运输创新方式切实提升了货物运输的便利程度，降低了货物运输成本。但在企业服务、人才引进方面创新力度较小，应鼓励相关方面制度创新，全方位促进营商环境的优化。

第三节　提升东北地区面向东北亚
平台能级的建设目标

一、自由贸易试验区

辽宁自贸试验区和黑龙江自贸试验区具有不同的战略定位和发展目标（见表 7-9）。但都以建设高水平高标准自由贸易园区，引领东北地区发展方式转变为目的，提出了产业、贸易、金融、法制等多领域的建设目标。

表 7-9　辽宁自贸试验区和黑龙江自贸试验区战略定位及发展目标

	战略定位	发展目标
辽宁自贸试验区	加快市场取向体制机制改革、积极推动结构调整，努力将自贸试验区建设成为提升东北老工业基地发展整体竞争力和对外开放水平的新引擎	经过三至五年改革探索，努力建成高端产业集聚、投资贸易便利、金融服务完善、监管高效便捷、法治环境规范的高水平高标准自由贸易园区，引领东北地区转变经济发展方式、提高经济发展质量和水平
黑龙江自贸试验区	以制度创新为核心，以可复制可推广为基本要求，全面落实中央关于推动东北全面振兴全方位振兴、建设向北开放重要窗口的要求，着力深化产业结构调整，打造对俄罗斯及东北亚区域合作的中心枢纽	经过三年至五年改革探索，对标国际先进规则，形成更多有国际竞争力的制度创新成果，推动经济发展质量变革、效率变革、动力变革，努力建成营商环境优良、贸易投资便利、高端产业集聚、服务体系完善、监管安全高效的高标准高质量自由贸易园区

资料来源：《中国（辽宁）自由贸易试验区总体方案》《中国（黑龙江）自由贸易试验区总体方案》。

经过五年的建设，辽宁自贸试验区取得了优秀的成绩。随着经济的发展、产业结构的变化、对外开放水平的提高，自贸试验区的建设被赋予了更多的使命。辽宁省人民政府于 2022 年制定了《进一步深化中国（辽宁）自由贸易试验区改革开放方案》，更详细地明确了辽宁自贸试验区下一阶段建设目标。到 2025 年，持续深化改革，实现重要领域改革突破性进展，营造法治化、国际化、市场化的自贸试验区营商环境；完善自贸试验区经济制度，与国际规则相衔接，构建符合国际标准的自贸试验区；加大制度创新的力度，以高水平制度创新推动高质量发展，实现在开放经济发展中的引领作用。方案从体制机制改革、高水平对外开放、产业创新发展、"一带一路"建设四个方面确立了 20 项任务目标（见图 7 – 2）。

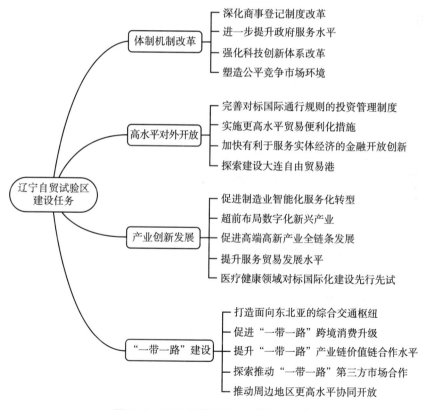

图 7 – 2　辽宁自贸试验区建设任务目标

资料来源：根据《进一步深化中国（辽宁）自由贸易试验区改革开放方案》整理。

经过三年多的建设，黑龙江自贸试验区在制度创新、优化营商环境、服务新发展格局等方面累计取得200余项制度创新成果。随着国内外发展环境的变化，第十四个五年规划的实施对黑龙江自贸试验区的发展提出新要求，哈尔滨自贸片区提出"5个100"目标、绥芬河自贸区片区锚定"一区四港"建设、黑河自贸片区着力打造向北开放新高地（见图7－3）。

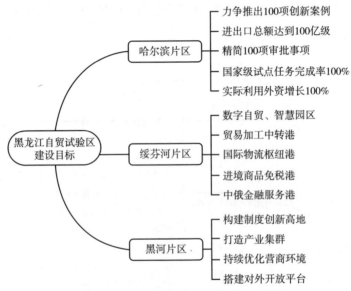

图7－3 黑龙江自由贸易试验区建设目标

资料来源：根据中国（黑龙江）自由贸易试验区官网文件整理。

二、综合保税区

综合保税区是推动开放型经济发展的重要平台。从产业体系、营商环境、制度创新多方位提升综合保税区竞争优势，将综合保税区建设成为对外开放新高地。综合保税区发展目标包括成为具有全球影响力和竞争力的加工制造中心、研发设计中心、物流分拨中心、检测维修中心、销售服务中心（见图7－4）。

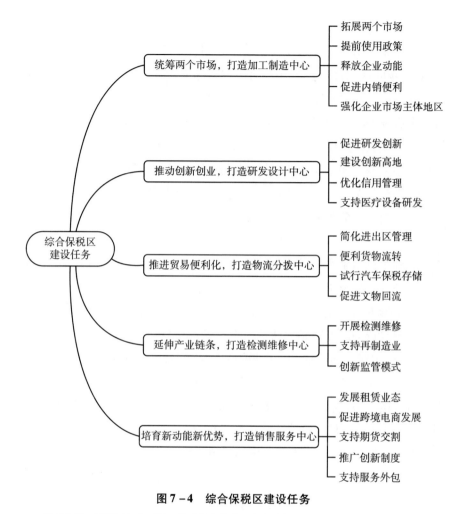

图 7 - 4　综合保税区建设任务

资料来源:根据国务院《关于促进综合保税区高水平高质量发展的若干意见》整理。

三、重点开发开放试验区

黑龙江绥芬河—东宁重点开发开放试验区作为中俄密切经贸合作先行先试的平台,预计建设成为对俄贸易、文化、旅游等领域交流合作最紧密的区域,在对俄开放中创新合作方式、拓展合作渠道。在黑龙江省发展和改革委员会 2019 年 4 月发布的《黑龙江绥芬河—东宁重点开发开放试验区建设总体规划》中，从总量、开发、开放、环境四个方面对试验区建设提出了一系列发展要求，规划包括了 2025 年的中期目标以及 2035 年的远期目标。到 2025 年实现经济社会繁荣稳定、开发建设进程增速加快、开放发展取得重大突破、生态建设成效显著。试验区内拥有金融服务中心、物流指挥中心、电子交易中心，建成完善的交通运输体系和现代化产业体系，优势产业发展良好，可持续发展能力增强。到 2035 年基本建成开发开放机制，搭建内联外通的国际大通道，与腹地联系紧密，与东北亚贸易便利；形成外向型产业体系，现代物流、进出口加工、金融服务等发达产业；绥芬河、东宁实现一体化发展，建设成为经济强劲、社会和谐、环境优美的沿边窗口城市。

满洲里口岸是我国最大的陆路口岸，承担了中俄贸易往来近 70% 的陆运任务，满洲里试验区作为内蒙古自治区的重要开放平台，不断进行体制机制创新，建设货物运输体系，扩大对外开放程度，优化产业结构，以建设成为欧亚陆路大通道的重要综合性枢纽、沿边地区重要的经济增长极、边疆民族地区和谐进步的示范区为目标。二连浩特是我国对蒙古国最大的开放口岸，其立足于"两种资源，两个市场"，以创建"北方开放桥头堡"为核心，进一步挖掘与蒙古国和俄罗斯在互利合作中的利益共性和交叉点，扩大对外开放，推动务实合作，努力将试验区建成欧亚国际通道的物流枢纽、参与国内国际双循环的战略高地、外贸转型升级的示范基地、资源要素集聚的开放平台、对外展示文明形象的窗口。

四、边境经济合作区

设立边境经济合作区是促进沿边开放的重要战略部署，要适应新的发展，就必须走出一条新路。第一，要加强金融系统的建设，拓宽融资渠道。引入国内外金融机构，在合作区建立服务机构，促进区域经济的发展。第二，以工业结构的转变为基础，促进经济的高质量发展。以完善装配式木结构住宅产业链条为突破口，提升园区内配套设施，促进企业兼并重组、促进优势企业与优质产能充分结合，推进标准化厂房建设，进一步清理取缔"小、散、乱"企业。第三，要加强对园区的综合整治，促进工业发展环境的优化。边境经济合作区建设目标主要包括实现沿边区域高水平开放、增强区域内生发展动力和活力、稳边固边及乡村振兴、提升发展水平四个方面的内容（见图7–5）。

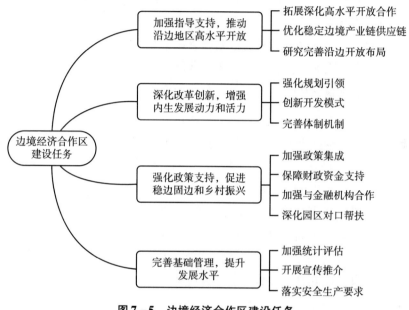

图7–5 边境经济合作区建设任务

资料来源：根据商务部办公厅文件整理。

第四节 提升东北地区面向东北亚 开放平台能级的思路对策

一、推动多式联运体系创新

多式联运是推动综合交通运输体系发展，实现交通强国战略的重要支撑，也是降低运输成本、提高物流效率、提升贸易便利化、引领国际物流通道建设的基础工程。东北地区基础设施建设持续推进,铁路发达,铁路网密集,联通俄罗斯、蒙古国、中亚等国家及地区,贸易往来及货物运输便利。大连港、营口港、丹东港等港口建设不断取得突破进展,承担了东北地区与东北亚之间贸易往来及货物运输的重要部分。东北地区海岸线长,内陆面积广阔,随着对外开放的不断深化,单一运输方式无法承担对外贸易的可持续发展,必须不断探索多式联运的新模式。

运输方式创新是开放平台创新探索的重要内容之一。江苏自贸试验区开通的中欧卡车航班,成功探索中欧国际运输新模式,河南自贸试验区创新内陆地区货物出海物流一体化协作新模式,运输方式的创新实践大大缩短了货物运输时间,提高了贸易往来的效率,这些运输模式创新为东北地区开放平台的创新探索提供了丰富的经验,大连自贸片区在2021年推出了敞顶箱"班列+班轮"甩挂滚装运输创新模式,运输粮油等商品,实现了多式联运模式新突破,是打造东北亚航运中心的重要实践。2022年8月,大连自贸区又通过敞顶箱"班列+班轮"甩挂滚装运输模式运送盘圆钢材等大宗货物,实现了多式运输模式运输货种的新突破,对推动东北海陆大通道建设具有积极作用。

自贸试验区和重点开发开放实验区等开放平台是进行多式联运创新方式探索的引领者,通过运输方式的发展,充分发挥东北地区交通运输网络的活力,降低货物运输成本,提高运输效率,有助于促进产业结构升级的进程,推动东北海陆大通道建设,为东北地区面向东北亚开放提供坚实的物流运输基础。通道畅通、贸易便利、物流高效的海陆大通道是东北亚各国加强区域经贸往来的重要支撑,可以推进东北的全面振兴。同时,东北海陆大通道可以联通陆上丝绸之路沿线的蒙古国、俄罗斯和海上丝绸之路沿线的日本、韩国等地,实现"一带一路"倡议的海陆连接,推动"一带一路"倡议在新时代实现新发展。

二、提升跨境结算便利化

进行金融制度创新是辽宁自贸试验区和黑龙江自贸试验区实现高水

平对外开放的重要任务，金融制度创新是自贸试验区发展的重点也是难点，金融自由化是优化营商环境，降低企业交易成本，吸引外资流入的重要引擎。

在金融制度创新方面，云南自贸试验区试行"一户百币"多币种国际结算模式，客户在银行可以通过美元、欧元、人民币账户办理非挂牌币种的国际结算业务，成功解决了小币种汇款难的问题，突破了小币种结算的瓶颈，有效满足了市场个性化汇款需求。云南自贸试验区"一户百币"结算方式为东北地区开放平台进行金融制度创新提供了新思路。推动跨境结算便利化是实现绥东试验区、边境经济合作区等区域加深对俄、蒙产业合作，推动自贸试验区贸易便利化，提高综合保税区功能的前提。2013 年，绥芬河市成为我国第一个获批的卢布使用试点城市，绥芬河口岸是黑龙江对俄开放的重要门户，也是黑龙江省内最大的对俄民贸商品集散地，卢布逐渐成为边境贸易中的主要支付手段，结算便利化的提升拓宽了黑龙江对俄罗斯的贸易往来。

自贸试验区、综合保税区等开放平台是打造对外开放窗口的重要载体，在东北地区向东北亚开放中，辽宁自贸试验区和黑龙江自贸试验区通过进一步探索跨境金融创新，提升跨境结算便利化，优化自贸区营商环境。自贸试验区"单一窗口"服务模式是跨境结算便利化的有效实施基础，深化"单一窗口"功能，利用数据聚集优势，与金融机构合作，提高跨境结算效率，为东北地区面向东北亚开放提供金融保障。

三、鼓励高新技术产业发展

产业结构不协调、高新技术产业规模小是东北地区产业现状的突出问题。关于高新技术产业的政策支持，辽宁自贸试验区和黑龙江自贸试验区制定了高新技术企业认定标准，并对高新技术产业以及企业增产增值给予资金奖励，这些政策有效提高了高新技术企业的数量，促进企业实现技术突破，但对形成高新技术产业规模优势，仍缺乏持续推动作用。

东北地区的传统工业规模大，但缺乏高新技术的支撑，无法成为东北地区经济增长的重要引擎，在对外开放中竞争优势薄弱。应持续提升自贸试验区对高新技术产业的支持力度，推动自贸试验区高新技术产业规模化增长。除资金奖励外，增加税收优惠支持，完善税收制度，扩大自贸试验区内高新技术企业的引进；完善知识产权体系，激发企业对高新技术产品开发的积极性；制定优惠力度更大的人才引进政策，通过引进技术、开发、管理等多领域人才以实现高新技术企业的可持续发展；引进高新技术，为传统产业注入活力，并推动技术在企业间的交流和改进，实现产业链整体升级。

实现自贸试验区高新技术产业的发展有助于增强自贸试验区产业间的竞争，提高自贸试验区市场活力，吸引外资流入，改造传统产业，优化产业结构，增强东北地区向东北亚开放的产业优势，实现高水平产业间合作。

四、自贸试验区协同开放发展

辽宁自贸试验区沿海，黑龙江自贸试验区沿边，两个自贸区共同承担推动东北地区经济发展的责任，但又有不同的功能定位。辽宁自贸试验区作为沿海型自贸区，有着优良的海港条件和运输优势，发展现代服务业和先进制造业的优势突出；黑龙江自贸试验区属于沿边型自贸区，毗邻俄罗斯，拥有多个口岸城市和便捷的国际陆地大通道，发展跨境物流、跨境金融等业务优势明显。在自贸试验区的建设中，要充分发挥辽宁和黑龙江自贸试验区的独特优势，建设亮点鲜明、战略定位清晰、功能特殊、不可替代的自贸试验区。同时，在推动东北地区区域发展时，也要统筹规划，由点到面，推动自贸试验区之间的互联互通，协同发展。

实现辽宁自贸试验区和黑龙江自贸试验区的协同开放发展，能够为东北地区向东北亚高水平开放夯实基础。依托多式联运体系，增强自贸区之间通道联通，促进辽宁自贸试验区和黑龙江自贸试验区在沿海港口、沿边口岸以及内陆港的信息联通和业务互助，实现"大联通"目标；加强自贸试验区要素互补和产业分工合作，辽宁自贸试验区技术和信息要素聚集，黑龙江自贸试验区资源丰富、连接俄罗斯要素市场，形成自贸区之间辐射带动和相互促进效应，实现区域经济协同发展；促进自贸试验区制度性协同发展，积极探索自贸试验区制度创新并加强自贸试验区间制度创新成果交流，建设辽宁自贸试验区和黑龙江自贸试验区政策互通和跨区域协调统一的政策体系，为自贸试验区协同开放发展提供法治保障。

五、把握 RCEP 机遇

日本、韩国与中国相邻，三国产业互补性高，贸易联系紧密，但中日韩自贸区经过多轮谈判仍未取得成功。2020 年签署的 RCEP 协定是包含中日韩等国在内的首个贸易协定，确定了世界上最大的自贸区，覆盖全球约一半的人口和三分之一的贸易量。充分认识 RCEP 的战略意义和把握 RCEP 机遇是推动东北地区高水平对外开放的战略要求。

将东北地区的发展与 RCEP 结合起来，充分将各类市场主体融入 RCEP 市场中。开放平台作为制度创新的高地，应切实把握 RCEP 的机遇，高质量实施协定，围绕 RCEP 中货物贸易、服务贸易、投资、原产地规则、贸易便利化等领域的开放承诺与规则，在提升贸易便利化、投资自由化、产业竞争力、营商环境等方面推动制度创新，全方位对接 RCEP 市场。增强开放平台的公共服务作用，提升金融服务水平，加大开放平台区域贸易人民币结算力度，创造更优秀的营商环境，为企业做好配套服务，帮助企业实现更好的发展。推动产业高质量发展，加大重要产品和核心技术攻关，促进制造业向高端化、智能化、绿色化升级，增强企业深度参与区域市场的竞争能力，促进区域产业链深度融合。

第八章

促进人文交流互鉴，打造东北地区面向东北亚对外开放新前沿

从古至今，人文交流一直都是各国对外交往的重要纽带。近年来，随着中国综合实力不断增强，对外交往日趋频繁，人文交流逐渐成为我国对外交往的重要内容，是我国对外交流的一个新方向和新发展点，在推动区域开放与合作中发挥了重要作用（凌晓逸，2021）。2017年，中办、国办印发的《关于加强和改进中外人文交流工作的若干意见》指出，中外人文交流是党和国家对外工作的重要组成部分，要放在更为关键和核心的位置上。人文交流是一项具有广泛性的对外交流活动，涵盖了教育、文化、卫生、体育、旅游、媒体等多方面多领域（孙雨薇，2021），以人文精神和人文力量作为切入点，加强不同国家和地区之间的理解和信任，比政治交流更加长久，比经济交往更加坚固，以此开展与东北亚各国在政治、经济、军事等其他方面的友好合作。因此，促进人文交流互鉴，是打造东北地区面向东北亚对外开放的重要手段和内容。本章将从东北地区与东北亚人文交流现状、人文交流典型案例分析、强化东北地区面向东北亚人文交流互鉴的目标定位和思路对策这四个方面进行研究。

第一节　东北地区面向东北亚人文交流现状

以东北地区为核心的东北亚丝绸之路始于虞舜、载于商周、兴于汉魏、盛于唐宋，承载了中国东北地区的对外经贸史，联通了中外的历史

文化交流。根植于东北亚经贸活动的历史底色，为如今东北地区深度融入东北亚人文交流奠定了深厚的历史基础。

一、东北地区与俄罗斯人文交流现状

1949 年 10 月 3 日，中苏正式建立大使级外交关系，1991 年 12 月 26 日，苏联解体之后，为解决两国关系的后续继承问题，中俄两国签署了会谈纪要。自此之后，中俄开启了全面开放发展新阶段，在人文交流方面也取得了累累硕果。于 2006 年和 2007 年、2009 年和 2010 年、2012 年和 2013 年组织了国家年、语言交流年以及旅游年等人文外交活动，在 2014 年和 2015 年举办了青年友好交流年，2016 年和 2017 年举办了中俄媒体交流年，2018 年和 2019 年举办了中俄地方合作交流年，2020 年和 2021 年举办了中俄科技创新年，2022 年和 2023 年启动了中俄体育交流年。2019 年，中国与俄罗斯双向留学交流人员规模突破 10 万人（见图 8 – 1）。

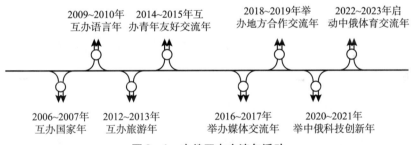

图 8 – 1　中俄互办交流年活动

在教育领域合作方面，黑龙江省充分发挥了中俄两国高等教育交流合作机制，在与俄罗斯的教育交流中起着主导作用。自 2002 年，黑龙江高校全面推进对俄合作办学以来，全省有 19 所高校与俄罗斯大学合作，招收合作培养学生近 5 万人，接收俄罗斯留学生数量居全国首位。俄罗斯境内共有 19 所孔子学院，其中，黑龙江大学、哈尔滨师范大学、黑河学院在俄罗斯的符拉迪沃斯托克、共青城、布拉戈维申斯克已建立了 3 所孔子学院，为两国的友好长久发展培养了更多人才。

在卫生领域合作方面，中俄两国的人文交流合作得到了中央政府和地方政府的共同推动与支持。2017 年，俄罗斯伊尔库茨克州卫生部在中国黑龙江省和辽宁省的医疗机构进行实地访问，同时与中国签署了多项相关合作协议，推进了两国在医疗卫生领域的人文交流发展。此外，俄罗斯与我国黑龙江省计生委签署了一项关于 2018～2020 年开展全面合作的相关计划，该计划涉及组织中俄专家利用远程技术对医护人员进行培训、组织中俄专家进行工作访问、举行联合研讨会等医疗领域教育活动。哈尔滨医科大学积极设立了中俄医学研究中心，进一步增强了中俄医学交流合作，促进了东北地区同俄罗斯的人文交流。

在旅游领域合作方面，俄罗斯远东地区和黑龙江省在推动中俄旅游全面发展过程中都发挥着重要的作用。截至 2021 年，黑龙江省有国家一类口岸 25 个，其中水运口岸 15 个（哈尔滨、佳木斯、桦川、绥滨、富锦、同江、抚远、饶河、萝北、嘉荫、逊克、孙吴、黑河、呼玛、漠河），空运口岸 4 个（哈尔滨太平机场、齐齐哈尔机场、牡丹江海浪机场、佳木斯机场），陆路口岸 6 个（哈尔滨铁路、绥芬河铁路、绥芬河公路、东宁公路、虎林公路、密山公路），当中有 17 个口岸已发展为旅游口岸，其中的绥芬河、黑河、东宁、抚远的出入境游客量排在前 4 位（见图 8－2）。

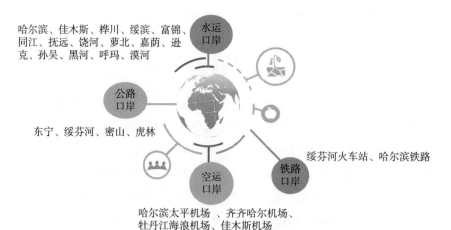

哈尔滨、佳木斯、桦川、绥滨、富锦、同江、抚远、饶河、萝北、嘉荫、逊克、孙吴、黑河、呼玛、漠河

水运口岸

公路口岸

东宁、绥芬河、密山、虎林

绥芬河火车站、哈尔滨铁路

铁路口岸

空运口岸

哈尔滨太平机场 、齐齐哈尔机场、牡丹江海浪机场、佳木斯机场

图 8－2　黑龙江省与俄罗斯对外开放口岸

总体来看，东北地区尤其是黑龙江省在与俄罗斯进行人文交流和对外开放中发挥着主导作用。但其与俄罗斯之间的人文交流合作也存在一些需要提升改进的地方，比如在教育和科研领域存在留学生国际交流水平不足，中俄之间优秀的语言人才缺口较大，这在一定程度上阻碍了中俄人文交流发展。因此，在推动东北地区与俄罗斯人文交流合作过程中，应找准薄弱环节，创新合作方式，提升人文交流广度、深度，引领中俄人文交流迈上新台阶，为中俄高水平对外开放交流合作提供支撑。

二、东北地区与日本人文交流现状

自新中国成立以来，中国与日本的人文交流历程可以概括为四个阶段，即经历了 1949～1972 年的初始阶段、1972～1991 年的快速发展阶段、1991～2010 年的稳定发展阶段以及 2010 年至今的曲折发展阶段。2019 年，两国代表参加了中日高级别人文交流磋商机制会议，此会议进一步推动了中日双方在文化、旅游、体育、媒体等领域的人文交流合作，加深了中日两国的文化交往。近年来，我国东北地区与日本的人文交流领域不断扩大，往来合作与交流频率也在递增，中日两国之间人文交流呈现出向好发展态势。

在旅游领域合作方面，大连市面向日本的跨境旅游发展较为成熟。2005 年 10 月，大连工人养老院与日本上村友好介护株式会社正式签署合作协议，结为友好院，日本老人分批、分期陆续来大连进行为期两个月左右的养老旅游。2022 年，大连市对外友协与日本立命馆大学正式举办"中日养老服务合作线上交流会"，会上提出要将大连打造成为中日养老产业合作典范城市，为推动构建人类命运共同体贡献力量。

在影视合作方面，中日两国开展正式的影视合作是在 20 世纪 80 年代初期。当时涌现出一大批反映中华文化的主题影片，如《天平之甍》《敦煌》《丝绸之路》等。日本广播协会（NHK）继 1980 年和中国中央电视台（CCTV）联合制作纪录片《丝绸之路》后，又于 2005 年拍摄了《新丝绸之路》、2008 年拍摄了纪录片《敦煌莫高窟——美的全貌》，将中国丝绸之路文化淋漓尽致地通过影片带给全球各国观众，传播中国文化。在电视剧制作方面，1980年，日本佐田企划会社与中国中央电视台合作，拍摄了一部描写长江和长江两岸人民生活的电视纪录片——《长江》，继《长江》纪录片之后，1983年大型电视系列片《话说长江》在中国热播，2011年日本NHK协会又拍摄了纪录片《长江天地大纪行》。通过中日两国的影视制作交流，将中国的长江文化和丝绸之路文化展现在大众面前，推动了中日两国在影视领域走向更深远的交流与合作（见图8-3）。

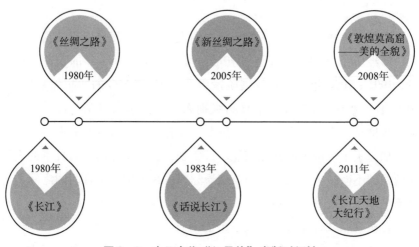

图8-3　中日合作"纪录片"出版时间轴

在教育领域合作方面，自中日建交以来，来华学习的日本留学生也在与日俱增。东北地区凭借区位优势，更是吸引了大量的日本留学生来华交流和学习。根据日本学生支援机构（JASSO）公布的调查结果来看，截至2021年5月1日，在华留学的日本学生已突破1万人，在日留学的中国学生总数为242444人；从留日学生生源地看，中国学生依然占比最高，为赴日留学生人数的47.1%。随着中日两国在教育领域合作的不断深入，往来交流人数也在不断增加。

在公共卫生领域合作方面，东北地区与日本的医疗服务交流日益密切。在抗击新冠疫情期间，日本曾向辽宁省、黑龙江省捐赠了数套防护服和护目镜。同时，辽宁省与黑龙江省也向日本捐赠了数千套医用防护装备。据黑龙江省人民政府外事办公室网站显示的信息，黑龙江省与新潟县自 1983 年缔结友好关系以来，两地在诸多领域都进行了卓有成效的合作。

总体来看，东北地区与日本的人文交流互动较为深入，人文交流的形式也在不断丰富和创新，在教育、文化、艺术等领域的人文交流取得了较为丰硕的成果。但在部分领域也存在人文交流受限等问题。未来，应进一步加强民间友好往来，促进东北地区与日本青年人的友好交往，凝聚中日人文交流的新生力量，促进东北地区与日本人文交流取得新突破。

三、东北地区与韩国人文交流现状

中韩两国自 1992 年建交以来，两国友好合作关系在各个领域都取得了快速发展。1996 年，黑龙江省与韩国忠清北道签订友好省道关系，双方通过互派公务员、留学生、青少年夏令营以及农业专家等进行互访交流。2008 年 5 月，时任韩国总统李明博对中国进行了国事访问，两国发表联合声明，标志中韩从全面合作伙伴关系提升为战略合作伙伴关系。中韩两国关系自建交以来，共走过 40 余年的发展历程，双方在教育、旅游、影视作品等方面已经开展了务实合作。

在教育领域合作方面，辽宁省在与韩国留学生交流合作中发挥引领作用，2009 年数据显示，全国韩国语专业学生共有 15147 名，辽宁有1885 名，占比 12%。从韩国来华留学生的情况看，接收韩国留学生较多的辽宁高校有辽宁大学、中国医科大学、东北大学、大连理工大学等，这些高校近些年都积极开展了相应的韩语学科建设，培养了大量的韩语人才。《2009 年度中国韩国（朝鲜）语教育研究学会学术发表会议》提供的相关数据显示，目前全国开设韩国语专业的大学有 200 余所，辽宁累计有 11 所。由此看来，辽宁省在推动东北地区与韩国人文交流合作中发挥着重要作用。

在旅游领域合作方面，东北地区海外旅游人数中主要以韩国游客居多。如图 8 - 4 所示，自 2001 年我国加入世界贸易组织之后，国际影响力和国际地位进一步提升，中韩两国的文化和人员交流有了更深一步的探索。2003 年以来，韩国来华旅游人员在东北区的总人数占海外来东北地区旅游总人数比重整体呈上升趋势。

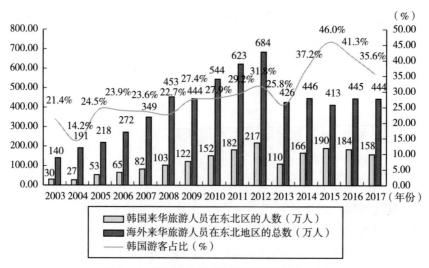

图 8 - 4　韩国来华旅游游客数量及其占比例

在影视合作方面，近年来我国提出在符合政策的前提下，鼓励中韩两国优秀文创企业合作开展文化产品制作及演出。在《中韩（长春）国际合作示范区总体方案精读》中，吉林省提出，支持长影集团等企业与韩国企业在推进广播影视数字化和新媒体建设以及产教融合等领域开展合作，打造东北地区影视基地，促进东北地区与韩国的影视交流。

总体来看，中韩两国的人文交流主要集中在教育、影视和旅游领域，而在体育、卫生等领域的交流与合作仍需进一步加强。促进中韩全方位多领域的人文交流合作，对促进东北地区面向东北亚对外开放意义重大。

四、东北地区与朝鲜人文交流现状

中朝建交以来，两国始终保持着高层交往的传统，双方在文化、旅游、教育、科技、体育、民生等领域保持着交流与合作。

在旅游领域合作方面，中朝两国的交流合作日益活跃。1987 年，丹东市成为最先获批开展中国与朝鲜跨境旅游的城市。之后，经过国家有关部门和旅游局的统一管理和规范，赴朝旅游业务由原来仅有一家国际旅行社逐渐发展至数家，且规模不断扩大，新义州等地逐渐成为中朝边境游的热门目的地。

在高等教育交流方面，随着中朝两国在政治经济等领域友好交往的不断深入，中朝两国在高等教育领域也展开了深入的交流。吉林省内涌现出了越来越多的高校与朝鲜开展形式多样的教育合作交流活动，增进了双方之间的人文交流。此外，吉林省高校还通过聘请朝鲜的知名教授、专家或院士担任省内高校荣誉教授、兼职教授，促进双方师资队伍建设和教学质量提升。

在文化交流领域，吉林省与朝鲜紧密相邻，属于多民族交叉融合地区，与朝鲜人文交往密切。吉林省的延边朝鲜族自治州，是我国唯一的朝鲜族自治州和最大的朝鲜族聚居地区，因与朝鲜文化相近，风土人情相似，在推动东北地区与朝鲜人文交流的进程中，发挥了重要作用。

推动东北地区与朝鲜半岛的人文交流合作，不仅要推动和加强已有领域的合作，例如，在旅游、教育和文化等方面，更要积极开拓在其他方面的交流与合作，比如体育、医疗卫生等领域。

五、东北地区与蒙古国人文交流现状

蒙古国位于中国和俄罗斯之间，是一个被两国包围的内陆国家。中蒙两国人民的友谊源远流长，自 1949 年 10 月 16 日两国建立外交关系以来，双方在政治、经济、科技、文化等多方面不断加强合作与交流。

1960 年 5 月，时任中华人民共和国总理的周恩来访蒙，两国签署了
《中蒙友好互助条约》。1962 年 12 月，蒙古国主要领导人泽登巴尔访
华，双方签订了《中蒙边界条约》，标志着蒙中两国边界线的顺利划
定。2014 年，中蒙两国确立了全面战略合作伙伴关系，该条约的签订
对两国关系发展具有重要意义，为之后两国关系发展奠定了基石。

在旅游领域合作方面，蒙古国自然风光和民俗风情的独具特色，使
得中蒙边境游日益活跃。2015 年，乌兰巴托成功举办了"第十一届东
北亚国际旅游论坛"，同年以"同行草原·丝绸之路，联结合作发展走
廊"为主题的首届中国 – 蒙古国博览会在内蒙古呼和浩特举行，为中蒙
旅游合作搭建了重要平台。2016 年 2 月，时任国家旅游局局长与蒙古
国环境、绿色发展与旅游部部长纳姆道格·巴特策勒格签署了《中华人
民共和国国家旅游局与蒙古国环境、绿色发展与旅游部旅游合作协议》，
进一步扩大了双方旅游合作。从外国入境来华旅游的游客数量看，蒙古
国游客数量在近几年呈现出增长态势，入境人数从 2013 年的 105 万人
增长至 2017 年的 186.5 万人，居外国入境排名前十位（见表 8 – 1），
中蒙之间旅游合作创下新高度。

表 8 – 1　　　　　　　　蒙古国入境游客人数和百分比统计

	2013 年	2014 年	2015 年	2016 年	2017 年
蒙古国入境外国游客数量（万人次）	51.5	50.6	46.7	47.1	54.3
蒙古国累计接待中国入境游客（万人次）	26.1	25.8	21.6	18.6	20.2
中国游客占访蒙古国游客总量的比例（%）	50.8	51.1	46.1	39.4	37.2
中国入境外国游客数量（万人次）	2629.0	2636.1	2598.5	2815.1	2916.5
中国累计接待蒙古国入境游客（万人次）	105.0	108.3	101.4	158.1	186.5
内蒙古自治区累计接待蒙古国入境游客（万人次）	79.0	78.2	81.7	88.1	92.3
蒙古国游客占访中国外国游客总量的比例（%）	4.0	4.1	3.9	5.6	6.4

资料来源：2013～2017 年《蒙古国统计年鉴》和 2013～2017 年《中国统计年鉴》。

在教育领域合作方面，随着两国交流合作的不断深入，在蒙古国学

习汉语的人数和中国留学生中的蒙古国学生人数占比都在不断增加。据蒙古国相关数据统计，蒙古国开设汉语课程的学校共有 60 多所，在校学习汉语的总人数累计超过 7500 人，与之相应，蒙古国每年来华留学的人数也在不断增加。目前来看，每年约有 8000 名自费或公费的蒙古国留学生愿意来中国进行交流和学习，中蒙两国在教育领域的合作不断深入与加强。

虽然，中蒙双方在人文交流领域都取得了一定的成果，但两国在对外开放交流进程中仍有较长的路要走，比如在人文外交方式上，政府官方形式的外交推进活动较多，而民间外交推动作用较少。因此，在未来发展中，要充分发挥民间外交形式。

第二节　深化国家间人文交流
互鉴的案例分析

深化国家间的人文交流互鉴，有利于双方增进政治互信、观念认同，有助于建立稳定的开放合作关系，有助于推动政治、经济、军事等其他方面的交流合作。本节将通过分析京津冀地区与东北亚国家、青岛与日韩国家以及东北地区与"一带一路"沿线国家的人文交流互动情况，总结跨国人文交流互鉴的经验，为促进东北地区与东北亚国家人文交流互鉴，找寻思路和对策。

一、京津冀与东北亚国家人文交流案例

（一）京津冀地区自身的优势

除东北地区之外，我国京津冀地区在与东北亚国家的人文交流互动中也发挥着重要作用。京津冀地区位于我国环渤海的中心地带，是指北京、天津以及河北省保定、廊坊等城市在内的一个圈域地区。京津冀与

东北亚国家的人文交流，主要依托北京作为政治中心、外交中心和文化中心的作用，打造成"以首都为核心的世界级城市群"，与东北亚国家进行深入交流与合作。

（二）京津冀与东北亚国家开展人文交流活动

1979 年，北京与东京正式建立友好城市，自此，京津冀地区在友城工作建设与推进方面迈出了巨大一步。截至今天，北京市已与全球51 个国家和 55 个城市与地区缔结友城，合作伙伴遍布全球五大洲。天津对外缔结的友好城市共计 28 对，属于东北亚地区的城市有日本的神户、四日、千叶以及蒙古国的乌兰巴托和韩国的仁川。此外，河北省在京津地区的引导下，为提高地区经济发展，提升友城交往质量，制订了具有针对性的"一城一策"计划，目前河北省内累计友好合作城市共有 89 对，涉及 37 个国家。京津冀具体友城建设情况如图 8 - 5 所示。

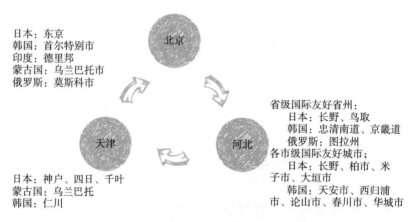

日本：东京
韩国：首尔特别市
印度：德里邦
蒙古国：乌兰巴托市
俄罗斯：莫斯科市

北京

省级国际友好省州：
日本：长野、鸟取
韩国：忠清南道、京畿道
俄罗斯：图拉州
各市级国际友好城市；
日本：长野、柏市、米子市、大垣市
韩国：天安市、西归浦市、论山市、春川市、华城市

天津

河北

日本：神户、四日、千叶
蒙古国：乌兰巴托
韩国：仁川

图 8 - 5　京津冀与东北亚地区国家友好合作城市

此外，京津冀地区同东北亚国家的人文交流主要是以北京为中心开展国际交流活动，如邀请国外专家来华进行讲学交流，举办国际赛事、交流大会、节日庆典等活动。天津地区近年来主要在文化、会展、医疗、城市建设和科技创新等领域加强对外交流合作。河北省则充分利用

"国家文化年"和"欢乐春节"大型活动，打造对外文化交流平台，以文化交流为契机，扩大在旅游、教育等其他领域的对外开放合作。概括来看，京津冀地区依托自身发展优势，制定适合本地区差异化的人文交流重点，这为推进东北地区面向东北亚的人文交流活动提供了可借鉴的思路。

（三）京津冀与东北亚国家人文交流经验借鉴

京津冀地区在推动国际友城发展、扩大人文交流合作、活跃民间外交等方面，都取得了丰硕的成果。人文交流是民心相通、民之所向的外交形式，因此，东北地区在与东北亚地区的交往合作中，更应发挥民间往来优势和文化同源优势，将其作为对外交流与合作的新补充。其次，在友城交流方面，应借鉴京津冀地区的经验，由数量建设向质量建设推进。此外，应借鉴京津冀地区对友好城市的科学布局，充分发挥东北地区不同城市的文化、产业特色，形成差异化、协同互动的友城建设布局，推动东北地区与东北亚国家人文交流高质量发展。

二、青岛与日韩国家人文交流案例

（一）青岛与日韩旅游合作的区位优势

青岛作为近年来全国经济发展速度较快的东部沿海城市，处于中日韩旅游合作的地理中心区域，其依山傍海、风景秀丽、冬暖夏凉的自然条件吸引了一大批日韩游客的到来。青岛港码头作为日韩两国水路进入中国的主要通道之一，在与东北亚国家旅游来往合作中发挥着水上运输的关键作用，为通过水路进入青岛旅游的日韩游客提供了便利条件。青岛空港作为北方沿海城市最为繁忙的机场之一，目前共有 14 条国际航线飞往不同的国家和地区。日韩航线是青岛旅游业发展的一个生命线，同时也构成了青岛空港国际航班业务的黄金线，为青岛国际旅游合作带来了机遇与前景。

（二）青岛与日韩开展人文交流活动

青岛市通过推出日韩语专线直通车，为公共设施及旅游景点配备日韩文标识，为企事业单位配有日韩语翻译等措施，进一步加强对日韩等外来游客的吸引力。我国青岛与日本、韩国人文相近，气候、地质和水文相似，共同接受儒家传统文化的熏陶，因此，与日本、韩国的文化交流和民间交流往来较为频繁：1979 年，与日本下关缔结为友好城市，1993 年与韩国大邱市缔结为友好城市。自 2004 年起，青岛市政府每年举办一次"日本周""韩国周"的旅游推介活动，该活动很好地促进了与日本、韩国的旅游合作和交流，首届"中国青岛日本周"于 2004 年10 月 9 日至 15 日举行，累计接待日本游客约 5000 人，是青岛有史以来在短时间内接待日本游客规模最大的一次。

（三）青岛与日韩人文交流经验借鉴

总结来看，青岛市依托自身区位优势在与日韩旅游合作方面取得了显著的成果，并通过进一步发挥旅游优势推动了青岛市与东北亚国家人文交流。把旅游合作作为切入点，将地区文化和旅游联系在一起，推动人文交流的其他领域合作。与此相对应，大连市作为东北的港口城市，也可以像青岛市一样积极发挥其港口和交通优势，为中日韩的更深一步交流与合作做出更多的贡献和支持，推动东北地区与东北亚人文交流合作迈向更深和更广的发展阶段。

三、东北地区与"一带一路"合作国家的交流互动

（一）"一带一路"倡议发展背景

"一带一路"倡议是中国在应对变幻莫测的全球化背景条件下所提出的新的治理模式，该倡议自 2013 年提出以来，经过 10 年的不断发展和完善，在经贸合作领域和人文交流领域都获得稳步推进。"一带一

路"倡议在整体推进的过程中，在东北亚区域的发展却很缓慢。2022年作为中日建交50周年、中韩建交30周年的重要年份，国家借此积极推动"一带一路"倡议在东北亚地区的发展，实现区域和地区之间的共同参与和发展。

（二）"一带一路"倡议下中国人文交流情况

在医疗卫生领域，新冠肺炎疫情暴发之际，习近平总书记在第73届世界卫生大会视频会议上发表了《团结合作战胜疫情　共同构建人类卫生健康共同体》的致辞。疫情发生以来，中国积极坚守"一带一路"倡议初衷，为沿线国家提供抗疫物资，通过派出医疗队、分享抗疫经验等措施，积极帮助"一带一路"合作国家。

在文化领域方面，即使存在着疫情带来的各类影响，各国政府、企业、学者也以民间外交等方式，通过线上线下相结合的形式延续了各类会议和会谈。2020年8月，在首尔中国文化中心举办了线下"守望相助、共克时艰——中韩合作抗疫展"，展厅报告会上以图片和视频等多种形式展现中韩各界互帮互助、共同抗疫攻坚的故事，增进中韩两国人文交流的发展，增进两国民众的民心相通。此外，乌兰巴托与中国文化中心陆续开展网络绘画比赛和"海上丝绸之路"旅游宣传，建立中蒙之间患难与共的新桥梁。通过促进与东北亚国家的人文往来交流与合作，推动"一带一路"建设在东北亚地区的长远发展。

（三）"一带一路"倡议下东北地区人文交流成果

中蒙俄经济走廊是辽宁在"一带一路"倡议下向北建设的重要开放窗口。中东欧地区作为"一带一路"的重要发展节点，在"一带一路"倡议中发挥着重要作用。近年来，随着中国与中东欧国家之间的密切往来，以"友城及友好关系交流合作"为主题的对接会，为东北三省一区与中东欧国家地方政府交流合作，提供了新的平台与机遇。截至目前，辽宁省与中东欧17国共建有6对友好省州和14对友好城市，吉林省与之共建有6对友好省州和5对友好城市，黑龙江省与之共建有3

对友好省州和 7 对友好城市，越来越大的"朋友圈"为东北三省一区提供了更加广阔的对外合作平台。

2021 年 6 月 23 日，由吉林省外办、辽宁省外办、黑龙江省外办主办的"中国东北三省一区与中东欧国家地方交流对接会"在沈阳举行，共有东北三省一区及中东欧国家的 17 名代表与会，通过现场会议和视频会议方式，展示中国东北三省与中东欧国家在人文领域合作的丰硕成果。双方提出将共同提升地方合作水平，共同增强人文交流往来，全面深化教育、文化、卫生、体育和旅游领域的交流合作，共同推动东北三省一区与中东欧国家的合作交流。

吉林外国语大学中东欧语学院作为吉林省第一个助力国家"一带一路"倡议、加强中东欧地区语言人才培养的基地，通过开设俄语、波兰语、捷克语、塞尔维亚语、匈牙利语和希腊语六个专业，借助吉林省作为中国—中东欧国家地方省州长联合会成员的有利条件，进一步加强与中东欧国家高校的交流合作。诸如此类的文化交流活动还有很多，例如，辽宁省与匈牙利、斯洛伐克开展了"中匈斯摄影家联合采风辽宁行""中匈建交 70 周年《丝路镜像》摄影艺术展""中匈斯摄影家眼中的辽宁海外巡展"等一系列国际摄影交流活动；黑龙江省与波兰驻华大使馆合作举办了《纸上的缤纷——波兰招贴与版画展》、"波兰人在哈尔滨"图片展等活动，也让东北三省与中东欧国家间的文化交流热度不断上升。

（四）"一带一路"倡议下东北地区未来发展方向

首先，应该从国家层面的政策入手，加强"一带一路"倡议中与东北亚地区人文交流有关的政策支持和引导，建立更高层次的人文交流合作目标，让东北地区发挥"一带一路"北向开放重要窗口作用，积极同日、朝、韩、蒙、俄开展人文交流活动。其次，建立多层次交流合作机制，既要推动政府官方层面的合作，也要促进民间交流合作，通过开设友好交流城市和开展相应的文化、旅游交流年等活动推动东北亚地区积极融入"一带一路"倡议。

第三节　东北地区面向东北亚人文交流互鉴的目标定位

对一个国家来说，人文交流既能进一步提高一个国家的文化"软实力"从而促进综合实力的强盛，又可以使一个国家增强文化自信提升其国际形象。对整个国际社会来说，各国之间增强人文交流互鉴，可以在一定程度上缓和国际社会矛盾争端，维护国际关系秩序。东北地区面向东北亚人文交流的目标，既要服务于国家总体的发展战略目标，又要契合中国与周边国家的关系特点，融合中国和周边国家合作发展的历史脉络，即目标应具备战略性、历史性和逻辑性。

人文交流作为东北地区对外开放的基础，基于我国东北三省一区目前的对外人文交流发展现状，强化东北地区面向东北亚人文交流互鉴的目标定位，必须立足于发挥东北三省一区的自身区位优势、历史发展优势，加强与周边国家在跨境旅游、教育、文化等领域的交流合作，促进沟通理解，增进相互认同感，共同营造和谐融洽的区域发展氛围。

一、旅游领域交流互鉴的目标定位

随着全面对外开放以及"一带一路"倡议的深入推进，跨境旅游正迎来前所未有的发展机遇。互联互通，旅游先通，跨境旅游是增进各国间文化交流，进行人文交流互鉴最直接的方式。一方面，东北亚区域旅游资源虽然丰富，但开发利用程度、旅游经济覆盖面和旅游业总体发展水平较低，另一方面，东北亚区域国家间自然风光以及气候条件差异较大，因此具有较大的跨境旅游合作空间。

为深化跨境旅游，进而加深东北地区面向东北亚区域各国的人文交流互鉴，长远来看，构建东北亚旅游共同体是推动区域内旅游发展的最终目标，即建立和完善东北地区与周边国家地方政府、旅游协会、企业等多层次的合作协调机制，提高旅游产品在跨境旅游市场中的竞争力，并且要以跨境旅游产品为核心，形成完整的产业链。

虽然，近几年东北地区为整合自身资源，着力培育跨区域旅游，例如，在 2014 年，吉林省就已经开始打造图们江三角洲旅游协作圈；辽宁省推出大连太平湾合作创新区，着眼于"瓦长太"一体化，推动瓦房店与长兴岛、太平湾融合发展，构建"大连—营口—盘锦"都市连绵区，打造一小时旅游圈。但是，东北地区旅游领域发展现状仅限于内部联合。为最终实现东北亚旅游共同体目标，应以整合跨境旅游资源、开发国际旅游特别试验区为抓手。一方面，东北地区要发挥自身作为面向东北亚对外旅游核心区域的作用，与邻国形成良好的联动效应和辐射效应。以现有的大连太平湾、吉林图们江等旅游协作圈为基础，联合日本、韩国、蒙古国、俄罗斯等打造国际境外旅游合作区，同时，各国应加强顶层设计，统筹利用各部门的资源，谋划发展思路，研发新产品、探索新模式。另一方面，提高自身旅游竞争力，短期内形成新的区位优势，激发邻国境外游客旅游，坚持"文化为魂"的理念，把有别于东北亚其他国家的、独属于中国自己的特色文化资源转化为独具地方特色的旅游产品，以文化内涵打造旅游产品内核，促进跨境旅游发展。

二、教育领域交流互鉴的目标定位

教育作为人文交流的一个重要领域，是扩大对外开放必由之路。教育交流在东北亚共同繁荣的发展战略中占有基础性地位，因此，建设教育领域交流互鉴新平台是一项具有挑战性的战略设想。《教育部等八部门关于加快和扩大新时代教育对外开放的意见》明确指出了新时代我国教育对外开放的路径。与此同时，"一带一路"倡议的提出，为东北亚区域高校间的科研合作、人才交流与跨境文化教育发展提供了前所未有的机遇。教育领域交流互鉴的目标定位总体来说，是为加强教育领域沟通交流，提升东北亚区域教育科技发展水平，构建国际联合教育和"知识外交"体系，最终形成东北亚区域教育共同体，为区域共同繁荣注入强大的"知识动力"。

结合东北亚区域教育交流现状，目前应以东北亚高校、科研机构的交流合作为突破口，最终以辐射至全阶段教育领域，如基础教育阶段、职业教育、残疾人教育等为目标，扩大民间教育交流，加强文化交流互鉴，进而有效推进东北亚地区的多领域的共同繁荣。其一，创新东北亚高校教育合作机制，逐步建设东北亚大学联盟，开展校际交流与合作，共享优质教育资源，制定东北亚区域文化教育课程体系。其二，充分发挥交流平台作用，立足东北亚发展需要，从全球发展趋势出发，在重点领域开展联合科技攻关和协同创新，建设东北亚科技创新高地。其三，推动语言教育合作机制，联合培养东北亚区域复合型语言人才，推动东北亚区域各国语言互通，健全国内高校外语学科体系，逐渐在基础教育中培养青少年非通用型国际语言沟通力，不断提升东北地区民众的复合型语言交流能力。

三、文化领域交流互鉴的目标定位

东北三省一区从历史发展脉络以及地理区位上来看，占据着与东北亚国家进行友好文化交流的天然优势。一方面，儒家文化的精髓促进了日韩朝等东北亚国家的文化演进，在自身民族特性的基础上形成了与中华文化"同根源"的民族文化；另一方面，东北地区属于东北亚的核心位置，毗邻韩国、日本、俄罗斯等国家，相似的文化风俗，相像的思维方式、相近的地理位置为东北地区加强面向东北亚的文化交流提供了天然优势。所以，要积极开展文化领域的交流互鉴，进一步加强人文领域合作，最终实现共建东北亚文化共同体，形成东北亚区域文化交流互动机制，传承和发展区域文明，推动东北亚区域的繁荣与稳定。一是依托大连当选 2024 年"东亚文化之都"之机，为推动东北亚文化领域交流交往注入崭新的方式。二是在数字经济时代，要充分利用数字媒体对于文化交流的重要推动作用，打造一批以东北地区与东北亚同根同源历史为主题的优秀文化纪录片，唤醒东北亚区域的文化传承，加深文化认同感，实现东北地区影视产业振兴的目标。三是推动与日韩动漫主题文化的深入交流合作，打造以省属重点影视企业为主导的东北地区影视企业集群，辐射东北亚动漫影视产业基地。四是打造文化交流平台，积极开展东北亚文物、美术和音乐交流展演，促进大型体育赛事和重点体育项目等方面的国际合作，在文化交流领域形成一批有国际影响力的品牌项目，进一步丰富东北亚人文交流年活动主题。

第四节　促进东北地区面向东北亚
人文交流互鉴的思路对策

基于目前东北亚区域人文交流发展现状，要利用全球化时代的数字信息优势，从旅游、教育、文化等领域入手，充分发挥现有优势，进而带动人文交流其他各领域的深化发展。深化东北地区与东北亚人文交流互鉴，要增强平台交流作用，全方位提升媒体宣传能力，加强政府引导作用，发挥东北地区人文优势，扩大人文交流领域，推动东北地区面向东北亚的人文交流互鉴，稳固区域经济开放与合作。

一、增强平台交流作用，促进资源优化

发挥平台资源整合作用，实现资源信息共享。但是，在中国对东北亚的对外交流中，信息共享平台的功能没有得到充分发挥，因此，中国与东北亚应不断强化平台合作与交流，东北地区与东北亚其他各国之间要建立起信息共享机制。

（一）打造旅游领域交流平台

一方面，东北亚区域各国应该共同对各自地区的旅游资源进行整合，进行更为全面的调查以及更为系统的规划，建立跨境合作试点。同时，根据各国各地区资源禀赋的不同，推进搭建多层次旅游合作平台，完善决策、执行和监督机制，使各国能够及时全面地了解和掌握区域内

各地区最新的旅游资源开发状况，做到协同发展、优劣互补，改变目前东北亚各国旅游资源开发信息交流不畅的局面。另一方面，应搭建起东北亚区域内部旅游交流论坛，建立自驾游、商务游、会展游和自助游等多种板块，从住宿、签证、机票预订等多方面提供一体式服务，提高东北亚区域内跨国旅游便利性。

（二）完善教育领域交流平台

东北亚各国高校应大胆创新，组建东北亚高校文化教育专业科研基地，积极开展各类学术论坛交流，推动东北亚高校文化教育联合科研项目的开展。鼓励各国高校高层次人才联合开展合作，互通技术及信息，攻克科研难题，打造更加完备的研究体系，以高质量的科研成果支撑东北亚高校文化教育合作。此外，东北地区在与东北亚进行人文交流时，要加深智库的合作与交流，重视民间智库、高校智库等智囊团对东北地区人文交流理念的传播。

（三）搭建文化领域交流平台

东北亚国家要在尊重历史的基础上，积极培养共同体意识，积极推进区域文化体系创新，为区域发展注入新的活力。为此，应积极推动东北地区与东北亚国家联合开展人力资源培训，鼓励东北亚区域历史文化研究者在公共媒体中发表科普文章、短视频等；同时，成立相关研究机构，在东北地区及东北亚国家建立文化信息共享机制，尽可能缩小民间文化差异，注重对重点社会群体的研究；借力东北亚各国媒体资源，为东北亚各国间历史、习俗、文化等方面的宣传搭建平台，提高东北亚区域的文化认同感；定期举办东北亚媒体合作联盟年会、开展东北亚各国青年间文化教育与科技交流活动。

二、提升宣传能力，塑造国际形象

在全球化信息时代，东北地区面向东北亚区域的人文交流，需要紧抓创新，提升各方面能力。一方面，我们要更加重视非政府主体的宣传能力，构建起多元化主体的媒体交流平台；另一方面，新媒体作为对外交流的一个重要工具，相比起官方主流媒体，其覆盖范围广、传播速度快、作品方式新颖且参与便捷，是传播信息、塑造国际形象的一个重要平台。

（一）构建人文交流的多元主体

对外人文交流尽管具备多元性主体的特征，但在现实中一直存在主体单一的问题。虽然对外交流的活动主办者包括了非政府组织等主体，但始终存在着政府干预过多的问题，因此，为了加强东北地区对于东北亚的人文交流，必须构建多元化主体的媒体交流平台。

首先，要加强在东北亚对外人文交流中非政府组织的参与度。充分调动东北亚区域东北地区华人华侨资源，华人华侨是中华优秀传统文化的有效传播者，既吸收了所在国家的优秀文化，又了解中华文化，所以必须充分发挥华人华侨的宣传潜力。其次，要成功地开展人文交流互鉴、塑造国际形象，必须找准高效稳定的传播群体，各界社会精英对一个社会的走向趋势、文化观念都具有重要的引领作用，在东北亚区域受儒家文化影响，社会精英的作用更为突出，其对东北地区的认知和看法，不仅会影响到区域内各国国民，还会涉及政府层面对于东北地区的人文交流政策，因此，要把重点放在具有较高社会地位的政治家、商界人士和文化精英等群体上。

（二）创新媒体宣传途径

要创新主流媒体人文交流的内容和方式，应充分利用新媒体。首先，内容要做到"因地制宜"，必须要充分了解当地民众感兴趣的方面，从而创造出当地民众乐于接受的中国信息。以中国国家理念、风土民情、民俗风俗为主题，满足境外民众对东北地区求知心理的纪录片、电影等包容性较高的媒体作品进行传播。其次，可以尝试使用微博等新媒体交流方式，例如，可以打造东北亚区域的国际网红，类似于李子柒的走红，通过打造以东北地区日常生活为主题内容的国际社交账号，扩展东北地区与东北亚的人文交流与互动，对外展现文化活力与创新力。

东北地区与东北亚国家媒体之间的交流是推动人文交流的重要抓手。东北地区与东北亚国家之间在文化交流的推进过程中，应着力于辽宁、吉林、黑龙江省以及内蒙古自治区的地方特色文化，用文化打开国门，让文化走进东北亚国家。积极探索人工智能、大数据、VR/AR 等新技术在对外传播中的运用，为东北地区与东北亚国家打造良好的交流平台，进一步深化东北地区面向东北亚的人文交流互鉴。

三、加强政府引领作用，维护国家文化安全

（一）加强政府层面政策沟通

以加强政府层面的政策沟通为主要渠道，辅以区域人才智库与学术交流，为东北亚地区经济的发展注入东北力量。当前，我国对外人文交流的平台、渠道、层次非常丰富，但由于其涉及旅游、体育、影视等众多领域，面向东北亚区域的人文交流机制仍较为混乱，存在着一些真空和弊端，因此要加强顶层政府设计，准确发现问题，及时完善对外人文交流机制，设置和完善高层级的对外人文工作领导小组，积极响应相关政策和规定，聚焦于地区与地区、国与国之间的直接交流，推动人文交流发展更上一层楼。

（二）完善人文交流体制机制

首先，需要推进文化软实力机制建设。要健全对外人文交流机制，特别是要重视当地群众，建立起群众参与机制，从而扩大中国文化、中国理念的影响力，最终提高我国对外人文交流的话语权。其次，要建立长效性的外交机制，加强对外人文交流项目的有效性。最后，要注重对人文外交的综合评估。要统筹协调人文交流各个方面的沟通，建立多边人文交流事务，组建评估团队、明确评估标准，对全领域对外人文交流

做出有效性评估。

（三）切实维护国家人文交流安全

党的十七届六中全会通过的《中共中央关于深化文化体制改革 推动社会主义文化大发展大繁荣若干重大问题的决定》提出，要提高文化开放水平，推动中华文化走向世界，积极吸收各国优秀文明成果，切实维护国家文化安全。在对外文化交流取得丰硕成果的同时，我们也要清醒地认识到，我国对外文化交流在世界文化发展舞台上话语权不足，面对西方文化的强势挤压仍显被动，国家文化安全形势不容乐观。

要加强对外人文交流媒介的管理，使东北亚区域增加对中国国情和发展道路的客观全面的了解，提升对中国传统价值观念和政策体制的尊重与认识，做到对中国优秀思想文化的认同。与此同时，新兴传播手段的出现，虽然为对外人文交流提供了方便快捷的通道，但是也会被境外势力故意放大，甚至是扭曲我国经济社会建设中出现的某些问题和矛盾，使得维护国家文化安全任务更加艰巨。因此，要积极出台相关境外媒体平台的管理政策，积极向东北亚国家传扬优秀传统文化，进一步优化境外文化，宣传国家安全审查机制，搭建人文交流走出去的风险防控体系。

此外，环境交流、地方交流等人文交流路径对于增进东北地区与东北亚周边国家的相互了解与认知，促进民心相通与文明互鉴具有十分重要的作用，应该发挥人文交流机制的调节作用，发挥民间组织团体的辅助作用，让民心相通成为各国交流和往来的基础，才能促使国家和地区之间的交流合作更加稳固和长久。

第九章

构建开放型经济新体制，打造东北地区面向东北亚对外开放新前沿

2015 年 5 月，面对全球化持续深入、国际局势深刻变化和更加明显的创新引领发展趋势，中共中央、国务院印发《关于构建开放型经济新体制的若干意见》，提出要"加快构建开放型经济新体制，进一步破除体制机制障碍，使对内对外开放相互促进，引进来与走出去更好结合，以对外开放的主动赢得经济发展和国际竞争的主动，以开放促改革、促发展、促创新，建设开放型经济强国"。进入中国特色社会主义新时代，党的十九大报告指出要"主动参与和推动经济全球化进程，发展更高层次的开放型经济""推动形成全面开放新格局"。党的十九届四中全会进一步指出，我国将"建设更高水平开放型经济新体制"，其中，重要的一点是"推动规则、规制、管理、标准等制度型开放"。党的十九届五中全会再次强调，"建设更高水平开放型经济新体制"。构建开放型经济新体制已经成为高水平对外开放的基本内涵。

构建开放型经济新体制，对于加速东北振兴，打造东北地区面向东北亚开放新前沿具有重要意义。要厘清开放思路，准确理解开放型经济新体制的内容最为关键。开放型经济新体制的内容，主要包括创新外商投资管理体制、构建外贸可持续发展新机制、建立促进"走出去"战略的新体制、加快实施"一带一路"建设、优化对外开放区域布局、拓展国际经济合作新空间、构建开放安全的金融体系、建设稳定、公平、透明、可预期的营商环境、加强支持保障机制建设、建立健全开放

型经济安全保障体系等。由上述内容可了解到，构建开放型经济新体制，重点就是推动制度型开放，而制度型开放的基本要求，是要在促进规则变革和优化制度设计中，形成与国际经贸活动通行规则相衔接的基本规则和制度体系。

基于此，构建开放型经济新体制，打造东北地区面向东北亚对外开放新前沿，必须突破现有瓶颈，围绕制度型开放这一关键点，破除制约要素流动的体制机制障碍，推动规则、规制、管理、标准等制度型开放，从培育高水平国际化营商环境、加速金融国际化进程、持续推进开放平台制度创新、建立开放风险预警防控体系四个方面推进。

第一节　培育东北地区高水平国际化营商环境

自 2002 年世界银行首次启动《全球营商环境报告》项目以来，"营商环境"这一概念逐渐被世人认知。营商环境的内涵不断拓展，不仅可以反映一个地区商业活力和创新潜力，还能够综合反映政务环境、法治环境、创新环境和人文环境等。党的十八大以来，国家高度重视营商环境的改善和优化，将优化营商环境作为全面深化改革的重要内容。国务院 2020 年 1 月 1 日正式实施的《优化营商环境条例》指出，营商环境是"企业等市场主体在市场经济活动中所涉及的体制机制性因素和条件"，是政府治理、经济潜力、资源条件、社会环境等诸多因素优劣的综合表现。自《优化营商环境条例》正式实施以来，我国各城市根据党中央、国务院关于优化营商环境工作的指示精神，对标国际一流标准，积极推动改革创新，取得了许多新的成效。2021 年 11 月，国务院印发的《关于开展营商环境创新试点工作的意见》，凸显了"创新"在优化营商环境中的重要性，为各地进一步做好营商环境优化工作提供了方向性指引，也为测度城市营商环境优化水平提供了全新坐标。2022年，国家发展和改革委员会印发的《"十四五"扩大内需战略实施方案》提出了八大重点任务，其中之一就是要推进投融资体制改革，优化营商环境激发市场活力，发挥对外开放对内需的促进作用。2022 年 9 月，《国务院办公厅关于进一步优化营商环境降低市场主体制度性交易成本的意见》下发，全国进入深度改革全面展开帮助市场主体解难题、渡难关、复元气、增活力的深度改革。

一、东北地区营商环境现状分析

（一）东北地区营商环境相关政策的发展策略

2015 年 12 月，习近平总书记主持召开中共中央政治局会议，审议通过《关于全面振兴东北地区等老工业基地的若干意见》。2016 年 4 月，《中共中央　国务院关于全面振兴东北地区等老工业基地的若干意见》，进一步强调将改革侧重点放在完善体制机制方面，在加快转变政府职能的要求下，提出要"深入推进商事制度改革，优化营商环境，进一步放开放活市场，激发市场内在活力"。2018 年 9 月，习近平总书记在东北三省考察期间，就深入推进东北振兴进一步提出六个方面具体要求，明确将"以优化营商环境为基础，全面深化改革"摆在首位，更是凸显出加快优化营商环境的紧迫性。2020 年 7 月，习近平总书记在吉林考察时强调，要加快转变政府职能，培育市场化、法治化、国际化的营商环境。习近平总书记明确指出，"只有建设好投资、营商等软环境，才能有效遏制东北资本、人才流失状况，打破所谓'投资不过山海关'的说法，使资本、人才成为东北振兴发展的重要助力"。未来一段时期，在构建新发展格局过程中，打造市场化、法治化、国际化营商环境对进一步推动东北地区经济社会高质量发展、扩大东北向东北亚对外开放有着重要意义。

自 2016 年新一轮东北振兴全面开启以来，东北地区也相继出台了多项优化营商环境的政策举措。一方面，依据国家顶层设计出台优化营商环境的条例，例如，辽宁省 2016 年出台全国首部优化营商环境的地方性法规《辽宁省优化营商环境条例》，黑龙江省 2019 年出台《黑龙江省优化营商环境条例》等；另一方面，制定改善营商环境某一具体方面的相关政策，如在推进"放管服"改革和政府职能转变方面，辽宁省在 2017 年成立全国首个省级营商环境建设监督局；吉林省 2018 年开始推广使用新的市场主体准入系统，成为全国企业开办时间最短的省份之一；黑龙江省 2022 年初发布《黑龙江省"十四五"数字政府建设规划》，把全面推进数字政府建设确定为转变政府职能、优化营商环境、建设服务型政府的重要引擎，以此来全面提升政府的履职能力。在深入推进社会信用体系建设方面，黑龙江省陆续出台《关于印发社会信用体系建设规划纲要（2014—2020 年)》《关于加快推进商务诚信建设工作的实施意见》《黑龙江省商务诚信体系建设工作方案》《黑龙江省"十四五"社会信用体系建设规划》。东北地区营商环境的相关政策，不论是优化营商环境条例的总体布局，还是诸如转变政府职能、推进社会信用体系建设等某一方面的政策，对提升东北地区营商环境都具有重要作用，但对实现市场化、法治化、国际化高标准的营商环境，还需要在国家相关政策的基础上，参考国际创新实践案例，根据社会经济发展的需要，不断进行创新与修订。

（二）东北地区营商环境的现实困境

近些年，东北地区改革力度加大，营商环境已经得到较大程度改善。《2019 中国城市营商环境报告》（中央广播电视总台编写版）的调研数据表明，经济增长速度排名在百名以内的城市中，大连、沈阳的营商环境指数排名为 19、23，长春和哈尔滨的营商环境指数排名也较为靠前，分别为 31 和 39。目前，吉林省已经实现了百余项高频事项"最多跑一次"的现实，一般的工程项目从立项到完成审批结束的时间大幅度缩短，从最初的 200 工作日降到 80 个工作日左右，短期内已经可以实现 13 个工作日左右完成。2020 年，吉林省多个城市参加中国营商环境评价时，多项指标获得满分，长春市获得营商环境优化速度最快的十大城市之一，其中，营商环境便利度指标增长了 20 多分。2022

年，黑龙江省逐步推进数字政府建设，基础设施逐渐完善，政府服务能力和水平在一定程度上得到了较大幅度提升。政府服务过渡到"掌上办""指尖办"，一系列创新实践的业务在不断完善改进，极大服务了中小企业。

然而，与全国营商环境的平均水平相比，东北地区营商环境还需继续提高。东北地区各城市的营商环境指数具有较大的差异性，整体表现为由北向南逐渐递增的趋势，辽宁省的营商环境指数普遍高于吉林省和黑龙江省。但在进入"十三五"时期后，辽宁省的营商环境评价指数从 2015 年的 41.91 下降到 2018 年的 37.70，而吉林省和黑龙江省的营商环境评价指数虽在这一阶段前期出现较大的提升，但后期指数也呈现了明显的下降趋势。张志学教授等关于营商环境评价的等级分类的研究显示（见表 9 - 1），在 2020 年，黑龙江省和辽宁省的营商环境评价等级处于中等和落后档，只有吉林省营商环境评价处于 B 等级，辽宁省和黑龙江省营商环境评价落在 B - 等级。东北地区营商环境评价较低，主要体现在政府"放管服"改革、要素市场化配置、法治建设以及人才保障等方面。

表 9 - 1　　　　　　　　31 省区市营商环境评价等级分类

等级	值域	排名	水平	省级行政区
A +	>75	1 ~ 2	标杆	北京、上海
A +	65 ~ 75	3 ~ 4	领先	广东、四川
A -	60 ~ 65	5 ~ 7	前列	江苏、重庆、浙江
B +	55 ~ 60	8 ~ 12	中上	安徽、山东、贵族、河南、海南
B	50 ~ 55	13 ~ 20	中等	江西、福建、云南、河北、湖北、天津、宁夏、吉林
B -	40 ~ 50	21 ~ 29	落后	黑龙江、辽宁、陕西、内蒙古、湖南、新疆
C	30 ~ 40	30 ~ 31	托底	广西、西藏

资料来源：张志学和张三保研究报告：《中国省份营商环境研究报告 2020》。

1. 宏观经济治理体制有待完善

东北三省当地政府在推进"放管服"改革创新层面，不仅是深化体制改革幅度尚需增加，表现在下放经济社会发展管理权限的过程中存在下放范畴比较有限、下放速度迟缓、下放水平不到位等突出问题，而且要将"放管服"改革创新的重心落在如何增强对行业主体的管理方面，行政改革的目的是需在放管融合的前提下更好地服务市场主体的高速发展。政府在经济治理中会发生政府职能越位、缺位、错位并存的现象，会极大提高市场主体和政府共事时的制度性交易成本。除此之外，在招商引资过程中，政府也可能会做出不按时兑现承诺或者提升附加标准推迟政策落实的行为；在企业运营过程中，政府的现行政策可能会欠缺持续性和连贯性等诸多问题，这些在不同程度上都会对既有投资者和潜在投资者的信心产生较大负面影响。同时，政府服务企业能力有待加强。信息公开程度较低，尤其是对水、电、气、热等公共行业的涉企服务办理手续、资费标准等的信息公开程度偏低，相关工程项目依旧搞"四指定"的老一套；涉企综合服务平台建设显著缺乏，例如，人才引进政策、税费减免等优化营商环境的集成化程度较低。

2. 要素市场化配置有待提高

东北地区非国有的中小企业发展环境已经得到了大幅度提升，相关数据显示，东北地区国有企业与企业总数之比远高于全国平均水平，截至 2021 年 11 月，全国国企数量占企业总数的平均值约 0.8%，东北地区这一数值为 4.34%。国企市场化改革进程较慢，不利于东北地区市场的协同发展。相比于公有制企业，非公有制企业的数量在持续增加，但在获取要素资源等方面的服务尚未得到提高，尤其是获取金融领域服务方面依旧处于劣势地位。虽然已经出台众多支持民营经济发展的相关金融政策，但在实际中民营企业在获得融资等信贷支持上还存在不同程度的困难。此外，在市场准入和经营管理过程中，相关的规章制度落实还有一定差距，东北地区一些民营企业在获得市场准入许可、政府招标采购等方面难以与国有大企业进行抗衡，容易受各类制度障碍或者隐形壁垒的制约，很难获得公平的市场竞争机会。

3. 法治建设有待健全

东北地区的公共法律服务保障机制不够健全，应对多元化纠纷的解决机制作用发挥不显著。事中事后监管的规范程度有待提高，尤其是促进部门协作"双随机、一公开"管控层面仍相对性滞后。司法行业保障工作体制不够健全，不能够实质性推进"难执行"等相关工作进展。政务服务失信专项整治亟须提升，"新官不理旧账"、推诿扯皮，经常有不如期履约或不完成承诺的事情发生。市场主体信用水平较低，一些数据的归集滞后导致数据不能共享，例如，联合奖惩、信用修复、行业信用监管、信用服务等数据，个人及企业的信用信息在租赁、审核、度假旅游等环节的设置上欠缺配合。

4. 人才保障制度有待完善

人才是地区发展的重要推动力，全国各地出台一系列丰厚待遇争抢优秀人才，东北地区也出台一系列政策吸引人才，但目前东北地区高素质人才呈流出趋势，且比例不断增加。企业和重要部门的人才总数少，高层次创新人才以及储备人才匮乏，科技领军人才也欠缺，青年人才后备队伍建设较为滞后。管理层、技术人员等高素质人才外流较多，在一定程度上反映了东北地区人才发展保障体系的不完善。人才持续流出会严重影响东北地区在产业结构转型发展中的主动性与竞争力，从而打击东北地区经济发展。因此，"引人"工程重要，"留人"制度更为重要。具体表现为，东北地区一些城市对本地人才的重视程度不够，缺乏对人才发展的支持政策，人才保障制度还不够完善。

二、营商环境建设优秀案例参考借鉴

近年来，中国营商环境持续改善，特别是部分省市主动对标国际先进，率先加大营商环境改革力度，取得明显成效，对推动全国营商环境整体优化、培育和激发市场主体活力发挥了较好的示范带动作用，中国各省份间应形成互动学习机制，以推动营商环境不断完善优化，从而实现高质量发展。例如，北京和上海的营商环境评价等级为A＋，属于"标杆"城市，广东和四川营商环境评价等级处于"领先"的"A级"，这些省市在营商环境建设方面的经验值得东北地区借鉴参考。

（一）深化"放管服"改革，提升行政审批效率及政府服务水平

国家发展和改革委员会网站公开发布了衢州2021年优化营商环境十大创新案例，其中，积极探索浙闽赣皖四省边际政务服务"跨省通办"值得东北地区各省市参考借鉴。衢州市牵头与福建南平市、江西上饶市、安徽黄山市等邻省边界市合作，依托全国政务服务一体化平台，构建完善浙闽赣皖四省边际城市跨省通办体制机制和运行模式。目前，已推出卫健、公安、市场监管等9部门151项事项，累计办理业务近4万件，并和上饶市开始探索出生"一件事"跨省通办。此外，针对服务企业工作中存在载体多轨并行、服务覆盖面较窄、督查考核机制不够健全等问题，衢州市创新构建了"1＋33＋65＋N"的社区化网格化服务网络，并结合市区干部组团下沉、服务机制融合提升、专业服务强化保障、云上社区数字化服务等措施，推动资源向一线倾斜、服务向一线集中、管理向一线延伸，实现专业性精准服务、体系化联动服务、闭环式全程服务，该机制自2021年5月运行以来，共收集问题1308个，问题解决率达98.64%，一批共性问题得到有效解决，基本实现问题不出社区，就近办、快速办。

北京市通过推动政府部门、企业和第三方机构合作，创建新型企业项目投资管理机制，走出了一条高效率服务企业投资项目落地的新路径，将详细知晓承诺方式、提前对区域进行综合评定、创建整个过程政府部门一站式服务体制、推动产业用地规范化改革等对策进行组合使用。海南省海口市充分运用智能化系统提高政务服务效率，深入推进开办企业便利化变革，推动企业开办"一次不用跑，一天全办完"。与此同时，在市场主体准入条件、准营、退出机制上进行规范化、透明化的改革，创新了极简审批以及工程建设项目审批等改革，大幅度减少行政审批期限。企业全生命周期管理服务项目得到全方位的改进，如重庆市和四川省共同完成了线上和线下政务服务的统一，以实现成渝地区双城经济圈宏观治理的深化改革：线上，四川的"天府通办"平台与重庆"渝快办"相互连通，实现两地的政务数据资源整合与共享；线下，成立"川渝通办"窗口，实现了县级以上的实体政务服务大厅双城政务"就近办、一次办"。重庆市和四川省的这一举措完成了跨区域的政务联合，实现两地企业共享标准一致的服务。

（二）推进要素市场化配置改革，盘活市场主体活力

广东省公共资源招投标中心是实现公共资源与非公共资源交易融合发展的创新示范，是推动构建区域统一的要素和资源市场、促进要素市场化配置的实践探索。2022年，广东省公共资源招投标中心揭牌暨上线运营仪式在广东省交易控股集团举行，同步推进并高质量完成市场调研、场地建设、系统开发、规则制定、业务开拓、监管对接、人员招聘等各项准备工作。广东省公共资源招投标中心正式上线运营后，致力于把产权市场"阳光规范、汇聚资源、发现市场、发现价格"的作用有效融入公共资源招投标业务。对标一流行业，深入推进全流程电子化，积极参与行业标准研究，不断健全规则制度体系和高标准市场服务体系。同时，建立涵盖跨区域跨行业的优质专家、供应商等资源共享机制和综合生态服务体系，主动对接行业监管部门，实现招标项目全主体覆盖、全要素参与、全过程在线运营管理；不断扩大招投标交易规模，全面打造更优服务、更高效率、更贴近市场的数字化、智能化公共资源交易平台，助力广东省工程建设项目招标投标行为的规范管理。广东省的这一重要举措有助于推进要素市场化配置，盘活市场主体活力。

（三）持续净化法治环境，推进社会信用体系建设

上海市金山区不断推动高质量社会信用体系建设，通过法治建设、

系统支撑、管理创新，推动信用建设法治化、规范化，提升信用惠民便企水平。特别是 2021 年 5 月，金山区启用"一网畅融"中小企业融资综合信用服务平台，将中小企业融资综合信用服务功能嵌入"一网通办"，以中小企业为重点服务对象，架起企业和银行之间联通的桥梁，帮助中小企业解决经营过程中面临的资金周转、扩大融资等迫切问题。2021 年 7 月，上海金山与安徽芜湖共同谋划推进信用惠民合作事宜，持续打响"信用长三角"品牌，叠加区域信用工作特色，落实《"十四五"区域信用体系建设合作框架协议》的各项任务。两地通过信用合作共推机制，加强政策对接和信息共享，推进区域间的标准互认，建设"长三角"区域信用惠民便企合作典范，共同为区域经济社会健康发展提供良好的信用环境。

（四）完善人才发展保障制度，推进人才生态建设

成都高新园区在优化人才发展生态，构建人才金字塔优构工程项目落地，引育科技创新型高端人才，吸引紧缺人才的案例具有重要参考价值。2022 年，成都高新园区公布第一批惠企新项目，不断增扩新项目的涉及领域，同时在政策里纳入六项惠企政策，诸如对高新企业进行奖励、对上市企业进行奖励、奖励关键核心技术、奖励高端人才引进以及环境保护提标改造项目。为进一步促进高新区科技自强自立，解决"受制于人"的技术难点，成都高新园区成立专项资金，准备 20 亿元人民币全力引入自主创新领军人才和急需产业创新领军人才。具体举措包括鼓励成都高新园区的事业单位以及科研院所积极在全球范围内引进科技创新的领军人才，尤其是具备全球尖端科学技术以及关键技术科技攻关实力的人才；鼓励管辖区龙头企业在全球范围内引进具备自主创新能力的产业创新领军人才，以推进成都高新区主导产业建圈强链的发展。对这两类人才，成都高新园区最高可给予 2000 万元资金支持，具体为人才补贴每人每年最高 500 万元，安家补贴费最高 500 万元或者提供一套专家公寓，人才补贴连续给予三年。除此之外，成都高新园区鼓励项目研发和成果转化的开展，最高可给予科技创新领军人才团队 1

亿元的经费拨出。同时，成都高新园区为了更好的保障人才需求，快速响应和协调人才的诉求，构建了领军人才"一对一"的数字化服务平台，为领军人才开设了专门的服务机构，全方位制定领军人才及家属在子女教育、健康服务、社区养老服务、住房保障、城市交通、政务服务、金融信息服务、政策申报等清单式服务项目。现阶段，成都高新园区已吸引431名国家级人才，1000多名省市级人才，吸引人才总数量已经超过70万人。预计在将来5年，成都高新园区将汇聚500名科技和产业领军人才、1000名青年科技人才，人才总数量预计达到100万。

三、完善东北地区营商环境的思路对策

东北地区城市营商环境评价得分均处于较低水平，应从以下四个方面持续推进改革以提升营商环境水平。

（一）深入推进"放管服"改革，提升政务服务质量

东北地区城市需要加强对中小企业的服务观念，积极探索诸如"三零服务"项目的创新，简化企业用水用电用气的审批流程，切实为中小企业解决报装管理成本高、欠缺专业技术人员、成本费承受能力低等难题，持续推进企业用水、用电、用气的便利程度。东北地区城市应培育好政商关系，推进优化营商环境等举措，如企业"最多跑一次"等便可完成企业开立等事项，降低中小型企业的制度性交易成本。进一步提升执法机关审核透明度，搭建评价公务人员工作的指标体系；推进政务服务与数字化技术的结合，利用数字技术提高政务服务效率，促进不同层级的各部门实现数据共享、流程优化和业务联动，打造出24小时"无休"的"数字政府"。

（二）坚持要素市场化配置，激活市场主体活力

大力推进全周期资源要素配置体制的建立，秉持"土地要素跟着

项目走"的原则，创新产业用地的配置方法，推动土地要素的市场化配置，为地区经济转型升级源源不断的注入新动力。东北地区城市应充分抓住与邻国接壤等区域优势，强化与东北亚国家的经贸合作，积极探索鼓励外企"走进来"政策，吸引外国资本，持续不断地盘活市场主体活力。例如，出台优惠力度大的补贴政策吸引俄罗斯、韩国或朝鲜等周边国家的企业入驻，降低准入门槛，为企业注册提供便利，大幅度缩短企业申请流程的时间。通过激励高等院校、企业、科研单位协作，深层次全方位推动产学研应用创新发展；创建中小型企业创业孵化基地，补贴当地企业的创新产品与服务；同时，也要降低中小企业获得融资的难度，创建风险与收益评价指标体系，透明化、公开化企业相关的信息披露，大幅度吸引社会资本投资，进一步盘活民间资本。

（三）加大力度净化法治环境，推进信用建设

东北地区要始终把营商环境法治化建设以及社会信用体系建设作为提升营商环境的关键点和重要途径，不断强化诚信政府建设以及诚信企业建设，大力推进"政府承诺 + 社会监督 + 失信者责任追究"的体制建设。科学制定市场综合监管、政府行政工作、信用体系建设、数据信息开放分享等关键规章制度，建立与提升营商环境的法规制度。推动多元化纠纷解决机制和公共法律服务管理体系的完善，构建法治化一流营商环境。快速建设以个人信用为基础的监管制度，对守信企业进行奖励激励，进一步扩大信用信息的应用领域，策划宣传诚实守信的典型，与此同时，也要建立失信人员联合惩戒体制机制，建立健全协调联动机制。

（四）全面推进人才保障制度建设，提升人才吸引力

从人才发展保障体系来看，需要制定更加全面的人才保障制度，为符合当地产业发展的专业人才建立柔性引才机制，制定合理的人才引进费用，完善薪酬待遇、住房保障、户口迁移、家属调转、子女入

学等方面的措施，提升外引人才的归属感；同时，加大本地人才的培养力度，增加对东北地区高校大学生创新创业教育培训，为人才创新创业提供有力的保障，扩充人力资源储备，加强跨国跨省的人才培训交流。

第二节　加速金融国际化发展

一、面向东北亚对外开放的金融业发展进程

（一）中国与东北亚经贸合作中金融业基本情况

为更好推动区域经济发展、促进双边贸易以及直接投资的便利化，中国加速推进与东北亚区域内国家的货币互换进程。2014 年 8 月，中国人民银行与蒙古国中央银行续签了中蒙双边本币互换协议，协议规模高达 150 亿元人民币/4.5 万亿蒙古图格里克；2014 年 10 月，中国人民银行与韩国中央银行续签中韩双边本币互换协议，协议规模为 3600 亿元人民币/64 万亿韩元；同时，与俄罗斯联邦中央银行签署了规模为 1500 亿元人民币/8150 亿卢布的双边本币互换协议。基于此，搭建区域外汇市场，强化同相关国家的金融合作，建立适用于本区域特点的多边货币兑换及跨境资金结算模式，为双边经贸合作往来的资金结算提供便利，进一步增大东北亚区域国家贸易、投资合作的可能性。中国自贸试验区基于制度创新的重要目标，在贸易便利化、外资管理体制改革、金融开放等方面获得重要成果。由图 9 - 1 可知，金融产业是自贸试验区的重点产业，在金融开放领域，推动涉及自由贸易账户、人民币国际化、利率市场化等诸多事项进行改革创新，提升金融服务质量。

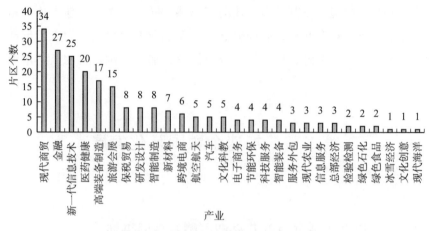

图 9 - 1　自由贸易试验区重点产业分布

注：资料来自赛迪《2020 年中国自由贸易试验区发展白皮书》；不包括第六批设立的北京、湖南、安徽自贸试验区及浙江自贸试验区扩展区。

（二）东北地区面向东北亚开放中金融业的发展

黑龙江省绥芬河、吉林省珲春口岸是我国东北地区对俄罗斯的边境重镇，是通往俄罗斯的重要物流通道，商业、游客交流密切，边境贸易繁荣。当下，黑龙江辖内的哈尔滨银行、中国银行、龙江银行，以及吉林省内的珲春农村商业银行都有挂牌经营卢布现钞兑换业务，极大方便了中俄两国的商户及旅游者。吉林省内中国银行、工商银行、交通银行和建设银行均开立了韩元存款、韩元结汇、售汇以及中国 - 韩国的单向韩元汇款业务。吉林省延边朝鲜族自治州是全国最大的韩元现钞结售汇市场，领先实现了人民币兑韩元现钞区域挂牌交易，并试验推广了"韩元报价平台"系统。吉林省借助区位优势，推动珲春农村商业银行、工商银行延边分行凭借本地的口岸跨境调运卢布和韩元现钞，为未来国际金融合作打下坚实基础。辽宁省银行金融机构利用"辽贸贷"和"跨境人民币结算"等金融创新产品，在 RCEP 规则框架内为企业提供相应的贸易金融服务，不断完善提升融资体系。例如，通过增加融资渠道，推动多元化融资渠道形成；在一定程度上还可以将还款期限适当延长，有助于缓解因短期融资资金较多，且缺乏长期融资资金的难题，也可以通过较大幅度增加权益性融资或者转变债务性融资的方式进行改善；使用种类丰富的资产证券化工具盘活工程项目中的沉淀资产，推动有效投资。

辽宁自贸试验区持续推进金融开放创新以助力实体经济发展，诸如尝试在自贸试验区内成立外商独资企业或中外合资的金融企业，允许大型装备制造企业在自贸试验区内开设融资租赁公司或项目分公司；开展融资租赁资产交易跨境电商资产转让业务，试点金融租赁公司债务便利化，在符合条件的片区摸索知识产权证券化的方式；试点外商投资股权投资类企业合格境外有限合伙人（QFLP），制定外资企业股权投资企业发展的政策；争取开展本外币合一银行账户体系试点，创新账户体系管理；争取开展货物贸易和服务贸易外汇收支便利化试点，按照国家相关工作部署，鼓励跨境电商活动使用人民币计价结算，探索通过人民币资本项下、输出贸易项下回流方式。

黑龙江自贸试验区借助哈尔滨金融机构对俄金融服务基本功能进行整合，在满足对俄经济贸易主体项目投资和贸易要求的基础上，给予本外币、内外贸、离在岸、商投行一体化的跨境金融服务，不断推进境外机构境内账户（Non-Resident Account，NRA）账户研发、CIPS 试点等有特点的对俄金融服务商品研发，提高对俄结算速度的同时降低成本，以推动试验区内的公司到国外投资，助力人民币国际化进程。

二、面向东北亚对外开放中金融领域存在的问题

（一）金融风险加剧

东北亚区域内不稳定因素逐渐增加、国家间矛盾凸显，加之政治层面上的不确定性，在一定程度上影响区域内国家间的经济合作。如2012 年钓鱼岛事件后，中日关系陷入"政冷经凉"，重创两国间的经贸合作；2017 年萨德入韩事件，引起中俄强烈抗议和抵制，影响到区域内大国间的经济金融合作；近些年，朝核问题也越来越严重，引发联合

国开始对其执行最为严苛的制裁。此外，东北亚各国之间的领土问题也极其复杂，领土完整是国家独立的象征，与国家主权紧密相关，稍有处理不当，就会影响到两国或多国间的政治经济合作，严重影响国家间的交流发展，增加经济发展中的风险。

（二）深度金融合作难以统一步伐

东北亚国家间的经济金融合作面临的问题愈加复杂，使得区域内国家间进行深度金融合作难以形成一致步调。一方面在于在各国之间的政治、意识形态领域、社会制度、金融开放广度与深化程度等方面具有一定差别，另一方面可能是由于资本主义国家与社会主义国家的性质区别，有的国家执行市场经济、有的国家是计划经济；也有可能是国家的开放程度上具有较大差距。例如，除了日本之外，大多数的东北亚国家选择在不同程度上干预或者进行制度管理资本流动或者汇率波动；朝鲜则因为受到联合国的惩处制裁，导致其金融市场与外界隔离。诸如此类的差异都会严重影响到东北亚区域内各国的经济金融合作，对构建区域内统一高效的经济金融协作机制产生负面影响，不利于稳定发展模式的形成。

三、东北地区扩大金融业对外开放的重点任务

探索构建一个面向东北亚的金融服务中心，不断推进对支持金融创新政策的研究，持续对区域外的融资环境进行优化与完善，推进人民币跨境结算体系不断完善，提高跨境的金融服务。同时，在自由贸易区内，不断进行金融制度创新的尝试探索。

（一）推动人民币国际化

东北地区制定相关方案助推金融国际化发展，有助于推进东北地区面向东北亚对外开放的进程。一是东北地区要持续强化金融服务的对外交流与合作。可以考虑在绥芬河、珲春、丹东等边境枢纽口岸城镇开设

沿边开放金融示范区，增加对外的金融服务业务；设立次区域离岸人民币金融服务中心，增强货币与信贷业务的合作，逐步展开双边信贷；开展资本市场合作，推进周边国家的人民币资本项目可兑换，开展个人境外直接投资试点。二是提升人民币使用的广度。成立跨境人民币清算中心和货币兑换中心，鼓励在边境跨境交易和直接投资中使用人民币，允许金融机构和个人在试验区买卖双边货币，放宽人员在进出边境地区时允许携带的人民币限额，推动人民币在周边区域的使用。

（二）鼓励金融机构"走出去"

鼓励中资银行积极"走出去"，在国际市场提供人民币跨境结算等金融产品支持，大幅度推广使用人民币的跨境支付系统。要鼓励支持东北地区辖内银行积极与东北亚其他国家的银行建立代理行关系，签订本币结算协议、相互设立本币账户，扩大双边本币的结算范围，推动银行体系资金回流到银行结售汇体系。此外，随着东北亚地区经贸往来的深入，以地区内货币进行贸易计价和结算的需要越发强烈，为了更好地满足这种需求，中国当下正逐步深入推进跨境贸易人民币结算的业务。但人民币资本项目可兑换和资本市场对外开放目前还没有具体的发展规划，因而，应该在贸易一体化的基础上，建立区域内汇率协调机制，防止因汇率波动给贸易结算带来较大的风险，进一步减弱各国外汇的储备成本，在资本流动、宏观经济政策一致性、金融市场发展等其他目标成熟时，再进一步推动区域货币一体化。

（三）探索建设区域外汇市场

根据区域外汇市场发展需要，进一步建设完善外汇交易平台，提高市场透明度。完善管理制度、操作规程、信用体系和交易数据报告制度，提高外汇市场监管水平。可通过建立区域外汇市场试验区，提升区域金融合作力度和深度，建立东北亚区域内金融机构会议协调机制，促进企业融资和清算服务便利化，大力推动资金的跨区域流动，为东北亚区域经贸合作提供更有力的金融支持，推动中国与周边国家的国际金融交流与合作，并相互交流分享发展经验。

第三节　持续推进开放平台制度创新

一、东北地区开放平台建设与制度创新情况

中国对外开放的高质量发展离不开多样化的开放平台，开放平台是试验体制机制与推广创新制度的重要载体。"十四五"时期，东北地区要充分运用多样化的开放平台大力推进制度的创新与示范引领功能。对于自贸试验区要提供更多的改革管理权限，大胆推进首创性、集成化、差别化的改革探索；对于其他开放平台，提高国家新区和开发区的自主创新能力，推动综合保税区高质量开放，对沿边重点开发试验区、边境经济合作区、跨境经济合作区的功能要持续优化与完善，全面统筹多元化开放平台建设，构建更高开放层级、更优营商环境、更强辐射作用的开放新高地。

（一）东北地区自由贸易试验区建设基本情况

东北地区积极响应国家政策，加快步伐推进自由贸易试验区建设，利用沿边优势定向扩大贸易领域的对外开放。2017 年 3 月 31 日，《国务院关于印发中国（辽宁）自由贸易试验区总体方案的通知》，2017 年 4 月，辽宁自贸试验区正式挂牌成立，辽宁自贸试验区聚焦"推动东北亚开放合作"特色改革试点任务。2019 年 8 月 26 日《国务院关于同意新设 6 个自由贸易试验区的批复》印发，同意设立中国（黑龙江）自由贸易试验区，黑龙江自贸试验区成立。2020 年 12 月，黑龙江省人民政府办公厅印发《中国（黑龙江）自由贸易试验区管理试行办法的通知》。2021 年，辽宁省大连市推动《中国（辽宁）自由贸易试验区大连片区对标上海临港新片区进一步深化改革开放方案（试行）》《进一步深化探索建设大连自由贸易港五十条措施》等政策文件落实。2022 年，辽

宁省商务厅联合人民银行沈阳分行、辽宁省外汇管理局共同出台了《金融支持中国（辽宁）自由贸易试验区高质量发展若干措施》，制定 22 条政策措施，在加大对实体经济融资支持、推动外贸新业态新模式发展、加强风险监测与管理等方面，助力辽宁自贸试验区金融领域高质量发展。

　　自贸试验区是中国持续深化改革和进一步扩大开放的重要载体，自贸试验区除了在关税豁免、通关便利等"边境措施"相关制度上进行探索改革之外，还持续对贸易、投资、金融、监管等"边境后"的国内经济体制机制进行深化改革。将来，自贸试验区的目标定位要更为精准，强化自贸试验区的试验与示范功能，推进自贸试验区高质量发展。辽宁省自贸试验区始终以辽宁特色为重点，以体制机制改革和创新为核心，大胆试、大胆改、自主改，取得众多成绩，具体见表 9 - 2。截至 2022 年 8 月，黑龙江省自贸试验区交出了满意答卷，一共颁布了 200 余项的制度创新，共计 120 个的省级创新实践案例，更是完成国家交给的改革试点任务，复制推广率为 93%。同期，黑龙江自贸试验区出台执行《中国（黑龙江）自由贸易试验区创新发展行动方案（2021—2023年)》，从八大方面提出共计 89 条具体措施，在更加全方位促进金融开放、便利化跨境投融资、促进科技成果转化等层面上取得创新的制度成果，不断增加政策供给、进行政策创新。

表 9 - 2　　　　　　　　　辽宁自由贸易试验区建设取得的成绩

	片区		
	沈阳片区	大连片区	营口片区
成就	全面完成省总体方案涉及沈阳片区试验任务 115 项；复制推广全国自贸区改革经验涉及沈阳市任务 104 项；形成了全省推广的制度创新经验 40 项	全面完成省总体方案涉及大连片区的 119 项改革试点任务；复制推广和辽宁省借鉴改革试点经验 291 项；总结梳理制度创新举措 273 项	推出 357 项创新政策，形成 126 项改革案例。其中，向全国复制推广 1 项，1 项作为国务院自贸试验区工作部际联席会议简报推广。累计向全省币制推广 33 项改革成果，全市复制推广 90 项

资料来源：辽宁日报文章《辽宁自贸试验区三周年，成绩单来了》。

（二）东北地区其他开放平台的建设情况

2018 年 4 月，辽宁省出台了《推进中国（辽宁）自由贸易试验区与重点产业园区协同发展的指导意见》（辽政办发〔2018〕8 号），确立了省沈抚示范区、沈阳经济技术开发区、大连金普新区、营口经济技术开发区、盘锦辽滨沿海经济技术开发区、鞍山经济开发区、阜新高新技术产业开发区、丹东边境经济合作区等 19 个省内重点产业园区为辽宁自贸试验区的协同发展区，充分利用辽宁自贸试验区开放平台优势和创新经验溢出效应，以制度对接、平台融通、产业互动为重点，建立辽宁自贸试验区重点产业园区跨区域联动发展体系。2018 年，辽宁出台《辽宁"一带一路"综合试验区建设总体方案》等对外开放文件，其中《辽宁"一带一路"综合试验区建设总体方案》是全国首个在省域范围内探索创建"一带一路"综合试验区的建设方案。2019 年 5 月，吉林出台《珲春中俄互市贸易区管理办法》。2020 年 12 月，黑龙江省人民政府印发《中国（黑河）跨境电子商务综合试验区实施方案的通知》。辽宁省商务厅先后出台《2021 年全省推动边民互市贸易创新发展强力推进外贸稳增长专项行动方案》《支持边境贸易创新发展项目申报指南》等，为辽宁省边境贸易创新发展奠定了基础。

二、海南自由贸易港制度创新案例借鉴

在 2018 年的博鳌论坛上习近平主席指出要"探索建设中国特色自由贸易港"。随即相关部委印发了《支持海南建设自由贸易试验区和中国特色自由贸易港的实施方案》，2020 年中央印发了《海南自由贸易港建设总体方案》，并举行了 11 个自由贸易港重点园区的挂牌仪式。

《海南自由贸易港优化营商环境条例》作为《中华人民共和国海南自由贸易港法》的配套条例在 2021 年开始正式施行。除此之外，《海南自由贸易港公平竞争条例》《海南自由贸易港知识产权保护条例》《海

南自由贸易港社会信用条例》《海南自由贸易港反消费欺诈规定》等条例和规范也逐步落地，保障海南自由贸易港内市场主体的公平竞争、知识产权、社会信用体系，以此维护自由贸易港的市场秩序。

　　数十项法律法规的落地，使得海南省自由贸易港建设逐步具有国际化和法治化的法律体系。在吸收和发扬国内外已有经验教训的基础上，海南省逐步总结出了自身的成熟经验，并通过立法和颁布法规的方式使之系统化和法治化，其中具有代表性的就是海南省优化营商环境的"1＋N"政策制度支撑体系。2022年，海南省发布《海南省人民政府办公厅关于进一步优化营商环境、降低市场主体制度性交易成本的实施意见》，着力突出自由贸易港的特点，从而"发挥海南自由贸易港政策优势，激发市场活力和提升竞争力"、推动提升跨境贸易便利化水平、支持外贸高质量发展、拓展国际贸易"单一窗口"地方特色应用，优化"通关＋物流""外贸＋金融"功能；在更大范围内试行"零关税"和"低税率"政策，研究推进"简税制"，确保如期顺利封关运作等。制定政策容易，短时间落实也不难，难的是防微杜渐和持之以恒，因此海南省在打造优秀营商环境的同时，也积极维护和保持长久的运作机制，防止官僚主义和其他不良习惯故态复萌。基于此，海南省立足大局、系统思维、组织强化和协同发展，提出《重要量化指标赶超国内一流实施方案》《进一步提升营商环境行动方案（2022—2025年）》《政府数字化转型实施方案（2022—2025年）》等一批系统性规划方案，分领域提出从"跟跑""并跑"到"领跑"的追赶目标、阶段任务和具体举措。

　　海南省从省委省政府到地方基层都高度重视推动自由贸易港，各级部门都要为政策服务，相继提出了"赛马擂台""病例剖析""揭榜挂帅"等方式方法落实自由贸易港建设。经过各级部门的共同努力，海南省的营商环境不断改善，自由贸易港逐步从"施工图"变为生动的"实景图"。办事难一直是困扰生产经营者的难题之一，为落实自由贸易原则，海南省开通"海南e登记平台""椰城市民云""海易办"等平台，便民助民快速办理工商业相关业务，打造云上便利，推出"秒批"业务，以及"包邮到家"的政务服务系统。

三、进一步推进东北地区开放平台制度创新的重点任务

（一）持续提升开放平台功能

首先，明确目标。辽宁自贸试验区和黑龙江自贸试验区自建立以来，在开放的广度、深度已经取得显著成效，但在投资贸易便利、货币兑换自由、监管高效便捷、法制环境规范等方面离高标准还有差距。差距就是努力的方向，自贸试验区要对照"最高标准"，以建设开放度最高的自由贸易园区为目标，为扩大东北亚对外开放试点探路。

其次，要以制度创新为核心，加快高质量自由贸易试验区和探索建设大连自由贸易港。自贸试验区的运营取得了一大批可以落地的制度创新成果，诸如效率更高、服务更优的行政管理模式，跨国公司资金管理效率通过跨境双向人民币资金池业务得到较大提升等。与此同时，探索在东北地区构建更深开放层次、更优制度供给以及具有更强辐射作用的对外开放新高地，务必要全面学习自由贸易港制度供给优势的经验，尝试从运作模式、税收制度、贸易投资制度和监管机制等方面打造具有中国特色的自由贸易港制度体系。从制度层面打破东北地区存在的深层次矛盾和结构性难题，充分激发市场活力，促进市场发展动力，培育新优势，打造新动能，促进东北地区经济转型升级和供给侧结构性改革。

再次，要以可复制可推广为基本原则。自贸试验区的经验成果既要服务本地的经济发展，同时也要适用于全国各地的发展，达到服务大局、服务国家战略的目的。要增强"全国一盘棋"的意识，大力推进自贸试验区建设。

最后，要以提高事中事后监管能力为根本保障。要秉持大胆尝试、大胆改、自主改的原则，探索出好经验好做法，结合本地区特点，完善试点方案，不断扩展试验的广度和深度，尽快形成各具特色、各有侧重点的试点布局。同时，要深刻总结、改进提高；落实方案、争创成果，

做到系统集成、推广复制，通过加强交流，带动其他开放平台创新发展，推动扩大开放。自贸试验区的建设不可能一步到位，但只要坚定信心，大胆地闯和试，一定能够越做越好。

（二）　加快高标准自由贸易区网络建设

尽早启动中日自贸区、中蒙俄自贸区等东北亚双边和多边自贸区研究，推动与世界主要经济体商建自由贸易区进程，加快形成立足周边、辐射"一带一路"、面向全球的高标准自由贸易区网络。

（三）　积极参与和引领国际经贸新规则构建

要充分利用各类开放平台参与和引领国际经贸新制度的构建。如充分利用中国沿边地区在跨境电子商务领域内的领先优势，推动建立各方普遍接受的国际数字经济和数字贸易规则，构建双边和多边服务贸易新规则体系。

第四节　建立开放风险预警防范体系

一、东北地区面向东北亚对外开放潜在的风险挑战

（一）　国别政治局势复杂化

现阶段，东北亚局势越发复杂，未解除的朝核危机依旧存在，日本、韩国依旧持高度戒备状态，美国持续对东北亚事务进行干预，更加重了东北亚区域局势的错综复杂。时下，俄乌冲突事件呈现出现代战争的新形态，新形态战争不仅是武器的较量，更是基于经济、金融与科技实力的较量，这也在一定程度上促进了"一带一路"新格局的建立和国际地缘政治经济格局的新形态。俄乌冲突等复杂的国际局势表明东北

亚地区的安全危机为常态化问题，一定时期内，东北地区周边的安全环境将遭遇严峻形势，因而也会严重影响东北地区对东北亚区域进一步拓展的深度与广度，导致东北地区无法在更大范围、更深层次上融入东北亚经济体系，也难以完成区域多边深层次合作。

（二）商事纠纷多样化

关注到对外贸易中可能出现的新形势、新情况以及新的未考虑到的制度漏洞，与跨境电商相关的法律制度或政策规定目前尚未健全。数字经济和数字贸易的迅速发展，数据信息的跨境流动已经成为世界各国关心的重要热点问题。将来，数字经济、数字贸易以及数据信息跨境流动等方面的国际性商事纠纷也会增加。

（三）跨国金融风险加剧

东北亚国家间的经济金融合作面临的问题愈加复杂，诸如国家间矛盾凸显、不确定的政治层面等不稳定因素增加，在一定程度上影响区域内国家间的经济金融合作，错综复杂的政治经济关系可能会导致金融风险的发生。东北亚区域国家在意识形态、社会制度、金融开放程度上也具有较大的差异，如除了日本之外，大多数的东北亚国家选择在不同程度上干预或者进行制度管理资本流动或者汇率波动，上述因素都会在不同程度上导致金融风险的发生。

二、东北地区面向东北亚对外开放风险预警防范体系构建的重点任务

（一）加强开放型经济法制体制建设

搭建开放型经济新体制是新时代建设现代化强国的基本制度框架，是构建现代化经济体系的重要基础。在世界经济政治局势错综复杂，不确定性与风险并存的当下，世界各国都高度关注对外开放发展过程中的

安全问题，选择恰当的开放体制与国家经济安全风险密切相关。中国在积极融入和推进经济全球化，提倡和推动共创"一带一路"，促进开放型世界经济构建的同时，推动中国与其他国家在经济合作中培育出一种开放、包容、平衡、可持续和安全的世界经济新体系。但是，在东北地区面向东北亚对外开放过程中，外部不确定性和动态变化会引发安全风险，因此，要构建对外开放的风险预警管理体系，尤其是可能出现的政局动荡、金融业等重点行业领域可能会有的投资风险及贸易壁垒等，需要建立应对突发事件的紧急处置机制，尝试开设专门的机构和相关制度以最大程度控制风险损失。

（二）　构建贸易平衡与安全保障制度

1. 强化贸易与投资安全预警机制

第一，从推动人力资本和资产合理布局、提升税务管控、加强财政转移支付、扶贫工作、推动供给侧结构和需求方无缝拼接等多个方面，推进供给侧结构性改革，贯彻落实"一降一补"的各项政策，控制可能会影响经济健康发展与经济持续增长等风险性因素，推动国内市场稳中有进地发展。与此同时，要进一步推进现阶段 WTO 的改革创新，参与国际规则的制定。推进对外开放高质量高水平的发展，加速增加对外自由贸易区商谈，有序推进国内自由贸易区涵盖范围，并将自由贸易区内成功实践逐步试点推广到其他区域。加强人员及货物进出口的安全风险预警机制，提高出口管制立法的速度，推进出口管制体系的构建，建立健全进出口的管理法律体系以及行政执法机制，并确保设计科学，实施过程中运转有序、执行有力。

第二，进一步优化外商投资国家安全审查机制，搭建"走出去"的风险防控体系与负面清单管理模式相匹配的外商投资国家安全审查制度。在营造宽松、自由的营商环境基础上，高度重视事中事后监管，全方位调动国家层面、行业层面、社会以及企业层面的安全监督功能，确保安全审查的精准执行。提升对外投资合作品质，构建更安全有效的境外风险防控体系。完善对国有企业、国有控股企业在对外投资过程中的监管、管理和财务审计，进一步优化国企海外经营业绩考核和责任追究机制，保证国有资本的安全和经济效益，避免国有资产流失。

2. 跨境电子商务安全监管制度

推进对东北地区与东北亚国家电子商务体系的完善与优化，政府部门务必要提升跨境电商的安全监管工作。要兼顾国与国之间的政策与制度协调的统一性，防止一案多法现象的出现。同时，政府部门有关制度规则的变化务必要及时通知到企业，确保政策时效性，节约企业信息搜寻的时间和成本。东北地区企业首先要确定电子商务运营特征，了解自身产品比较优势，掌握好品牌优势，深入了解产品进口国消费者的消费习惯，诚信为本，确保产品的质量，避免假冒伪劣或者低质产品投入市场中，降低贸易摩擦，减少不必要的贸易争端。企业在进行进出口贸易过程中，要遵循相关的法律规定，不扰乱市场秩序，贸易争端发生时应当通过依法依规的合理途径解决。

（三）预设多元化商事争议解决机制

必须尽早构建多元化商事纠纷解决机制，诸如在司法诉讼、商事仲裁、商事调解等环节的机制健全。尤其要解决商事争议解决的效率和模式问题，可以借助数字化技术尝试探索更加高效便利的临时制度或者采用"线上＋线下"的模式，确保能够及时、有效、公平地解决跨境商事争议，提供更为优质全方位的法律援助，搭建良好的法治营商环境，这也有利于国内国际双循环相互促进以及新发展格局的形成。

（四）健全金融安全风险防控体系

在金融服务领域，一方面，要强化金融风险防范意识，健全金融安全风险防控体系。其一，对贸易方向、贸易结构以及国际收支平衡上发生的变化要密切关注，持续跟进人民币境外资产形式、流通形式和规模变化，以便能够及时出台相关政策预防潜在风险。其二，持续对宏观审慎管理框架下的外债和资本流动管理体系进行优化管理，完善并优化金融监管体系，完善系统性风险监测预警：（1）明确风险的对象、种类以及程度，构建风险预警的指标体系和预测风险可能发生的时间段，快速及时发现风险，并制定解决问题的相关政策，以防范国际投机资本对我国或者区域内经济造成不良影响；（2）强化对东北地区及东北亚地区外汇交易市场建设中跨境资金统计分析监控和剖析，要保证完善的跨境资产统计分析监控和剖析，预防出现异常资产流动的风险。进一步对评估处置以及市场稳定机制进行完善和优化，避免出现系统性重大金融风险，及时有效监测短期投机资本的流动，强化对跨境金融衍生品交易的监测，提前对可能出现的风险进行预警和分析，以及时发现和化解重大风险。另一方面，提升对宏观审慎监管的高度重视，及时高效追踪与监测货币的流动和交易的发生情况，深入分析资本流动的规律性，认真分析其调控机制，创新与完善跨境金融体系监管方式。

第十章

打造东北地区面向东北亚对外开放新前沿的对策建议

本书围绕打造东北地区成为面向东北亚对外开放新前沿这一命题，首先论述了东北地区打造面向东北亚对外开放新前沿的战略意义、内涵和目标，在"国际—国家—地方"分析范式的基础上构建了多维度影响因素逐级嵌入、相互影响、不断调整的动态建构理论框架，并深入阐释了四个地方尺度影响因素即海陆通道、开放平台、人文交流、经济体制对东北地区打造面向东北亚对外开放新前沿的影响机制。在上述理论分析的基础上，本书借用 SWOT 模型，分析了东北地区面向东北亚开放发展的国际尺度影响因素（机遇与挑战）和国内尺度影响因素（优势与劣势）。本书第五章综合评价了东北地区面向东北亚对外开放的发展水平。第六章至第九章重点研究了海陆大通道建设、开发平台提升、人文交流互鉴和构建开放型经济体制四个地方尺度影响因素如何推动东北地区打造面向东北亚的对外开放新前沿。

本书充分阐释了打造东北地区面向东北亚对外开放新前沿的国内外环境、开放基础、建设目标等均具有长期性、阶段性和层次性。因此，要科学把握打造东北地区面向东北亚对外开放新前沿建设的长期性与发展阶段性的辩证关系，把短期、中期、长期发展目标协调衔接起来，做到分阶段、有步骤地推进东北地区面向东北亚对外开放新前沿建设。

对此，本书最后一章聚焦当下东北地区面向东北亚对外开放发展的现实基础，着眼当前及未来中短期建设目标，从修炼"内力"和塑造

"引力"两个方面，对打造东北地区面向东北亚对外开放新前沿提出具体的建议，以期为加快推进东北地区面向东北亚对外开放新前沿建设提供研究支持。

第一节　修炼东北地区面向东北亚开放发展的"内力"

一、增强以开放新前沿建设促东北振兴的战略认同

改革开放以来，在由东南向西北渐次推进的开放发展战略布局中，东北地区成为对外开放的"后发区域"，承受了订单向海外转移的第一轮"直接替代"和订单向我国东部地区转移的第二轮"间接替代"，东北地区对外开放的"慢步伐"削弱了经济发展的比较优势。2018 年 9 月 28 日，习近平总书记在深入推进东北振兴座谈会上，就已经深刻指出了东北振兴面临开放合作短板问题，同时也强调了思想观念短板是导致东北开放合作短板的关键症结。

长期以来，从顶层设计来看，东北地区始终缺乏与中央对东北振兴要求相匹配的引领性开放战略，开放措施层次不高、常规措施多、超常规的举措少。从区域内部发展看，东北地区仍依赖于计划经济时期的传统发展模式，对以开放促振兴、促发展的认识不足。

对此，提出以下对策建议。一是提升东北地区打造面向东北亚对外开放新前沿的战略层级。通过中央政策支持，明确东北地区面向东北亚对外开放新前沿建设对我国构建全方位开放新格局、推进"一带一路"北向开放、挖掘东北亚开放发展潜能的战略认识，凝聚战略共识和战略方向。二是确立打造开放新前沿是新时代东北振兴的战略使命。各地方政府要聚焦东北亚开放问题，制定方位明确、重点突出、特色鲜明的改革开放政策举措，以久久为功的战略定力，持续推进东北地区打造面向

东北亚对外开放新前沿建设。三是明确东北地区打造面向东北亚对外开放新前沿布局的全方位性和目标的多阶段性。在开放布局上，统筹推进"两条主线、四个高地、口岸协同"的开放布局，即包括宏观层面的"中日韩""中蒙俄"两条主线开放，中观层面的"东南西北"四个开放高地建设以及微观层面的沿边沿海开放口岸建设。在目标体系上，由目前深化双边、小多边合作，向近期的共建"自贸区"、远期的经济共同体循序迈进。四是加强东北各省区开放政策协调。东北三省一区资源要素互补且经济发展梯度大，具有良好的联动发展基础，因此，应进一步强化东北地区各省市间的政策协调。在东北地区对外开放协调机制建设问题上，建议由国家组织建立协调机构，统一对东北地区对外开放规划、措施实行统筹规划与管理。依据东北亚区域产业发展实际，与区域各国统筹规划共同打造产业链和供应链网络重点领域，以及明确产业承接与转移主要方向，并制定相关政策支持。

二、围绕供给侧推进东北地区产业结构升级

东北地区在新中国成立初期依托资源优势迅速建立起了门类较为齐全的重工业生产体系。改革开放以来，东部沿海地区凭借加工贸易模式融入了全球价值链，而东北地区的产业竞争优势却被区域产业同构、产业布局分散、产业关联弱化导致的痹症日渐削弱。当今世界面临"百年未有之大变局"，我国提出加快构建"双循环"新发展格局，东北地区的产业结构需要在深度嵌入国内和国际两个循环中找寻比较优势和培育竞争优势。因此，围绕供给侧推动产业结构升级是东北地区修炼"内力"的重要方面。

一是提高自主创新能力。加强顶层设计，打好政策支持"组合拳"。从制造强国、质量强国的高度系统谋划部署，制定专项政策和特殊立项支持重点产业发展，支持企业和科研机构联动创新。二是培育先进产业集群。产业集群有利于汇聚生产要素、优化资源配置、营造产业生态，是当今世界公认的产业高效组织形态。优化培育先进制造业集群

实施方案，提升供应链资源配置和服务能力，形成以龙头企业为引领、中小企业为支撑的万亿级、千亿级先进产业集群，带动产业竞争力提升。三是涵养人才队伍源头活水。在教育制度、学科设置、资格认证等方面统筹规划，倡导企业和高校合作实施定制化培养方案。出台人才队伍建设规划，重点针对领军人才、紧缺人才，加大政策支持，加大人才引进和激励力度。做好舆论宣传，在全社会营造重视、尊重基础工业人才的舆论氛围，增强人才吸引力。此外，数字经济是现代产业中最具有竞争力和未来发展潜力的产业之一，是企业创新和发展不可缺少的利器。要着力推动数字经济在东北地区的发展，打造数字东北，要不断完善东北地区的数字基础设施覆盖率，推动数字企业形成产业集群，为东北地区重工业插上"数字羽翼"。

三、以优化营商环境为重点增强东北地区市场活力

营商环境是市场主体在市场中所面临的外部环境的总和。优化营商环境不仅有利于要素流动，增强市场活力，同时有利于扩大高水平对外开放。优化营商环境是增强市场活力的必经之路。由于历史原因，东北地区对传统计划经济模式的惯性依赖阻碍了东北地区市场化改革进程。对此，本书提出以下对策建议，优化营商环境，增强东北地区市场活力。

优化营商环境是一项涉及制度改革和创新的基础性、系统性工程。需要从优化政策、服务、要素、市场、法治、人文等方面着手。一是在优化政策环境上，深入贯彻落实惠企政策，理顺政策制定、发布、解读、宣传、评估全流程工作机制，通过辽宁、黑龙江自贸试验区对接RCEP高标准开放规则，探索东北地区对外开放制度创新。二是在优化服务环境上，坚持"有需必应、无事不扰"，切实增强为企业服务意识，深化"放管服"改革，加快推进数字政府建设，大力提升服务效能。三是在优化要素环境上，坚持要素跟着项目走，大力提升全要素供给能力，为优质项目开辟"绿色通道"，畅通保障渠道，提高配置效

率。四是在优化市场环境上，持续深化市场准入改革，坚持"非禁即入"，平等对待各类市场主体，提高市场透明度，坚持严格规范监管规则，对新技术、新产业、新模式、新经济实施审慎包容的监管态度，平等开放场景资源，严格规范市场监管标准规则。五是在优化法治环境上，牢固树立依法办事理念，强化法治政府建设，规范行政执法行为，依法平等保护各类市场主体合法权益。六是在优化人文环境上，大力弘扬企业家精神，营造重商、亲商、安商、富商的浓厚氛围，为各类市场主体提供创新创业最优生态。

四、聚力培育东北亚国际化中心城市

随着工业化和城市化的快速推进，能级高的城市发挥着越来越强劲的"头部效应"，在生产、服务、金融、创新、流通等全球活动中起到引领和辐射作用。推进中心城市建设有助于打造对外开放高地，有利于加快形成国内国际双循环相互促进的新发展格局。2021年，沈阳、大连、哈尔滨、长春四个副省级城市进出口总额占东北三省进出口总额的65.74%，但放眼全国来看，四个城市的经济总量均未达到"万亿"，东北也是我国七大板块中唯一没有"万亿"级城市的地区，特大城市在东北亚对外开放中的"标杆"引领和带动作用无法发挥。因此，建议在现有中心城市发展战略的基础上，加强开放战略与中心城市战略的结合，壮大沈阳、大连、哈尔滨、长春四个中心城市，进一步明确中心城市开放在对外开放工作中的引领作用，聚力培育国际化中心城市，建设东北亚开放高地。

对此，提出以下具体建议：

一是支持沈阳市创建东北亚国际科技中心。一方面，夯实与国外的科技合作基础，积极支持东北企业、科研机构加强技术研发的国际合作，创新国际科技合作新模式，积极组建国际联合实验室，在开放合作中提高自主创新能力。另一方面，探索在沈阳建立东北亚国际科技中心，引育国际顶尖科研团队，参与东北亚国际科技合作项目和国际及区域标准制定，推动重大科技项目联合攻关，以国际化科技中心集聚高水平人才队伍，提升东北参与东北亚贸易开放层级，着力推进科创国际化。搭建国际化科技创新平台，培育国际化科技创新企业，加强国际化科创人才招引，深化国际科技交流合作。

二是着力推进大连、沈阳、哈尔滨、长春经济国际化。大连和沈阳重点面向日韩，以服务贸易为重点，推进服务外包转型升级、发展数字贸易新业态，实现服务贸易发展迈上新台阶，尤其是借鉴海南自贸港发展经验，探索建设大连自贸港。哈尔滨和长春重点面向蒙俄开放，打通对外合作的物流链、产业链、金融链和科创链四个链条，实现对外合作新提升，巩固和加强对俄及东北亚区域合作中心枢纽地位。

三是着力推进城市国际化建设。加强与东北亚国家友好城市、友好组织、商协会互动，增进友城双向交往热度，加大国外友好渠道开拓力度，从"宜业、宜居、宜学、宜医、宜乐、宜融"6个方面全力打造"类海外"环境建设，建设具有国际品质的人居环境，打造城市建设的国际样板，提升城市治理的国际化水平。

五、打造东北地区统一大市场

推动东北四省区互动机制建设，产业振兴是东北地区回嵌国内大循环的产业基础，推动东北四省区互动协同机制的确立，以形成东北地区统一市场就是东北地区嵌入国内大循环的市场基础，同时也是推进我国面向东北亚开放的"中日韩"与"中蒙俄"两条主线融合的关键。为此，本书从政府角色转变、基础设施建设一体化和要素市场融合视角，提出推动东北地区统一大市场建设的对策建议。

一是从地方保护主义的守护人转变为地区经济一体化的动员兵。在这个转变进程中，其一，改变原有的唯 GDP 绩效考核方式，激发政府官员推动市场一体化的自发性，是构建东北地区统一市场的重要举措；其二，在重点产业布局方面，应明确东北各省区的定位，以税收优惠、产业政策等引导生产力的协调布局；其三，政府要防止大型国企形成自然垄断，要逐步放开市场准入，允许私人部门参与竞争进而激发经济活力；其四，要在东北地区形成跨越行政管辖范围的区域协调组织，借鉴长三角等先进地区的经验来促进东北统一大市场的形成。

二是统筹东北地区基础建设的一体化进程，促进产品市场融合发展。基础设施是经济社会发展的物质基底，是市场流通循环的物质通道。加快基础设施一体化建设，协调基础设施在东北地区之间的空间分布，形成基础设施联通交汇的最终格局是建成东北地区统一市场的重要依托。为此，东北地区应当成立基础设施建设的跨省协调组织，统筹规划东北地区乃至面向东北亚的基础设施，避免空间布局的不合理；此外，信息化共享机制已经成为"新型基础设施"，东北各省区应当进一步加强信息一体化建设，促进东北地区区域内的信息资源共享，从而推动各个环节的融合发展。在东北地区基础设施建设一体化的基础之上，为了充分发挥东北地区各地产品市场特色鲜明、易于整合的特点，应当针对商贸方面的基础设施建设进行设计和协调，以便打造更加符合新业态、新模式的商贸支撑结构，保障商贸的循环流转。同时，还应当对承载商贸服务的交易中心和集散枢纽进行合理的空间排布，建构多层次、网格化、开放性的市场空间体系，以创新引领商贸的业态和模式，从而实现产品服务的融合发展。

三是促进东北地区要素市场一体化发展，提高资源配置效率。要素市场的循环流转是生产环节得以顺利进行的基础保证，要素市场流转得越顺畅，要素对市场价格的反应越灵敏，要素就越能在市场机制的调节下调动生产环节的积极性，从而为经济发展提质增效。随着经济的高速发展，经济触角的延伸早已越过了行政区划，为了打通东北地区要素流转的隐性壁垒，建立健全完善的要素流转体系，本书从劳动力市场、金融市场和产权市场三个方面提出以下建议：从劳动力市场看，引导跨省中介机构发挥作用，缓解信息不对称造成的域内摩擦性失业，以市场机制解决跨区劳动力的流通问题，破除由于户籍制度带来的城乡劳动力流动壁垒；从资本市场看，要加快金融体制改革，建立高效的金融监管、金融协调机制，发挥金融部门的宏观调控职能，通过合理布局金融业的发展避免同质化竞争，培育良好的区域经济秩序；从产权市场来看，要完善区域产权交易市场，建立统一的信息系统和监管体系，实现标准、规则的统一、透明。

第二节　提升东北地区面向东北亚开放发展的"引力"

一、加快推进东北亚海陆大通道建设

东北地区作为我国北方重要的开放门户，东接日韩亚太、西联中亚欧洲、南通东盟南亚、北达蒙俄大陆，沿边向海通陆的辐射优势明显，是我国对接东北亚、联通欧亚大陆桥的重要枢纽，也是"一带一路"海陆连接的重要节点。东北亚海陆大通道将成为推动东北地区实现新时代东北全面振兴的战略通道，引领东北亚地区深度嵌入"一带一路"的陆海联动通道，支撑东北地区参与国际经济合作。东北亚海陆大通道的建成将有助于增进"三省一区"间的区域联系，提升区域互联互通和开发开放水平，从而形成优势互补、高质量发展的区域经济布局，为东北地区打造对外开放新前沿提供坚实保障。

对此，提出以下建议：

一是积极推动东北海陆大通道建设上升为国家战略。当前，东北海陆大通道运行效率逐步提升，服务水平不断增强，维护供应链、产业链稳定的能力不断提高，在国际运输通道中发挥着越来越重要作用。但由于其正处于建设初期，急需国家进一步加大对东北海陆大通道建设的支持力度，将东北海陆大通道上升为国家战略。从国家层面统筹推进东北海陆大通道建设，协同推进辽宁沿海六市港口、沿边口岸以及东北地区境内铁路、公路干线统筹相连，出台明确关于东北海陆大通道的规划性文件，以制度创新、数字赋能提升公路、铁路、海运、航空等多种物流组织方式联动效率。打造以大连港、营口港、锦州港等沿海枢纽港口为海向支点，以沈阳、长春、哈尔滨等经济中心城市为内陆中枢，形成纵贯我国东北地区，联通全球的互联互通网络。

二是"软""硬"兼施畅通海陆大通道。加快推进基础设施"硬联通"，发挥港口资源和腹地运输资源优势，以海铁联运为主要方式，联通蒙俄和欧洲铁路干线、连接沿线枢纽和口岸，形成综合交通运输网络。加快建设"一带一路"东北大通道，推进中俄蒙、中日韩通道建设，加快推动东北地区中欧班列提速扩线，构建国际物流大通道。加快推进规则标准"软联通"，完善集疏运体系，优化运营组织，创新物流模式，加快建设中欧班列（沈阳）集结中心，提升通道整体运行效率。加快研究制定通道政策包，推进重点项目建设，打造一批枢纽型物流园区。

三是创新海陆大通道建设的融资渠道。依托亚洲基础设施投资银行和丝路基金等国际金融机构来解决大通道建设资金不足的问题，设立用于支持海陆大通道建设的外债配额，进而支撑东北亚海陆交通大通道铁路建设的平稳推进。与此同时，寻求构建大通道建设的国际金融风险防范机制。

二、持续提升开放平台能级

开放平台是构建新发展格局、创新机制、丰富业态、拓展功能，为中国全方位对外开放、促进国际贸易高质量发展、联通国内国际双循环的重要平台。到目前为止，东北地区拥有 2 个国家级自由贸易试验区、9 个综合保税区、1 个重点开发开放试验区、5 个边境经济合作区等多个重要开放平台，但各类平台规划缺乏整体性、协调性，各类平台功能不聚焦、措施雷同，不能实现差异化发展、协同发展。边境城市与腹地城市间的联动不足，服务贸易等新业态集聚态势不显著，边境口岸通关通道及过境运输便利化有待进一步提升；沿边开放城市尚未成为兴边富民的沿边发展示范区，边境经济合作区、跨境经济合作区、出口加工区、互市贸易区等沿边开放合作园区不仅尚未成为先进生产要素集聚的现代产业基地，且其经贸合作形式转型升级迟滞。

东北三省内部对外开放合作机制有待探索。近年来，东北三省制定了多项对外开放重要规划，具有代表性的包括辽宁沿海经济带、长吉图开发开放先导区、龙江丝路带等。但各省规划缺乏整体性、协调性，各类平台功能不聚焦、措施雷同，不能实现差异化发展、协同发展。地方政府未能建立有效协作机制，是各省的开放目标难以形成合力，影响东北地区对外开放整体性布局的根本原因。

为了进一步发挥开放平台作用，提出以下对策建议：

一是推动自贸试验区协同开放。辽宁自贸试验区沿海，黑龙江自贸试验区沿边，两个自贸区共同承担推动东北地区对外开放与改革创新的责任。辽宁自贸试验区作为沿海型自贸区，有着优良的海港条件和运输优势，发展现代服务业和先进制造业的优势突出；黑龙江自贸试验区属于沿边型自贸区，毗邻俄罗斯，拥有多个口岸城市和便捷的国际陆地大通道，在跨境物流、跨境金融等领域特色明显。在自贸试验区的建设规划中，要充分发挥辽宁和黑龙江自贸试验区的独特优势，建设亮点鲜明、战略定位清晰、功能特殊、不可替代的自贸试验区，推动自贸试验区各片区之间互联互通、协同发展，加强自贸试验区间制度创新成果交流。

二是推动开放平台多式联运体系创新。随着对外开放升级与国内外产业合作加深，单一运输方式无法承担对外贸易货物运输的发展需求，需要不断探索多式联运的新模式。自贸试验区和重点开发开放实验区等开放平台是进行多式联运创新方式探索的引领者，依托多式联运体系，增强自贸区之间通道联通，促进辽宁自贸试验区和黑龙江自贸试验区在沿海港口、沿边口岸以及内陆港的信息联通和业务互助，实现"大联通"目标，为东北地区面向东北亚开放提供坚实的物流运输基础。借鉴江苏自贸试验区、河南自贸试验区经验，创新内陆地区货物出海物流一体化协作新模式，打造通道畅通、贸易便利、物流高效的开放平台。

三是提升开放平台跨境结算便利化。自贸试验区、综合保税区等开放平台是打造对外开放的重要载体，在东北地区面向东北亚开放中，通过辽宁自贸试验区和黑龙江自贸试验区进一步探索跨境金融创新，提升跨境结算便利化是优化自贸区营商环境的重要手段。自贸试验区"单一窗口"服务模式是跨境结算便利化的有效实施基础，深化"单一窗口"功能，利用数据聚集优势，与金融机构合作，提高跨境结算效率，为东北地区面向东北亚开放提供金融保障。推动跨境结算便利化是实现绥东试验区、边境经济合作区等区域加深对俄、蒙产业合作，推动自贸试验区贸易便利化，提高综合保税区功能的前提。试行"一户百币"多币种国际结算模式，客户在银行可以通过美元、欧元、人民币账户办理非挂牌币种的国际结算业务，成功解决了小币种汇款难的问题。

四是，推进沿边重点口岸"串珠成链"。进一步推动东北地区各省资源整合，推进自贸区优惠政策向沿边重点口岸拓展，并把这些口岸城市打造成"准自贸区"。东北地区边境口岸开放重点应围绕两条主线：其一，依托中蒙俄经济走廊共建，推动黑河、同江、绥芬河与俄罗斯互联互通；其二，加强吉林省图们江地区和边境地区与俄罗斯、朝鲜、韩国、日本的陆海合作。此外，沿鸭绿江、图们江将对朝俄口岸打造贸易往来"珍珠链"，沿乌苏里江流域口岸将打造对俄往来的"黄金水道"。

三、促进东北亚人文交流互鉴

东北亚各国山水相连、人文相亲，有着相似的历史境遇、相同的梦想追求。夯实共建东北亚命运共同体，离不开不同国家、不同民族、不同文化的交流互鉴。对此，提出以下建议：

一是推进东北亚区域旅游合作，以旅游业促民间交流。东北亚地区旅游资源丰裕，旅游意愿强烈，要着手推动促成东北亚跨区域的旅游协调组织，这样可以将各方原本松散的但有意愿的旅游企业整合起来，健全跨境旅游业行业机制，统筹各国旅游资源分布、基础设施建设和各地发展战略，建立东北亚的旅游网络格局。同时，要降低旅游服务的各项成本，例如，跨国旅游的交通成本、跨境成本、信息成本等，通过改善景点沿线的交通环境、数字化赋能打造景点接送平台等措施来降低交通成本，通过旅游业自由旅游区、对于某些特定项目形成快速通道等方式降低签证成本，此外，还应当着力推动旅游信息一体化平台的建设，例如，集成旅游线路、旅游天气、旅游预警、政策变化、交通运营等旅游信息，以便于旅客进行决策，降低不必要的信息获取成本。

二是推动东北亚各国文化产业交融，打响文化产业名片。文化产业的盛衰是国家软实力的象征。就东北亚各国自身文化产业的发展来说，存在着极大的不均衡，主要表现在日韩文化输出较强势而中蒙俄三国文化输出较弱的局面。我国的文化产业体量较小，存在着明显的文化贸易逆差，需求方文化消费意识不足、供给方产权意识淡薄。蒙俄两国的文化产业也存在着较大的逆差，体量偏小，而日韩则已经形成了较为鲜明的特色文化产业名片，例如，韩国的影视作品和日本的动漫游戏，已经享誉全球，这种不均衡的现状严重阻碍了东北亚文化产业的交融，我国急需发展文化产业，传播我国人类命运共同体、和平崛起等的国家发展理念，促成民意相通的友好局面。

三是加强政府层面政策沟通，完善人文交流体制机制。以加强政府层面的政策沟通为主，辅以区域人才智库与学术交流，为东北亚地区经济的发展注入一份东北力量。当前，我国对外人文交流的平台、渠道、层次非常丰富，但由于其涉及旅游、体育、影视等众多领域，面向东北亚区域的人文交流机制仍较为欠缺，存在着一些真空和弊端。因此要加强顶层政府设计，准确发现问题，及时完善对外人文交流机制，设置和完善最高层级的对外人文工作领导小组，积极响应相关政策和规定，聚焦于地区与地区、国与国之间的直接交流，推动人文交流发展更上一层楼。首先，需要推进文化软实力机制建设。要健全对外人文交流机制，特别是要重视当地群众的作用，建立起群众参与机制，从而扩大中国文化、中国理念的影响力，最终提高我国对外人文交流的话语权。其次，要建立长效性的外交机制，加强对外人文交流项目的有效性。最后，要注重对人文外交的综合评估。要统筹协调人文交流各个方面的沟通，建立多边人文交流事务，组建评估团队、明确评估标准，对全领域对外人文交流做出有效性评估。要加强对外人文交流媒介的管理，使东北亚区域增加对中国国情和发展道路的客观全面的了解，提升对中国传统价值观念和政策体制的尊重与认识，对中国优秀思想文化的认同。与此同时，虽然新兴传播手段的出现，为对外人文交流提供了方便快捷的通道，但是也会被境外势力利用，故意放大甚至是扭曲我国经济社会建设中出现的某些问题和矛盾，使得维护国家文化安全任务更加艰巨。因此，要积极出台针对相关境外媒体平台的管理政策，积极向东北亚国家传扬优秀传统文化，进一步优化境外文化，宣传国家安全审查机制，搭建人文交流走出去的风险防控体系。

四、构建开放型经济新体制

构建开放型经济新体制，是实现高水平对外开放的核心要义。首先，在持续深化商品和要素流动型开放的同时，稳步拓展制度型开放，在有利于开放发展的制度建设上下功夫。其次，构建与国际通行规则相衔接的制度体系和监管模式。健全外商投资准入前国民待遇加负面清单管理制度，进一步缩减外资准入负面清单，落实准入后国民待遇，促进内外资企业公平竞争。再次，建立健全跨境服务贸易负面清单管理制度，健全技术贸易促进体系。稳妥推进银行、证券、保险、基金、期货等金融领域开放，深化境内外资本市场互联互通，健全合格境外投资者制度。最后，审慎推进人民币国际化，坚持市场驱动和企业自主选择，营造以人民币自由使用为基础的新型互利合作关系。此外，要充分认识RCEP战略意义和把握 RCEP 战略机遇，将东北地区面向东北亚开放发展与 RCEP 结合起来，充分将各类市场主体融入 RCEP 市场中。围绕RCEP 中货物贸易、服务贸易、投资、原产地规则、贸易便利化等领域的开放承诺与规则，从提升贸易便利化、投资自由化、产业竞争力、营商环境等方面推动制度创新，全方位对接 RCEP 市场。增强开放平台的公共服务作用，提升金融服务水平，加大开放平台区域贸易人民币结算力度，创造更优秀的营商环境，为企业做好配套服务，帮助企业实现更好的发展。推动产业高质量发展，加大重要产品和核心技术攻关，促进制造业向高端化、智能化、绿色化升级，增强企业深度参与区域市场的竞争能力，促进区域产业链深度融合。

参考文献

［1］［阿根廷］劳尔·普雷维什：《外围资本主义》，苏振兴、袁兴昌等，商务印书馆 2015 年版。

［2］［美］鲁斯·本尼迪克特：《菊与刀—日本文化的类型》，吕万和、熊达山、王志新译，商务印书馆 1990 年版。

［3］［日］实藤惠秀：《中国人留学日本史》，谭汝谦、林启彦译，三联书店 1983 年版。

［4］［英］大卫·李嘉图：《政治经济学及赋税原理》，郭大力、王亚南，商务印书馆 2021 年版。

［5］［英］亚当·斯密：《国富论》，唐日松、杨兆宇，华夏出版社 2013 年版。

［6］［英］约翰·M. 凯恩斯：《就业、利息和货币通论》，徐毓枏，商务印书馆 1963 年版。

［7］白忠凯：《吉林省与俄蒙朝日韩人文社会经济等合作交流的研究》，载《东北亚经济研究》2017 年第 4 期。

［8］包红君：《东北老工业基地地方政府职能存在的问题及原因剖析》，载《理论界》2010 年第 4 期。

［9］包红君：《科学发展观与地方政府职能定位——以东北老工业基地地方政府为例》，载《社科纵横》2010 年第 5 期。

［10］郍正、丁晓燕、姜军：《以长吉图开发开放先导区带动吉林省经济结构调整》，载《社会科学在线》，2010 年第 4 期。

［11］曹凤刚、刘滨伟、马瑞秋、葛英伟、杨波：《关于哈尔滨市打造国家级新区的对策研究》，载《决策咨询》，2016 年第 1 期。

［12］曹洪滔、赵天添：《以东北海陆大通道建设助推东北振兴的

实施方略》，载《辽宁经济》2022 年第 16 期。

[13] 曹洪滔、赵天添：《以东北海陆大通道建设助推东北振兴的实施方略》，载《辽宁经济》2022 年第 7 期。

[14] 曹培云：《以人文交流推动东北亚区域合作》，载《吉林日报》2014 年 1 月 24 日。

[15] 曹小曙：《粤港澳大湾区区域经济一体化的理论与实践进展》，载《上海交通大学学报（哲学社会科学版）》2019 年第 5 期。

[16] 曾少聪：《东南亚国家的民族问题——以菲律宾、印度尼西亚、泰国和缅甸为例》，载《世界民族》2008 第 5 期。

[17] 常虹：《"一带一路"背景下大连与日韩经贸合作研究》，载《产业创新研究》2020 年第 15 期。

[18] 常健：《中国对外开放的历史进程》，第六期中国现代化研究论坛会议论文，2008 年 9 月。

[19] 常梦茹：《为什么说改革开放是具有历史转折意义的伟大抉择》，载《中国纪检监察报》2021 年 5 月 13 日。

[20] 常修泽：《"再振兴"东北战略思路探讨》，载《人民论坛》2015 年第 31 期。

[21] 晁春莲：《中日影视合作状况及趋势》，载《日语学习与研究》2016 年第 2 期。

[22] 陈萍：《自贸试验区引领中国高水平开放的审视与提升路径》，载《区域经济评论》2020 年第 5 期。

[23] 陈维新：《东亚秩序与中蒙关系》，载《延边大学学报（社会科学版）》2015 年第 48 期。

[24] 陈秀武：《论日本型华夷秩序的"虚像"》，载《东北师大学报：哲学社会科学版》2008 年第 1 期。

[25] 陈耀：《新一轮东北振兴战略要思考的几个关键问题》，载《经济纵横》2017 年第 1 期。

[26] 程志强：《"一带一路"框架下中国东北 3 省与韩国互联互通评价分析》，载《延边大学农学学报》2022 年第 1 期。

[27] 迟福林、郭达：《在大变局中加快构建开放型经济新体制》，载《开放导报》2020 年第 4 期。

[28] 迟福林：《建设更高水平开放型经济新体制》，载《当代经济科学》2021 年第 01 期。

[29] 迟福林：《以服务贸易为重点建设高水平开放型经济新体制》，载《经济日报》2020 年 9 月 7 日。

[30] 迟文斌：《东北与中东欧共绘合作蓝图》，载《东北之窗》2021 年第 8 期。

[31] 崔姝、郑育彬：《交通运输支撑东北地区打造面向东北亚开放新枢纽的思考》，载《综合运输》2017 第 11 期。

[32] 崔卫杰：《制度型开放的特点及推进策略》，载《开放导报》2020 年第 2 期。

[33] 崔志华：《吉林省与朝鲜高等教育交流合作的路径选择》，载《通化师范学院学报》2017 年第 38 期。

[34] 笪志刚：《东北亚区域合作的新机遇与新挑战》，载《东北财经大学学报》2019 年第 4 期。

[35] 戴翔：《制度型开放：中国新一轮高水平开放的理论逻辑与实现路径》，载《国际贸易》2019 年第 3 期。

[36] 董翰博：《如何抓住"东北海陆大通道建设"良机》，载《辽宁日报》，2022 年 4 月 18 日。

[37] 段炼：《习近平关于新时代东北振兴重要论述的理论创新》，载《辽宁经济》2022 年第 4 期。

[38] 范巧、吴丽娜：《国家级新区对属地省份经济增长影响效应评估》，载《城市问题》，2018 年第 4 期。

[39] 范业楠：《黑龙江 19 所高校与俄罗斯大学合作》，载《黑龙江日报》2015 年 6 月 3 日。

[40] 方奕、荆晓霞：《国外铁路运输企业国际科技合作模式研究及启示》，载《中国铁路》2022 年第 1 期。

[41] 费豪杰：《关于满洲里重点开发开放试验区建设情况调研报

告》，载《北方经济》2017 年第 1 期。

[42] 冯杨、张海波：《自由贸易试验区设立对区域开放的影响研究》，载《中国发展》2022 年第 2 期。

[43] 冯正强、荆梦：《多维距离对我国矿产资源企业跨国并购成败的影响——地理、经济、制度与文化》，载《产经评论》2021 年第 1 期。

[44] 付嫒丽、史春林：《东北亚海洋生态安全合作治理及中国参与》，载《国际研究参考》2021 年第 3 期。

[45] 傅郭鑫、孙佳：《中日韩自贸区建设困难及建议》，载《合作经济与科技》2021 年第 6 期。

[46] 高晶：《制度创新是振兴东北老工业基地的关键》，载《哈尔滨商业大学学报（社会科学版)》2004 年第 6 期。

[47] 顾朝林、翟炜：《东北亚人文和经济地理》，载《经济地理》2019 年第 39 期。

[48] 关嘉麟：《继往开来以新发展理念引领东北地区全方位振兴》，载《税务与经济》2022 第 1 期。

[49] 关扬、庞雅莉：《东北老工业基地地方政府职能转变机》，载《社会科学家》2013 年第 10 期。

[50] 郭鸿炜、高斌：《"一带一路"非政府组织人文交流的角色定位与功能分析》，载《经济与社会发展》2018 年第 4 期。

[51] 郭建科、董梦如、韩增林、王利、许妍：《我国东北地区陆海统筹的空间尺度与实施路径研究》，载《海洋经济》，2022 年第 12 期。

[52] 郭磊：《国际贸易格局变化对全球贸易的影响》，载《辽宁经济》2005 年第 9 期。

[53] 郭松洋：《设立国家级新区的增长与协同效应研究——基于双重差分法的实证检验》，载《兰州学刊》，2020 年第 3 期。

[54] 郭天宝、刘晓楠：《高水平开放发展促进东北振兴》，载《吉林师范大学学报（人文社会科学版)》，2020 年第 48 期。

[55] 郭志刚：《全球自由贸易园区的比较研究及对中国的借鉴》，中共中央党校学位论文，2016 年 6 月。

[56] 国家发展改革委东北振兴司：《中国东北地区面向东北亚区域开放规划纲要（2012—2020 年)》，中国经济网，2012 年 9 月 6 日。

[57] 韩芙清：《试述吉林省参与东北亚区域经济合作一体化的展望》，载《商讯》2021 年第 33 期。

[58] 韩蕾：《推进东北深度参与东北亚区域合作》，载《经济日报》2019 年 10 月 11 日。

[59] 韩琳琳、张博、窦强：《黑龙江省与俄罗斯远东地区文化贸易发展展望》，载《对外经贸》2017 年第 6 期。

[60] 韩明欣：《试谈开放与交流对中国文化的影响》，载《探索与争鸣》2002 年第 6 期。

[61] 韩雪：《黑龙江深化对俄教育合作 接收俄留学生数量居全国第 1 位》，载《黑龙江日报》2014 年 10 月 29 日。

[62] 何立胜：《制度型开放：全面对外开放的新阶段》，载《学习时报》2019 年 1 月 16 日。

[63] 胡伟、夏成、陈竹：《东北建设成为对外开放新前沿的现实基础与路径选择》，载《经济纵横》2020 年第 2 期。

[64] 黄奇帆：《分析与思考：黄奇帆的复旦经济课》，上海人民出版社 2020 年版。

[65] 黄征学：《加快构建东北地区对外开放战略新格局》，载《区域经济评论》2016 年第 5 期。

[66] 贾培煜：《东北经济失速与城市产业结构单一的战略对策研究》，载《生态经济》2017 年第 33 期。

[67] 姜伟：《打造开放新前沿振兴发展谱新篇》，载《辽宁日报》2019 年 9 月 30 日。

[68] 焦方义、姜帅：《东北地区营商环境的现状及优化路径研究》，载《北方论丛》2019 年第 1 期。

[69] 金东灿：《中韩两国国家发展战略对接的前景与挑战——关

于中国"一带一路"与韩国"新南方政策"对接可行性的综合分析》，载《韩国研究论丛》2021年第1期。

[70] 靳继东、杨盈竹：《东北经济的新一轮振兴与供给侧改革》，载《财经问题研究》2016年第5期。

[71] 郎毅怀：《新型国际关系视野下"长吉图开发开放先导区"之地位与机遇研究》，载《东北亚经济研究》，2017年第1期。

[72] 李光辉、程仕杰：《我国沿边重点开发开放试验区建设：成就、问题与策略》，载《国际贸易》，2022年第7期。

[73] 李光辉：《东北地区沿边开放与融入东北亚区域合作》，载《西伯利亚研究》2019年第2期。

[74] 李国茹、赵敏慧：《创新税收政策促进长春新区建设与"长吉图"区域经济发展》，载《税务与经济》，2016年第4期。

[75] 李凯：《打造东北地区对外开放新前沿》，载《金融博览》2020年第8期。

[76] 李明飞：《风雨同舟战疫情　日本新潟县收到黑龙江省捐赠的口罩物资》，黑龙江工会，2020年3月12日。

[77] 李明飞：《中国同蒙古国的关系》，蒙古生意通，2015年1月4日。

[78] 李少军：《论国家利益》，《世界经济与政治》，2003年第1期。

[79] 李铁、陈明辉：《我国"向北开放"对接"冰上丝绸之路"路径初探》，载《东北亚经济研究》2022年第6期。

[80] 李心如、孙南南：《日韩留学生在东北的跨文化与适应现状研究》，载《现代交际》2020年第6期。

[81] 李秀敏、孟昭荣：《对外开放与沿边开放城市经济增长因素的实证检验——以东北地区为例》，载《东北师大学报（自然科学版）》2006年第1期。

[82] 李彦萍、刘俐：《我国保税物流区域功能定位与政策比较》，载《物流技术》，2013年第6期。

[83] 李英花、吴雨晴：《中朝边境地区跨境旅游合作区建设现状

及路径探析》，载《延边大学学报》2022 年第 55 期。

[84] 李永辉：《"G 时代"的国际新秩序：变局与变数》，载《现代国际关系》2009 年 11 期。

[85] 李永辉：《金融危机、国际新秩序与中国的选择》，载《现代国际关系》2009 年第 4 期。

[86] 李永全：《中俄建交 70 年：探索大国相处之道》，载《东北亚论坛》2019 年第 28 期。

[87] 廉晓梅、许涛：《"逆全球化"与东亚区域经济合作的发展前景》，载《东北亚论坛》2017 年第 26 期。

[88] 梁启东：《关于辽满欧大通道的设想与建议》，载《西伯利亚研究》2016 第 2 期。

[89] 梁云祥、陶涛：《中俄关系的历史演变与未来趋势》，载《人民论坛·学术前沿》2018 年第 21 期。

[90] 梁振民、陈才：《吉林省"开边通海战略"现实路径研究》，载《经济纵横》，2013 年第 12 期。

[91] 辽宁省人民政府：《辽宁省国民经济和社会发展第十四个五年规划和二〇三五年远景目标纲要》，辽宁省人民政府官网，2021 年 4 月 6 日。

[92] 辽宁省信息中心课题组、于晓琳、于玲玲：《辽宁参与中蒙俄经济走廊建设的战略构想与对策研究》，载《对策研究》2018 年第 4 期。

[93] 林利民：《G20 崛起是国际体系转型的起点——仅仅是起点!》，载《现代国际关系》2009 年第 11 期。

[94] 林木西、白晰：《东北振兴首在优化营商环境》，载经济日报 2021 年 4 月 28 日。

[95] 林木西、时家贤：《体制创新——振兴东北老工业基地的关键》，载《东北大学学报（社会科学版）》2004 年第 4 期。

[96] 刘宝存：《"一带一路"倡议下的中外人文交流机制——现状、问题与出路》，载《大学教育科学》2018 年第 5 期。

［97］刘广东、于涛：《"冰上丝绸之路"倡议的科学内涵、内在逻辑与实现路径》，载《东北亚经济研究》2021年第2期。

［98］刘国斌、汤日鹏：《长吉图开发与吉林省县域经济发展》，载《东北亚论坛》2010年第19期。

［99］刘海军、闫莉：《"打造对外开放新前沿——东北振兴的新篇章"东北振兴主题论坛在东北大学举行》，载《民心》2019年第12期。

［100］刘和忠、郑义、宫健泽：《吉林市区域文化发展策略研究》，载《社会科学战线》2010年第3期。

［101］刘鹤：《必须实现高质量发展》，载《人民日报》2021年11月24日。

［102］刘力臻、王庆龙：《东北地区产业结构升级的困境与破解》，载《国家治理》2015年第18期。

［103］刘娜、刘山山：《"一带一路"背景下我国影视作品对外传播研究》，载《党建》2017年第3期。

［104］刘斯琴、高娃：《"一带一路"与东北亚区域经济合作研究》，载《中阿科技论坛》2021年第8期。

［105］刘音琨：《金普新区对加速辽宁振兴的重要意义》，载《辽宁经济职业技术学院学报》，2015年第3期。

［106］刘英奎、任国萍、张文娅：《中国沿边开放的主要障碍及对策研究》，载《区域经济评论》2022年第3期。

［107］刘桢、程文广：《东北城市群冰雪产业共生发展研究》，载《体育文化导刊》2020年第7期。

［108］隆国强：《构建开放型经济新体制》，广东经济出版社2017年版。

［109］鲁小波、陈晓颖：《基于东北亚合作的辽宁沿海经济带文旅融合战略研究》，载《东北亚经济研究》2020年第4期。

［110］罗丹程、杨烁：《东北亚自贸区金融监管问题研究》，载《广西质量监督导报》2021年第1期。

［111］马赛：《"一带一路"背景下辽韩经贸合作对策分析》，载

《国际经济与贸易》2022 年第 4 期。

[112] 马相东：《坚定不移推进高水平对外开放》，载《光明日报》2022 年 10 月 28 日。

[113] 门洪华、辛正平：《东北亚合作与中韩关系》，中国经济出版社 2014 年版。

[114] 门洪华、甄文东：《共同利益与东北亚合作》，载《外交评论（外交学院学报）》2013 年第 30 期。

[115] 孟令卓：《东三省一区与中东欧国家地方交流合作对接会在沈召开》，载《中国新闻网》2021 年 6 月 24 日。

[116] 孟祥才：《中韩［朝］早期历史的互动——简论先秦秦汉时期的中韩关系》，山东师范大学齐鲁文化研究中心．儒学与东亚文化国际学术研讨会论文集．山东师范大学齐鲁文化研究中心：山东师范大学齐鲁文化研究中心 2006 年。

[117] 孟祥臣、路京京：《世纪疫情叠加百年变局下东北亚区域合作前景展望——东北亚地区和平与发展论坛（2021）会议综述》，载《东北亚论坛》，2021 年第 6 期。

[118] 裴长洪、刘斌：《中国对外贸易的动能转换与国际竞争新优势的形成》，载《经济研究》，2019 年第 5 期。

[119] 亓丛丛：《基于 SWOT 分析的我国东北地区冰雪体育产业发展战略研究》，载《冰雪运动研究》2021 年第 4 期。

[120] 曲凤杰：《沿边地区开放平台高质量建设路径》，载《开放导报》2020 年第 6 期。

[121] 全信子、袁金星：《跨国民族视域下朝鲜族文化自觉与身份建构》，载《延边大学学报》2021 年第 54 期。

[122] 任晓菲：《"一带一路"背景下中国与东北亚国家合作趋势分析》，载《东北亚经济研究》2022 年第 5 期。

[123] 沈凌云、李明慧：《设立综合保税区的现实途径：以曲靖综合保税区为例》，载《云南行政学院学报》，2015 年第 3 期。

[124] 盛斌、黎峰：《中国开放型经济新体制"新"在哪里?》，载

《国际经济评论》2017 年第 1 期。

[125] 师超、刘丽娟、许卫波：《长春兴隆综合保税区功能发展现状与优化条件》，载《现代经济信息》2017 年第 19 期。

[126] 施锦芳、李博文：《中国东北四省份与东北亚四国贸易效率及贸易潜力》，载《财经问题研究》2021 年第 04 期。

[127] 宋佳烜：《人文交流为中朝传统友谊注入新活力》，载《光明日报》2019 年 6 月 19 日。

[128] 宋琳琳：《东北亚区域人文机制引领域内旅游合作新发展》，载《边疆经济与文化》，2018 年第 5 期。

[129] 宋琳琳：《国家重点开发开放试验区推进现状简析——以黑龙江省"绥芬河—东宁"试验区为例》，载《边疆经济与文化》，2018 年第 2 期。

[130] 宋琳琳：《提升黑龙江省对韩经贸合作进程对策研究》，载《黑龙江省社会科学院》2018 年第 10 期。

[131] 宋维佳：《利用外资振兴东北老工业基地的路径分析》，载《大连海事大学学报（社会科学版)》2008 年第 2 期。

[132] 孙浩进、杨佳钰：《黑龙江自贸区与俄远东超前发展区合作路径研究》，载《西伯利亚研究》2022 年第 3 期。

[133] 孙丽岭：《中俄文化交流发展过程及影响》，载《长江丛刊》2017 年第 7 期。

[134] 孙玉华：《中蒙俄经济走廊人文合作中的文化认同问题》，载《东北亚论坛》2015 年第 24 期。

[135] 谭焜煌、付文军：《论黑龙江省在东北亚地理环境中的战略优势》，载《哈尔滨师范大学自然科学学报》1992 年第 4 期。

[136] 谭怡、史冬柏：《努力打造对外开放新前沿》，载《辽宁日报》2019 年 9 月 3 日。

[137] 谭迎春：《哈欧班列打开龙江对接世界的窗口》，载《黑龙江日报》2016 年 1 月 21 日。

[138] 唐海燕：《开放型经济新体制"新"在哪里?》，载《经济研

究》2014 年第 1 期。

　　［139］唐佳丽：《中铁沈阳局今年已开行中欧班列 100 列》，载《辽宁日报》2019 年 6 月 17 日。

　　［140］唐士其：《新的国际安全与世界秩序调整下中国角色的塑造》，载《国际政治研究》2012 年第 3 期。

　　［141］佟家栋：《中国对外开放 40 年与深化市场机制改革的思考》，载《经济与管理研究》2018 年第 5 期。

　　［142］团武汉市委：《做好青年对外交流　传播青年好声音》，载《中国共青团》2018 年第 3 期。

　　［143］万伦来、高翔：《文化、地理与制度三重距离对中国进出口贸易的影响——来自 32 个国家和地区进出口贸易的经验数据》，载《国际经贸探索》2014 年第 5 期。

　　［144］万学军：《发挥青年优势　推动公共外交》，公共外交季刊2012 夏季号（总第 10 期）会议论文，2012 年 6 月。

　　［145］汪华明：《时移势变的国际关系》，载《试题与研究》2007年第 8 期。

　　［146］汪涛、陆雨心、金珞欣：《动态能力视角下组织结构有机性对逆向国际化绩效的影响研究》，载《管理学报》2018 年第 15 期。

　　［147］汪星明、胡德期、王浪花等：《促进东兴重点开发开放试验区发展的政策研究》，载《经济研究》2011 年第 11 期。

　　［148］王常君：《开辟亚欧国际大通道：带动东北振兴的新引擎》，载《中国发展观察》2017 第 8 期。

　　［149］王桂敏：《邓小平对外开放思想与东北振兴》，载《沈阳师范大学学报（社会科学版）》2006 年第 2 期。

　　［150］王弘博、申延林、王毅：《自贸区背景下绥芬河创新中俄地方合作对话机制对策研究》，载《商业经济》2023 年第 1 期。

　　［151］王姣、苏文星：《辽宁自贸试验区沈阳片区建设成效及发展策略》，载《商业经济》2021 年第 12 期。

　　［152］王捷、陈少晖：《国内国际双循环新发展格局研究：综述与

展望》，载《财会月刊》2022 年第 10 期。

[153] 王莉、池敏：《金融支持绥芬河—东宁重点开发开放试验区存在的问题及建议》，载《黑龙江金融》，2016 年第 7 期。

[154] 王沫：《对口合作：引领东北振兴的跨区域合作发展之路》，载《奋斗》2019 年第 14 期。

[155] 王启颖：《加强人文交流　促进中蒙关系全面发展》，载《北方经济》2015 年第 3 期。

[156] 王宇光：《中国东北地区面向东北亚区域开放规划纲要（2012—2020 年）》，中国区域发展网，2015 年 12 月 9 日。

[157] 王雨萧、陈炜伟：《商务部：中俄双边贸易额全年有望突破1100 亿美元》，新华网，2019 年 12 月 12 日。

[158] 王禹：《中国改革开放后延边州与朝鲜、韩国交流合作关系研究》，延边大学，2012。

[159] 王钰鑫、王耀鸿：《新发展阶段、新发展理念、新发展格局的科学内涵和内在逻辑》，载《广西社会科学》2021 年第 1 期。

[160] 王云龙：《1917 年俄罗斯纪事》，北京大学出版社 2009 年版。

[161] 王志锋、谭昕、郑亮、费佳云：《国家级新区对经济发展的影响及作用机制——基于区县数据的证据》，载《城市发展研究》，2019 年第 26 期。

[162] 魏淑艳、孙峰：《东北地区投资营商环境评估与优化对策》，载《长白学刊》2017 年第 6 期。

[163] 温凤媛、白雪飞：《辽宁营商环境建设现状与优化对策》，载《沈阳师范大学学报（社会科学版）》2022 年第 6 期。

[164] 乌兰图雅：《京津冀与东北亚地区人文交流深化发展路径研究》，载《区域经济》2021 年第 7 期。

[165] 吴贵华、张晓娟、李勇泉：《国家级新区建设对产城融合的影响及作用机制——基于双重差分模型的检验口》，载《资源开发与市场》，2020 年第 36 期。

[166] 吴磊、CHULUUNBAATARSumiya：《关于加强蒙中人文交流

的思考》，载《华东师范大学学报（自然科学版）》2020 年第 S1 期。

［167］习近平：《谋共同永续发展做合作共赢伙伴——在联合国发展峰会上的讲话》，载《人民日报》2015 年 9 月 26 日。

［168］习近平：《齐心开创共建"一带一路"美好未来——在北京出席第二届"一带一路"国际合作高峰论坛开幕式并发表的主旨演讲》，载《人民日报》2019 年 4 月 27 日。

［169］习近平：《习近平关于全面建成小康社会论述摘编》，外文出版社 2016 年版。

［170］习近平：《习近平谈治国理政》，外文出版社 2017 年版。

［171］习近平：《以自贸区开拓国际市场》，载《京华时报》2014 年 12 月 7 日。

［172］习近平：《在庆祝改革开放 40 周年大会上的讲话》，人民出版社 2018 年版。

［173］习近平：《在庆祝海南建省办经济特区 30 周年大会上的讲话》，人民出版社 2018 年版。

［174］夏德仁：《推进新时代东北全面振兴》，载《人民日报》2021 年 10 月 8 日。

［175］夏先良：《社会主义开放经济体制的构建与中国国家经济安全》，载《安徽师范大学学报（人文社会科学版）》2020 年第 02 期。

［176］谢春河：《黑龙江省对俄人文交流合作机制与对策》，载《黑河学院学报》2022 年第 9 期。

［177］新华社：《东北借"一带一路"打造东北亚合作"高地"》，新华网，2019 年 4 月 21 日。

［178］新华社：《黑龙江哈欧班列运量持续增长》，新华网，2017 年 7 月 8 日。

［179］新华社：《沈铁中欧班列累计开行数量突破 1000 列》，中国政府网，2018 年 4 月 21 日。

［180］刑丽菊、张骥：《中外人文交流与新型国际关系构建》，世界知识出版社 2019 年版。

[181] 邢丽菊:《推进"一带一路"人文交流:困难与应对》,载《国际问题研究》2016 年第 6 期。

[182] 徐杰:《深刻认识并推动制度型开放》,载《经济日报》2019 年 2 月 18 日。

[183] 徐齐利、聂新伟:《资源软约束、环境硬约束与产能过剩》,载《产业经济评论(山东大学)》2017 年第 2 期。

[184] 徐卓顺:《东北地区产业投资结构优化问题研究》,载《经济纵横》2015 年第 4 期。

[185] 许利平:《推动构建周边命运共同体:理论、现实与人文交流的路径探索》,载《清华大学学报》2022 年第 4 期。

[186] 许利平:《新时代中国周边人文外交》,载《云梦学刊》2020 年第 4 期。

[187] 薛伟莲、周凤、丁然:《基于集对分析的东北三省自主创新能力评价研究》,载《中国集体经济》2016 年第 1 期。

[188] 阎学通:《中国国家利益分析》,天津人民出版社 1997 年版。

[189] 杨传祥:《通海达陆、链接天下,共建东北海陆大通道》,载《中国物流与采购》,2022 年第 16 期。

[190] 杨春峰、郭海楼:《对东北老工业基地国有企业制度创新的分析》,载《长春理工大学学报(社会科学版)》2006 年第 1 期。

[191] 杨东亮、王皓然:《东北振兴政策效果的再评价——基于灯光数据和 PSM - DID 模型的分析》,载《商业研究》2021 年第 5 期。

[192] 杨光强、赵海月:《东北亚区域文化认同的多维审视及其建构》,载《宁夏社会科学》2019 年第 2 期。

[193] 杨丽花、王跃生:《建设更高水平开放型经济新体制的时代需求与取向观察》,载《改革》2020 年第 3 期。

[194] 杨潇:《创新引领推动形成全面开放新格局》,载《红旗文稿》2018 年第 11 期。

[195] 杨玉英:《长吉图先导区产业竞争力的思路及政策措施》,

载《东北亚经济研究》，2017 年第 8 期。

[196] 尹允镇、李文娇：《试论中日人文交流的演变、特征及发展趋势》，载《东北亚论坛》2020 年第 29 期。

[197] 于洪洋、欧德卡、巴殿君：《试论"中蒙俄经济走廊"的基础与障碍》载《东北亚论坛》2015 年第 24 期。

[198] 于潇：《长吉图开发开放先导区与国际大通道建设研究》，载《东北亚论坛》2010 年第 2 期。

[199] 于晓琳、于玲玲：《辽宁参与中蒙俄经济走廊建设的战略构想与对策研究》，载《对策研究》2018 年第 4 期。

[200] 余敏友：《论国际组织的地位与作用》，载《法学评论》1995 年第 5 期。

[201] 原伟鹏、孙慧：《双循环新发展格局与经济高质量发展》，载《统计与决策》2022 第 18 期。

[202] 张晨瑶：《推动东北地区深度融入"一带一路"建设研究》，载《大连海事大学》2020 年。

[203] 张翀：《发挥辽宁省在东北亚经济圈建设中的区位优势》，载《现代经济信息》2019 年第 21 期。

[204] 张春光：《辟建丹东重点开发开放试验区战略思考》，载《合作经济与科技》，2017 年第 24 期。

[205] 张二震、戴翔：《关于构建开放型经济新体制的探讨》，载《南京社会科学》2014 年第 7 期。

[206] 张慧智、汪力鼎：《北极航线的东北亚区域合作探索》，载《东北亚论坛》2015 年第 24 期。

[207] 张箭：《俄使佩特林首访明代中国初探》，载《暨南史学》2012 年第 1 期。

[208] 张杰、靳蕊萌：《中国东北参与东北亚区域贸易合作的潜力及对策》，载《东疆学刊》2021 年第 3 期。

[209] 张杰、王春雨：《黑龙江省入境旅游中的韩国客源市场分析》，载《商业经济》2010 年第 5 期。

［210］张丽娟：《制度型开放与贸易政策机制建设》，载《中共青岛市委党校青岛行政学院学报》2021年第3期。

［211］张志学、张三保：《中国省份营商环境研究报告（2020）》，北京大学光华管理学院管理创新交叉学科平台2020年。

［212］张丽平、赵峥：《产业升级与国家竞争优势》，北京师范大学出版社2012年版。

［213］张辛雨：《"一带一路"战略下北线节点吉林省在东北亚区域合作中的机遇与挑战》，载《长春金融高等专科学校学报》2015年第3期。

［214］张鑫、杨兰品：《沿海、内陆、沿边自贸试验区开放优势特色与协同开放研究》，载《经济体制改革》2021年第3期。

［215］张宇燕：《中国对外开放的理念、进程与逻辑》，载《中国社会科学》2018年第11期。

［216］赵东波、栾春梅：《合作共赢：打造东北对外开发新门户》，载《东北亚论坛》，2007年第6期。

［217］赵晋平：《加强重点领域中日双边合作面临的新机遇》，载《国际贸易》2020年第7期。

［218］赵晋平：《全球化视野下的我国自贸区战略》，广东经济出版社2019年版。

［219］赵磊：《"一带一路"是合作共赢、共同发展之路》，载《光明日报》2021年10月1日。

［220］赵萍：《从中俄人文合作实践浅谈对外媒体交流》，载《现代视听》2019年第2期。

［221］赵球、张文烨、朱学莉、程苗松：《加快推进东北经济一体化进程的对策研究》，载《辽宁经济》2022年第1期。

［222］赵球、朱学莉、程苗松：《"十四五"时期东北对外开放新前沿构建策略》，载《辽宁经济》2022年第2期。

［223］赵妍：《内蒙古自治区发挥区位优势成为中国北部开放发展重要地带》，中央广电总台国际在线，2019年6月21日。

［224］赵怡然：《文在寅政府的"新北方政策"》，载《国际研究参考》2020 年第 7 期。

［225］赵峥：《东北地区构建对外开放新前沿的路径与对策》，载《科学导报》2021 年第 4 期。

［226］中国农业银行国际金融部课题组：《泛亚铁路的意义、困境及市场机遇研究》，载《农村金融研究》2015 年第 6 期。

［227］中华人民共和国交通运输部．［2022 - 01 - 19］．https：// xxgk. mot. gov. cn/2020/jigou/zhghs/202201/t20220119_3637245. html。

［228］中华人民共和国交通运输部．国家综合立体交通网规划纲要．［2021 - 02 - 25］．https：//xxgk. mot. gov. cn/2020/jigou/zhghs/202102/t20210225_3527909. html。

［229］周健：《新中国解决陆地边界问题的国际法实践》，载《边界与海洋研究》2021 第 3 期。

［230］周学森：《外商直接投资与发展中国家利益的国际政治经济学分析》，复旦大学，2012 年。

［231］周祎：《2022 中日文化旅游（大连）交流大会成功举办》，大连市文化和旅游局，2022 年 5 月 27 日。

［232］周志鹏、孙潇涵：《潍坊市高能级开放平台发展现状与对策研究》，载《潍坊学院学报》2021 年第 5 期。

［233］朱海静：《黑龙江省与俄罗斯东部地区边境旅游合作发展对策》，载《黑河学院学报》2019 年第 4 期。

［234］朱坚真、孙鹏、张力：《南海国际大通道与海陆产业统筹发展》，载《. 中央民族大学学报（哲学社会科学版）》2010 年第 6 期。

［235］祝滨滨：《"长吉图"区域跨越式发展的战略思考》，载《经济纵横》，2013 年第 7 期。

［236］邹春萌：《"一带一路"背景下的中泰铁路合作：积极影响与潜在风险》，载《深圳大学学报（人文社会科学版）》2018 年第 1 期。

［237］邹辉：《丹东重点开发开放试验区发展策略研究》，载《石家庄铁道大学学报（社会科学版）》，2016 年第 1 期。

[238] Akpan U. , Impact of Regional Road Infrastructure Improvement on Intra – Regional Trade in ECOWAS. *African Development Review*, Volume 26, No. S1, 2014, pp. 64 – 76.

[239] Alderighi M. , Alberto A. G. , Fly and trade: Evidence from the Italian manufacturing industry. *Economics of Transportation*, Volume 9, 2017, pp. 51 – 60.

[240] Allen W. , Bruce, Liu D. , Singer S. , Accessibility measures of U. S. metropolitan areas. *Transportation Research Part B: Methodological*, Volume 27, No. 6, 1993, pp. 439 – 449.

[241] Ben D. , Michael T. , Frank W. , Orozco P. R. A. , Ben D. , Determinants of Dynamics in the World City Network, 2000 – 2004. *Urban Studies*, Volume 47, No. 9, 2010, pp. 1949 – 1967.

[242] Berry H. , Guillén M. F. , Zhou N. , An institutional approach to cross-national distance. *Journal of International Business Studies*, Volume 41, No. 9, 2010, pp. 1460 – 1480.

[243] Black J. , Conroy M. , Accessibility Measures and the Social Evaluation of Urban Structure. *Environment and Planning A*, Volume 9, No. 9, 1977, pp. 1013 – 1031.

[244] Blyde J. , Iberti G. , A Better Pathway to Export: How the Quality of Road Infrastructure Affects Export Performance. *The International Trade Journal*, Volume 28, No. 1, 2014, pp. 3 – 22.

[245] Bottasso A. , Conti M. , Porto P. C. , Ferrari C. , Tei A. , Port infrastructures and trade: Empirical evidence from Brazil. *Transportation Research Part A*, Volume 107, 2018, pp. 126 – 139.

[246] Bruce A. B. , Wesley W. W. , Port Efficiency and Trade Flows. *Review of International Economics*, Volume 16, No. 1, 2008, pp. 21 – 36.

[247] Brugnoli A. , Bianco A. D. , Martini G. , Scotti D. , The impact of air transportation on trade flows: A natural experiment on causality applied to Italy. *Transportation Research Part A*, Volume 112, 2018,

pp. 95 – 107.

［248］Button K. , Brugnoli A. , Martini G. , Scotti D. , Connecting African urban areas: airline networks and intra – Sub – Saharan trade. *Journal of Transport Geography*, Volume 42, 2015, pp. 84 – 89.

［249］Chauncy D. H. , The Market as a Factor in the Localization of Industry in the United States. *Annals of the Association of American Geographers*, Volume 44, No. 4, 1954, pp. 315 – 348.

［250］Chris J. C. , Eric K. , Population growth, accessibility spillovers and persistent borders: Historical growth in West – European municipalities. *Journal of Transport Geography*, Volume 62, 2017, pp. 80 – 91.

［251］Christopher S. , Volker K. , Long A. G. , Leeds B. A. , Trading for Security: Military Alliances and Economic Agreements. *Journal of Peace Research*, Volume 43, No. 4, 2006, pp. 433 – 451.

［252］Co § ar A. K. , Demir B. , Domestic road infrastructure and international trade: Evidence from Turkey. *Journal of Development Economics*, Volume118, 2016, pp. 232 – 244.

［253］David A. D. , Gordon H. H. , On the Persistence of the China Shock. *NBER Working Papers*, No. 29401, 2021.

［254］Davis C. L. , Fuchs A. , Johnson K. , State Control and the Effects of Foreign Relations on Bilateral Trade. *Journal of Conflict Resolution*, Volume 63, No. 2, 2019, pp. 405 – 438.

［255］Donaldson D. , Railroads of the Raj: Estimating the Impact of Transportation Infrastructure. *American Economic Review*, Volume 108, No. 4 – 5, 2018, pp. 899 – 934.

［256］Du J. , Lu Y. , Tao Z. , Institutions and FDI location choice: The role of cultural distances. *Journal of Asian Economics*, Volume 23, No. 3, 2012, pp. 210 – 223.

［257］Du Y. , Ju J. , Ramirez C. D. , Yao X. , Bilateral trade and shocks in political relations: Evidence from China and some of its major trading partners, 1990 – 2013. *Journal of International Economics*, Volume 108, 2017, pp. 211 – 225.

[258] Duranton G., Roads and Trade in Colombia. *Economics of Transportation*, Volume 4, No. 1 – 2, 2015, pp. 16 – 36.

[259] Egger P., Larch M., Interdependent preferential trade agreement memberships: An empirical analysis. *Journal of International Economics*, Volume 76, No. 2, 2008, pp. 384 – 399.

[260] Gilles D., Morrow P. M., Turner M. A., Roads and Trade: Evidence from the US. *The Review of Economic Studies*, Volume 81, No. 2, 2014, pp. 681 – 724.

[261] Gil – Pareja S., Llorca – Vivero R., Marinez – Serrano J. A., Trade Effects of Monetary Agreements: Evidence for OECD Countries. *European Economic Review*, Volume 52, No. 4, 2008, pp. 733 – 755.

[262] Gong Q., Wang K., Fan X., et al, International trade drivers and freight network analysis – The case of the Chinese air cargo sector. *Journal of Transport Geography*, Volume 71, 2017, pp. 253 – 262.

[263] Gowa J., Mansfield E. D., Alliances, Imperfect Markets, and Major – Power Trade. *International Organization*, Volume 58, No. 4, 2004, pp. 775 – 805.

[264] Grosso M. G., Ben Shepherd. Air cargo transport in APEC: Regulation and effects on merchandise trade. *Journal of Asian Economics*, Volume 22, No. 3, 2011, pp. 203 – 212.

[265] Han D., Erik G., Oliver W., Haim D. A., Alliance networks and trade. *Journal of Peace Research*, Volume 53, No. 3, 2016, pp. 472 – 490.

[266] Haque M. Z., Joachim S. H., The impacts of port infrastructure and logistics performance on economic growth: the mediating role of seaborne trade. *Journal of Shipping and Trade*, Volume 3, No. 1, 2018, pp. 1 – 19.

[267] Hovhannisyan N. , Keller W. , International business travel: an engine ofinnovation?. *Journal of Economic Growth*, Volume 20, No. 1, 2015, pp. 75 – 104.

[268] Ingram D. R. , The concept of accessibility: A search for an operational form. *Regional Studies*, Volume 5, No. 2, 1971, pp. 101 – 107.

[269] Jenkins M. , Arce R. , Do backward linkages in export processing zones increase dynamically? Firm-level evidence from Costa Rica. *Journal of Bussiness Research*, Volume 69, No. 2, 2016, pp. 400 – 409.

[270] Karst T. G. , Bert V. W. , Accessibility evaluation of land-use and transport strategies: review and research directions. *Journal of Transport Geography*, Volume 12, No. 2, 2003, pp. 127 – 140.

[271] Keshk O. M. G. , Pollins B. M. , Reuveny R. , Trade Still Follows the Flag: The Primacy of Politics in a Simultaneous Model of Interdependence and Armed Conflict. *The Journal of Politics*, Volume 66, No. 4, 2004, pp. 1155 – 1179.

[272] Kulendran N. , Wilson K. , Is there a relationship between international trade and international travel?. *Applied Economics*, Volume 32, No. 8, 2000, pp. 1001 – 1009.

[273] Li Q. , Sacko D. , The (Ir) Relevance of Militarized Interstate Disputes for International Trade. *International Studies Quarterly*, Volume 46, No. 1, 2002, pp. 11 – 43.

[274] Li Y. , Bolton K. , Westphal T. , The effect of the New Silk Road railways on aggregate trade volumes between China and Europe. *Journal of Chinese Economic and Business Studies*, Volume 16, No. 3, 2018, pp. 275 – 292.

[275] Long A. G. , Bilateral Trade in the Shadow of Armed Conflict. *International Studies Quarterly*, Volume 52, No. 1, 2008, pp. 81 – 101.

[276] Longo R. , Economic Obstacles to Expanding Intra – African

Trade. World Development, Volume 32, No. 8, 2004, pp. 1309 – 1321.

［277］ Márquez – Ramos L. , Port facilities, regional spillovers and exports: Empirical evidence from. *Papers in Regional Science*, Volume 95, No. 2, 2016, pp. 329 – 351.

［278］ Mei – Po K. , Alan T. M. , Morton E. O. , Michael T. , Recent advances in accessibility research: Representation, methodology and applications. *Journal of Geographical Systems*, Volume 5, No. 1, 2003, pp. 129 – 138.

［279］ Micco A. , Serebrisky T. , Competition regimes and air transport costs: The effects of open skies agreements. *Journal of International Economics*, Volume 70, No. 1, 2005, pp. 25 – 51.

［280］ Michaels G. , Zhi X. , Freedom Fries. *Applied Economics*, Volume 2, No. 3, 2010, pp. 256 – 281.

［281］ Morris J. M. , Dumble P. L. , Wigan M. R. , Accessibility indicators for transport planning. *Transportation Research Part A: General*, Volume 13, No. 2, 1979, pp. 91 – 109.

［282］ Nsiah C. , Wu C. , Mayer W. , An analysis of US State's export performance in the Asian Market. *The Annals of Regional Science*, Volume 49, No. 2, 2012, pp. 533 – 550.

［283］ Piet B. , Uwe D. , David W. , Road Network Upgrading and Overland Trade Expansion in Sub – Saharan Africa. *Journal of African Economies*, Volume 19, No. 3, 2010, pp. 399 – 432.

［284］ Pollins B. M. , Does Trade Still Follow the Flag? . *American Political Science Review*, Volume 83, No. 2, 1989, pp. 465 – 480.

［285］ Shepherd B. , John S. W. , Trade, Infrastructure, and Roadways in Europe and Central Asia: New Empirical Evidence. *Journal of Economic Integration*, Volume 22, No. 4, 2007, pp. 723 – 747.

［286］ Shi W. , Li K. X. , Themes and tools of maritime transport research during 2000 – 2014. *Maritime Policy & Management*, Volume 44,

No. 2，2017，pp. 151 – 169.

［287］Sirmon D. G.，Michael A. H.，Ireland R. D.，Managing Firm Resources in Dynamic Environments to Create Value：Looking inside the Black Box. *The Academy of Management Review*，Volume 32，No. 1，2007，pp. 273 – 292.

［288］Stepniak M.，Rosik P.，From improvements in accessibility to the impact on territorial cohesion：the spatial approach. *Journal of Transport and Land Use*，Volume9，No. 3，2016，pp. 1 – 13.

［289］Storper M.，Venables A. L.，Buzz：face-to-face contact and the urban economy. *Journal of Economic Geography*，Volume 4，No. 4，2004，pp. 351 – 370.

［290］Vijver E. V. D.，Derudder B.，Witlox F.，Exploring causality in trade and air passenger travel relationships：the case of Asia – Pacific，1980 – 2010. *Journal of Transport Geography*，Volume 34，2014，pp. 142 – 150.

［291］Wachs M.，Kumagai T. G.，Physical accessibility as a social indicator. *Socio – Economic Planning Sciences*，Volume 7，No. 5，1973，pp. 437 – 456.

［292］Walter G. H.，How Accessibility Shapes Land Use. *Journal of the American Planning Association*，Volume 25，No. 2，1959，pp. 73 – 76.

［293］Wang C.，Yang H.，Yuan H.，The impact of railway reform on corporate export：The case of China. *Transportation Research Part A*，Volume 118，2018，pp. 627 – 647.

［294］Wen J. S.，Yong Z. Z.，Jia G. Li.，Impact Analysis of Beijing Capital Airport on Import – Export Trade. *Applied Mechanics and Materials*，Volume 701 – 702，No. 701 – 702，2014，pp. 1365 – 1368.

［295］Wessel J.，Evaluating the transport-mode-specific trade effects of different transport infrastructure types. *Transport Policy*，Volume 78，2019，pp. 42 – 57.

［296］ Wickham J. , Alessandra V. , Local Firms and Global Reach: Business Air Travel and the Irish Software Cluster. *European Planning Studies*, Volume 16, No. 5, 2008, pp. 693 –710.

［297］ Xu D. , Shenkar O. , Institutional Distance and the Multinational Enterprise. *The Academy of Management Review*, Volume 27, No. 4, 2002, pp. 608 –618.

［298］ Xu H. , Domestic railroad infrastructure and exports: Evidence from the Silk Route. *China Economic Review*, Volume 41, 2016, pp. 129 – 147.

后　记

　　本书是"十四五"时期国家重点图书出版专项规划项目《推动东北振兴取得新突破系列丛书》的其中一部，也是第二轮国家"双一流"建设学科"辽宁大学应用经济学"的标志性成果。

　　本套丛书总主编为国家级人才计划特聘教授、国家级人才计划领军人才、首届国家级教学名师、国家级人才计划第一批教学名师、全国模范教师、首批全国高校黄大年式教师团队负责人、首届全国教材建设奖获得者、国务院学位委员会第六届和第七届学科评议组应用经济学组成员、国务院政府特殊津贴获得者林木西教授。

　　本书由我提出研究框架，并经与林木西教授讨论确定。全书共包括十章，各章初稿写作分工如下：第一章（张紫薇）、第二章（李月、张紫薇）、第三章（张紫薇、李月）、第四章（邓朝君）、第五章（任珍珍）、第六章（张弛）、第七章（张家宁、侯自从）、第八章（尚子璐）、第九章（耿丽平）、第十章（张紫薇、邓朝君）。本书由我负责统稿，并对各章节进行逐一修改后定稿。

　　本书的出版得到了经济科学出版社各位领导和同事的大力支持和热情帮助。本书编写过程中引用了有关专家学者的研究成果。在此一并表示衷心的感谢！书中不足之处，希望得到各位专家的不吝赐教。

张紫薇

2023 年 3 月于沈阳